今福龍太

琥珀のアーカイヴ

書物変身譚

新潮社

琥珀のアーカイヴ

書物変身譚

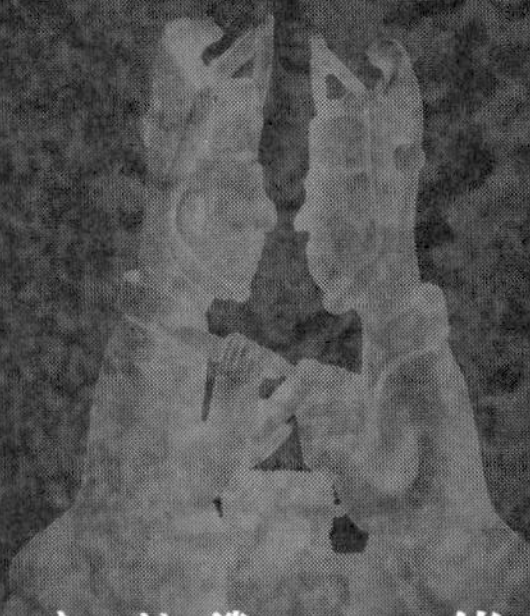

緒言

淡い夢を見た。私は小さな本をポケットに入れ、明るい森を逍遥している。本は散歩の出掛けに即興で選びとられたものだが、私はその内容をとても気に入っている。世界の真理が簡潔なことばづかいで書かれているからだ。散策するうちにふと思いだす。私はたった独りでその本の著者に会うためにこの森に来たのだ、と。実際には誰とも出会わない。でもポケットの本はまるで久しぶりに帰郷したかのように、喜びで表紙をふるわせている。居心地のいい森の陽だまりに座り込み、私は本を開く。文字が無数の葉になって浮き上がり、私の指にまとわりつく。風に吹かれてザワザワと音をたてる。ページのあいだには種が宿されている。その種も風で散っていった。誰もいないのに、私はもうこの本の著者が誰かよくわかっている。ブナの木立が笑ったように揺れるのが見え、目が覚めた。

書物をめぐる環境の変化にたいし、かまびすしいほどの議論がなされている。そのほとんどは、書物の役割や機能が電子領域へと移されようとしている昨今の社会経済的・技術的状況にかかわるものである。この状況を自明の基本条件として引き受けたのちの、現実的な対処や未来予測についてである。たしかに資本主義社会のもとで暮らす私たちの日常においては、もはや書物はどうあがいても「商品」である立場から逃れる術はないだろう。そのような極度に経済化された社会的価値観のなかで、人間はみずからの知識と技術の集積を利用して、書物をめぐる環境が自由に操作可能であると思いこんでいる。電子領域とは、その思考の行き着く果てに現われた楽観主義的な仮想空間にすぎない。

いまや、書物の「意志」を問う試みも努力もまったく存在しない。本は商品であって人格ではないからである。だがほんとうにそうだろうか? 書物という原—理念《イデア》が、人間性によって媒介されながら書物のかたちへと成型されてきた長い歴史の背後にあるのは、人類の知性そのものの集合的な運動にほかならない。そしてこの壮大な運動は、混沌と呼べるほどにダイナミックで複雑なものであり、まさに宇宙における森羅万象の生命運動がすべてそこに凝縮されているともいえる。書物とは、お

どろくべき変身能力をそなえた、人格を持つ生命体なのである。

だからこそ私は、現状分析や未来予測ではなく、その生命運動体としての書物のゆらめく像に寄り添って、書物に向かい、その意志を、その感情を、静かに問うてみることにした。すると書物は思いがけない物語を語りはじめた。本が本になる前の予兆や、本であることをやめた夜の思考をも含む、華麗かつ深遠な物語、どこか悲痛でしかも希望と機知にあふれた変身譚である。書物の、めくるめく運動にみちた創造的な自叙伝である。

書物たちが語ってくれたそんなおどろくべき変身譚をたどり直すために、本書で私は遥かな旅に出た。それは思いがけず、巨大な地震と津波のあとに出現した瓦礫の浜に差す微かな光明への省察にはじまり、そこから、ことばと文字の種子が永遠に宿りつづける森のなかの見えざる小径へといざなわれていった。ソローの森である。書物になる前の日記やノートに書きとめられた書物的イデアの萌芽については、バルトやソンタグの手書きのテクストが鋭く暗示してくれた。書物が孕む死と虚栄をめぐる影の歴史はレヴィ＝ストロースが、沈黙のなかで胞

子を発散させる書物の自由についてはケージが、それぞれ教えてくれた。ナボコフは書物が蝶にもなることを示し、カフカは書籍印刷機と人間の処刑機械の恐るべき符合への洞察を与えてくれた。ミショーやル・クレジオの冒険につきあうために本を捨てて氷山の流れる海へと赴き、オーウェルの悪夢的予言に導かれて洞窟壁画の闇へと下りていった。そしてすべての文化史的、考古学的、地質学的な遍歴の涯てで私が見いだしたのは、変身譚のはじまりを告げる、数千万年前の昆虫をのみ込んだまま妖しく輝く半透明の琥珀玉だった。そこに書物の変身譚があらかじめすべて書き込まれた完璧なアーカイヴがあった。

書物の意志、書物の感情――それはまさに書物が書物として生成するべきかどうかという、己の存在そのものへの懐疑や問いをも含む深く実存的なものであったことを、私はこの遥かな旅で知ったのである。私たちがいま何かを「本」と呼ぶとき、そこに書物の意志と感情をめぐるこの長い実存的な歴史が踏まえられているだろうか？　書物の集合的な生命が賭けられているだろうか？　私が問いたいのは、この一点にほかならない。

書物変身譚　目次

MARCVS LVCAS
MATTEVS IOANN
ES

きのうは琥珀だった。あすは蝶になる…………

瓦礫と書物

読むということは、書物のうちに
書物の不在を読みとるということだろう。
――モーリス・ブランショ

1

瓦礫をまえに、失われた人間の生命への悲嘆と追悼を超えて、いま「書物の死」について考えてみようとする。書物が、人間の個としての生命時間をはるかに凌駕する、人類文化の長い時の経過のなかでの集合的な記憶と智慧の厚みある蓄積、そのかけがえなき凝集体として生み出されてきたこと。その事実を諾《うべな》うかぎり、書物の生と死について思考することは、結局は人間の種としての生命の消息を、より深い振幅と射程において思考することになるにちがいない、と信じながら。書物に降りかかった災厄と死の瞬間を想像し、見とどけることで、カタストロフィをまえにした人間の知をつなぎとめるために。

いまや、さまざまな「追悼」がある。さまざまな「喪」のかたちがありうる。だがどのような場合においても、「悼む」ことが「痛む」ことと同起源の言葉であるように、私たちの「追悼」

には身体への深い痛みの感覚がつねに刻まれている。多くの西欧語、たとえばフランス語でも「痛み《ドゥルール》」douleur が「喪《ドゥーユ》」deuil と語根を共有しているように、死を追悼し、喪に服すことは、身体と心に刻印された痛苦の感触を拭うことではなく、むしろそれを内在的に生きることなのであろう。そして書物の死は、そうした内在的な「痛み」と無関係ではない。

書物が瓦礫となり、灰となることとの痛み。その痛みを悼むこと。この、書物にたいする歴史的な「喪」の系譜をあらためて繙《ひもと》くことは、書物文化の再生を展望するために必須の手続きとなる。災厄にたいする私たちの身体の痛み、疼《うず》きが、書物と瓦礫の風景に意味を与える、私たち自身の感覚的な拠点となるにちがいないからである。

災禍に遭遇した書物がこうむる運命について考えるために、東日本大震災と大津波の後に当事者や関係者から直接聞いた、本に関わる二つの挿話を簡潔に語ることからはじめよう。

マグニチュード九・〇という激しい揺れによって多大な被害を受けた東北大学附属図書館。キャンパス内に点在する全館合わせて約四〇〇万冊の蔵書のうち、約一〇〇万冊もの本が書棚から落下したという。なかでも所蔵していた西欧中世の羊皮紙本をはじめとする稀覯本のコレクションが受けた打撃は壊滅的だった。ただでさえ脆弱な造りの羊皮紙本などは、落下の衝撃で大半が壊れ、バラバラになって周囲に飛散した。これらの損傷し、崩れ去った書物を一冊一冊修復することは厖大な人手と時間を要する、ほとんど絶望的なまでに困難な作業である。しかも、大学図書館の収蔵書の破壊という現実は、ある意味では、今回の震災と津波によって失われたすべての書物の存在を想像するための、一つの手がかりに過ぎないともいえる。もともと摩滅や焼失の危険とつねに隣り合わせにある「書物」という存在自体が、今回の災厄に遭遇することでついにその宿命としての死を受け入れざるをえなくなった――そのように総括することは、象徴的な意味で誤りではないだろう。

二〇〇四年一二月に起こった、マグニチュード九・一といわれたインドネシア・スマトラ島沖地震においても、二〇万人を超える人命の損失の裏で、大被害を受けたアチェ州における公文書や古文書の大量の消失や壊滅的な損傷があった。スマトラ島北端に位置するアチェ州は、現在もメッカ巡礼者の最後の寄港地であり、歴史的にもインドネシアにおけるイスラム教学の重要な拠点である。文物と知識の十字路として、そこにはイスラム古文書の大きな集積があったのである。しかし想像を絶する大津波により、アチェ州立公文書館やアチェ・イスラム国立大学図書館などの施設に所蔵されていた厖大な歴史的文書の多くが、泥と水に流され、瓦礫にまみれて失われた。かろうじて半崩壊のまま救い出された書物は、海外の専門家の手も借りながら、真空凍結乾燥という工程を経て修復する努力が重ねられてきたが、すべてを修復することは始めから不可能な課題だった。このときアチェで目撃されたのも、瓦礫のなかで死という免れ得ぬ宿命に服してゆく書物の姿にほかならなかった。自然の災厄は、書物をそのもっとも原型的な裸の姿に曝し、脆弱さという条件へと引き戻す。書物はこのとき、まぎれもなくおのれの死を宣告されたのだった。

東北の被災地での、震災から一ヶ月半ほどたったもう一つの風景にまつわる挿話もまた、災厄のただなかで書物が引き受ける宿命について深く考えさせるものだった。普段は首都の大学で教えている一人の国文学者が、自ら印刷した小さな冊子を何十部か抱えて、宮城県南三陸町のいくつかの避難所を訪問したという。そこで彼は小冊子を被災者たちに手渡し、ともに読みながらそれについて語りあうという小さなセミナーのような集いを試みた。冊子に印刷したのは、明治期に生まれた岩手県出身の二人の詩人、石川啄木と宮澤賢治の短歌を自ら選び出したものである。国文学者は、いまだ書物が救援物資として望まれるような段階ではないことをよく知りながらも、精神的荒廃を振り切って書物的世界へと入ってゆく入口を、その時点における被災者たちといかに共有することができるのか、その可能性に賭けたのだといえよう。

活字の印刷された冊子を手渡された人々は、はじめはおずおずと、国文学者の周囲で遠巻きに様子を眺めるだけだった。すべてを失い、もちろんあたりに本と名づけるべき何物もなく、そもそも漁民や農家の人間が多い彼らは日常的に本を手にとって活字を読む習慣を必ずしも持つことのない人々だった。だが、国文学者の準備した短い詩、それが同じ東北の郷土の風光や人間的感情を歌ったものであることが、人々の好奇心を少しずつ開いていった。人間の抱いた想念《イデア》が、文字として書きつけられることで集合的な記憶の分有を可能としてきた書物たち。それらの言葉に注意を向け、それらの言葉が発せられた刹那の想いを、風土に刻まれた無時間の記憶として遡り、それについて考え、感じとろうという集団的な希求の意思が、小さな集いの輪のなかから少しずつ滲み出しはじめたのである。

その場にいなかった私でも、このかすかに華やぎはじめた空気を想像することはできる。そのとき人々の手元にある冊子に印刷されていたかもしれない作品のいくつかを、宮澤賢治の初期の短歌のなかから任意に選び出してみよう。

白きそらは一すぢごとにわが髪を引くこゝちにてせまり来りぬ
せとものゝひびわれのごとくほそえだはさびしく白きそらをわかちぬ
汽車に入りてやすらふぬかのまのあたり白く泡だつまひるのながれ
白光の暮れぞらに立ちてその青木ひたすら雨に洗はれて居り
青じろく流るゝ川のその岸にうちあげられし死人のむれ
ましろなる羽も融け行き白鳥はむれをはなれて海にくだりぬ

（『宮沢賢治全集　3』ちくま文庫より任意に選択、引用）

宮澤賢治が岩手県花巻で生まれたのは一八九六年。ちょうど同じ年に、歴史的な大津波を引き起した「明治三陸地震」と、それが誘発したと考えられる巨大な「陸羽地震」が東北地方を襲っている。この偶然は、風土に刻まれた地震と津波の記憶を常時感じとりながら成長したであろう賢治の自然観に、無視できない影響を与えた。青春時代の心象を深く受けとめる媒体となった短歌で、賢治はしばしば「白」という色に固執する特異な詠嘆の声を響かせている。現代の被災地を訪問した国文学者もまた、啄木や賢治の歌のなかから意図的に「白」という色にまつわる作品を選びとり、ある特別の「色」に反映された詩人たちの感情の由来を、人々とともに語りあうための導きの素材としたのだという。

二一世紀の津波による瓦礫の彼方に広がる空は、どのような色あいのなかで住人の痛苦と悲嘆を受けとめたのだろうか。一世紀さかのぼる賢治の見た白くたれこめた空、泡立つ白昼の光、打ち重なった死人を洗う青白い川の流れ、群れを離れて海へとくだる一羽の孤独な白鳥……。すべては予言的であり、同時に、書物はすでにすべてを目撃していたとも思える過酷で精緻な風景がそこに書きつけられている。人も自然も白い虚空のなかに消失してゆく世界の破局《カタストロフィ》を見つめながら、歌の言葉はどこかで書物の破局そのものをも暗示しようとしている……。瓦礫に囲まれながら、人々は賢治の詩をつうじて書物の死を透視することがあっただろうか。

入江にも、集落にも、避難所にも、いうまでもなく書物は不在だった。災厄は、書物と書物が伝えようとするすべての言葉を、すなわち人間の智慧と記憶の凝縮を、汚泥と瓦礫のなかに投げ込んで去っていった。だがそのような深い絶望と悲嘆のなかで、人々は不在であるはずの書物の世界に、かすかな光を求めようとした。詩句のなかで白く泡立つ光の痕跡が、人々の休らいえぬ脳のなかで、かすかな発見と希望の種子をはぐくんだ。被災直後から、ものを読むと文字が紙の上に浮き出して揺らぎ、いっさいの読書から疎外されていた人々の眼が、書物の方へとゆっくり回帰する瞬間だった。もちろんそのとき、書物の不在は、言葉への希求が新たに芽生えるための、むしろ条件にほかならなかった。不可視の書物が、書物の瓦礫のなかからふたたび生まれ出ようとしたのである。

図書館での本の崩壊。集落での本の不在。災厄による書物の消失の光景は、私たちに究極的には何を語るのだろうか。それは簡潔なひとつの真実を語っているのだろう。つまり、書物はかならず終わりあるモノである、というゆるぎない真実である。紙とインクと糸。すなわちそれは、はかない、有限性のもとに条件づけられた物質の組み合わせにすぎない。だが書物が終わりあるモノであることは、それが物質《マテリアル》としての身体性をそなえた、豊かな有機的存在であるという確信をも同時に私たちに植えつける。それが死すること。死する運命にあること。瓦礫となり、灰となる終の命を全うする書物の姿がかたわらにあることで、私たちはそれが、自らも死を免れえない人間自身の姿が投影された至高の存在であることを直観する。物質としても、思念《イデア》の結晶体としても。

瓦礫を前にして書物について考えるときのもう一つの教訓。それは、書物が、歴史的に思考し行動してきた人間の記憶を凝縮して蓄積する、いわば時間のアーカイヴである、という事実の発見である。宮澤賢治の短歌のなかに封じ込められた東北という風土を襲う破局の記憶。現在からみれば一世紀以上もさかのぼる出来事が風土に刻んだ集合的記憶の刻印を、被災地の人々は書物のなかに堆積してきた詩の言葉のなかからとり出し、「いま」に鋭く接触させようとした。同じことは、災厄のたびごとに、いくらでも起こっている。賢治が生まれた年、ラフカディオ・ハーンは日本にいて明治三陸地震に遭遇し、当時からさらに半世紀さかのぼる安政南海地震の大津波をめぐる口頭伝承を繙きながら「生神様」A Living God という物語を英語で書き記して世界に“tsunami”なる語を初めて伝えた。太平洋戦争末期の大空襲下、作家堀田善衞は爆撃による烈風と火災のなかで陥った知性の真空状態から脱するために、『方丈記』における鴨長明が目撃した大火と竜巻と飢饉の壮絶な描写に、遥かなる過去からの救いの言葉を求めた。ナチズムの席巻するヨーロッパの暴力と戦争について問うために、シモーヌ・ヴェイユはホメロスの『イリアス』に込められた、古代ギリシアの戦争廃墟にこだまする無垢なる「力の寓話」へと立ち還っていった……。

そう、誰もがみな、瓦礫を前にして、現在を即時的に切り取るだけの報道や伝聞や政治の言葉から離れて、遠いところにより本質的な言葉を探しに行ったのだ。卑近な言葉遣いがたどり着くことのできない真実を求めて。その遠い言葉の源泉こそ、記憶の堆積としてある書物、叡知のアーカイヴとしてある書物にほかならない。災厄はそのことを人々に教えた。瓦礫の風景のなかで不意に訪れた書物の不在が、記憶の結晶として生きながら死んでゆく書物という実在のかけがえのなさを、逆に深く人々に確信させたのである。

2

現実に瓦礫となった書物。比喩的に、書物と智慧の瓦礫のなかで本の不在に耐えている人々。瓦礫について考えるとき、私の思考をたえずもっとも本質的な場所に引き戻すのが、ヴァルター・ベンヤミンの遺作となった「歴史の概念について」(一九四〇)に登場する、寓意的な「歴史の天使」の姿である。その「歴史の天使」は、彼の過去に積みあがった瓦礫を凝視しながら、後向きに未来へと吹き飛ばされてゆく姿としてイメージされている[▼図 p.034]。ベンヤミンは予言的にこう書いていた。

私たちであれば出来事の連鎖を眺めるところに、彼（天使）はただカタストロフィだけを見る。そのカタストロフィは、やすみなく廃墟の上に廃墟を積み重ね、それを彼の足もとに投げつけてくるのだ。できるなら彼は、そこに留まって死者たちを目覚めさせ、破壊されたものを寄せ集めて組み立て直したいのだろう。だが楽園から吹いてくる嵐が彼の翼をひろげ、その風の勢いのあまりの激しさに、彼はもはや翼を閉じることができない。嵐は天使を、彼が背中を向けている未来のほうへ、いやおうなく押し流してゆく。その一方で、彼の眼前の廃墟の山は、天に届かんばかりに高くなる。私たちが進歩と呼ぶものは、この嵐なのだ。（ヴァルター・ベンヤミン「歴史の概念について」第Ⅸテーゼ、私訳）

ナチスによるパリ占領を受けてベンヤミンは国外亡命のためにスペイン国境までたどり着き、そこで官憲に見とがめられ失意のうちに服毒自殺した。そのとき彼の所持していたトランクには、「歴史の概念について」の原稿が思想的遺書として大事に収められていたと想像されている。書物になることのなかった、自らの思想を凝縮するテクスト群。ヨーロッパ戦争とナチズムのもたらす廃墟に抗して打ち立てられた思想の墓碑。ベンヤミンの頭脳のなかにだけ像を結んでいたこの「非在」の書物のなかで、瓦礫を前にした「歴史の天使」が強風に押し流されながら眼を見開いている。歴史化され、文字に記録されて書物になることはなかった苛烈な思想の破片が、真の書物的知性の源泉としてここで救済されようとしている。

英雄的な出来事の連鎖として整除された「勝者の歴史」ではない、恣意的な忘却と歴史的健忘症のなかで打ち捨てられた死者たちと思想の瓦礫をいまに呼び覚ますこと。ベンヤミンはこの知性の瓦礫のなかに潜む再生の兆しを、「歴史の天使」の背後から手を添え、救い出そうとした。瓦礫を寄せ集め、体制順応の歴史のなかで見失われてきた記憶を組み立て直し、現在という火急の瞬間に向けてそれを突きつけようとした。だが天使の翼は、過去から未来へと直線上の進歩を誘いかける暴力的な強風にあおられ、天使はカタストロフィを目撃しながらも未来へと吹き飛ばされようとしている。

歴史というプロセスの逆説と矛盾。カタストロフィの瞬間、瓦礫の風景のただなかに留まることの不可能性。それがここでベンヤミンによって予感されている。だが同時に、この「歴史の天使」の姿は、国家の歴史の陰で静かに維持される、決して消滅され得ない民衆的記憶の力を、私たちに教えた。このベンヤミンの「遺書」は、すでに別草稿としてパリの図書館のどこかに秘かに隠され、戦後も生きのびて私たちのまえに現われた。それを送り届けた見えざる手こそ、「歴史の天使」の傷ついた翼である。こうして私たちは、知性の瓦礫が、進歩の風によって全面的に隠蔽されてはいなかったことを知ったのである。ベンヤミンにとって、そして私たちにとって非在の書物である「歴史の概念について」。そのテクストの存在が、瓦礫に対峙した書物的叡知の最後のよりどころを、私たちに確信させたのである。

瓦礫と書物との対峙にかんして、近年なによりも鮮烈なイメージを私たちにもたらした出来事の一つが、一九九二年、サラエヴォにおけるボスニア・ヘルツェゴヴィナ国立図書館の戦火による崩壊と焼失という事件だった。この年の八月二六日、セルビア人の過激派民族主義者たちの攻撃によって焼夷弾の雨を浴びて全壊した国立図書館では、一五〇万冊におよぶ厖大な蔵書が数時間でほとんどすべて灰燼に帰したといわれている［▼図 p.035］。

サラエヴォは、バルカン半島のつけ根の要衝にあって多様な民族交通の十字路となった、歴史的にきわめて開放的でコスモポリタンな都市だった。とりわけ一五世紀のオスマン帝国の支配によるイスラム教の進出と、一九世紀のハプスブルク帝国の支配によって、カトリックとイスラムの確執が不可避となる。さらに離散したユダヤ人の共同体も古くから存在し、この町はきわめて複雑な民族的多様性のなかで重層化された世界観を生きてきたのだった。そうした町において、サラエヴォの旧「東方学研究所」を前身にもつ国立図書館は、とりわけボスニアのイスラム系住人の集団的記憶そのもののアーカイヴであった。歴史、地理、神学、哲学、物理学、天文学、数学……。こうしたイスラムの知の蓄積を象徴するアラビア語、トルコ語、ペルシャ語の数千冊にもおよぶ唯一無二の古文書、手稿本が、内戦による爆撃によって永久に失われたのである。

軍事施設ではなく、図書館という非軍事的な公共建築物が敵によるなによりも重要な攻撃のターゲットとなったのには、はっきりした理由がある。なぜならこの国立図書館が、まさにセルビア兵にとってもっとも忌まわしい、イスラム系住人の集団的記憶そのものの貯蔵庫だったからである。歴史的過去を改変し、民族浄化されたセルビア人の純潔神話の捏造をなしとげるためには、図書館とそこに収蔵された貴重なイスラム古書こそ、どうしても消滅させねばならないものだった。異民族の過去に関わる集合的な記憶を抹殺するという意味で、これは全面的な「記憶殺し」と呼ぶにふさわしい暴力的な出来事であったことになる。

外壁だけをかろうじて残したサラエヴォの国立図書館の廃墟のなかで、灰となった書物と瓦礫の間を縫うように歩く思索者たちの姿をジャン＝リュック・ゴダールは映画『われわれの音楽』*Notre Musique*（二〇〇四、邦題『アワーミュージック』）のなかで印象的に描き出していた。そこでは、スペイン人の作家、パレスティナ人の詩人、アメリカ・インディアンの男女などが、図書館の廃墟のなかを詩句やアフォリズムを唱えながら徘徊していた。本は失われても、詩も言葉も忘れ去られることはない。灰燼に帰した万巻の書物への記憶は、彼らの身体に内部化された朗唱の声として、絶望を超えて新たな希望の言葉を紡ぎ出そうとしているようにも見えた。ここでもまた、書物の不在が、死すべき宿命をもった書物そのものの条件を私たちに突きつけることで、逆に新たな書物的想像力を出現させる力となっているのだった。

書物がこうむってきた災厄のなかで、歴史的にもっとも過酷な経験といえば、それはまちがいなく「焚書《ふんしょ》」である。サラエヴォにおける国立図書館への攻撃も、ある意味で象徴的な焚書の行為にほかならなかったが、ヨーロッパによるその大規模な前例はいうまでもなくナチス・ドイツによる焚書の運動であろう。一九三三年、国内の三四ヶ所の大学都市でいっせいに行われた「非ドイツ的魂への抵抗」と名づけられた運動は、純粋な国語と文化の擁護をかかげて、火による書物の「祓い清め」の儀礼を、国家によって演出されたスペクタクルとして挙行した。ドイツ語・ドイツ文化の純化を妨げ、道徳的退廃をもたらす書物としてハインリッヒ・マンやエーリヒ・ケストナー、アルフレート・デーブリーン、カフカやベンヤミンらのドイツ語作家・思想家の書物が燃やされ、さらに思想的偏向書としてマルクスやブレヒトの著作、さらにヘミングウェイやジャック・ロンドンらアメリカ作家の小説もことごとく焚書の対象となった。このとき、二万五〇〇〇巻にものぼる書物が、デモや行進、音楽や演説といった儀式的な演出の末に、見せしめとして焚書されたのだった［▶図 p.034］。

いうまでもなく、焚書とは書物の火刑である。紙に火をつけ、それが時間をかけて燃え尽きるのを市民が取り囲んで見つめる、という刑罰の見世物的な要素が、焚書にとっては決定的に重要であった。ヨーロッパにおける宗教的異端者の火刑、すなわち魔女裁判という見世物こそ、焚書の象徴性を意味づける歴史的根拠なのである。ナチスの焚書が巧みだったのは、そうした権力による暴力的な火刑という実体をカムフラージュするため、ドイツ学生協会を主体とした自浄的儀礼として、学生を煽動し彼らに書物の火刑の執行を肩代わりさせたことだった。国家的検閲と文化支配をめぐる不条理な暴力は、こうして「祓い清め」なるスローガンとともに巧妙な国家的演出のもとで、二〇世紀における最大の焚書行為として遂行されたのだった。

ナチスに追われた「歴史の天使」＝ベンヤミンが自死の間際に凝視していたあの瓦礫の光景のなかに、この焚書の記憶が宿されていないはずはなかった。まさに書物の火刑と死の光景を透視しながら、ベンヤミンは書物的知性の再生にむけて「歴史の概念について」を書きとめた。それは書物にはならず、草稿のままベンヤミンのトランクのなかで主を失った。だが、「進歩」なるイデオロギーによって風をはらまされ、痛み傷ついた翼を背負いながらも、天使は未来に背を向けて、過去のカタストロフィを証言する瓦礫から目を離すことはなかった。歴史を貫く焚書という暴力が、最終的に、死すべきものという本の宿命じたいへの「信」をけっして殲滅させることができないのは、この廃墟への透徹した眼差しのためである。ここでもまた、焚書の灰のなかから、非在の書物が甦ろうとしていた。

アジアにおける焚書の長い歴史をふり返るとき、つねに参照されるのが紀元前三世紀、秦の始皇帝によって下された焚書坑儒の命令である。国家の新たなる始祖たらんとした始皇帝にとって、古い書物を持ち出して過去の王やその記憶を賛美する儒者たちを弾圧し、民間人が所持していた書経や詩経などの書物をすべて焼き払う命を出すことは必然であった。過去の知識の蓄積は、いったん無へと還元されねばならなかったからである。始皇帝は、いわば焚書によって「歴史」そのもののプロセスを止め、新たな時間の始まりを画定しようと欲望したのだった。

アルゼンチンの作家、ホルヘ・ルイス・ボルヘスの掌篇「城壁と書物」(一九五〇)は、この始皇帝の焚書をめぐる経緯に興味深い解釈を与える、注目すべき作品である。始皇帝は外敵の侵入を防ぐ壮大なプロジェクトとして万里の長城を建設したことでもよく知られている。ボルヘスは、この始皇帝の二つの常軌を逸した国家的行為、すなわち焚書と城壁の建設とが、いわば表裏一体の出来事ではなかったか、と問いかける。だがそれは、外からの敵を防ぐために城壁を築き、内なる敵を排除するために書物を焼く、という敵の殲滅という同じ目的をもった二つの行為、という意味ではない。ボルヘスは、始皇帝が死を口にすることを家臣に禁じ、みずから一年の日数と同じ数の部屋がある象徴的な宮殿に隠棲し、不老不死の霊薬をたえず探させていたことに注目する。始皇帝が真に恐れていたのは敵ではなく、むしろ自らの肉体の宿命としてある「死」そのものだったのだ。ボルヘスはこう解釈する。始皇帝にあっては、空間における城壁と時間における火が、死を遮断するための魔術的な障壁だったにちがいない、と。

肉体の死を否定するための壁、そして炎。永遠を指向して城壁建設と焚書を命じた始皇帝は、だがまったくの背理として、自らの死が不可避であるのと同じく、書物の末路が城壁の末路をも暗示していることをどこかで予感していた。ボルヘスは始皇帝の思考に自らの思考を重ね、帝の慨嘆の科白としてこう書いている。

人は過去を愛する。その愛に対してわたしは無力であり、死の番人たちもまた同じである。しかしいつの日か、わたしがいま感じているのと同じことを思う者が現われよう。そしてその男は、わたしが書物を破壊したのと同じように、城壁を破壊するだろう。彼は私の記憶を消すだろう。そして、わたしの影、わたしの鏡となって、なおその事実を知らないであろう。（ボルヘス「城壁と書物」『続審問』中村健二訳、岩波文庫、二〇〇九、一二頁）

こうして焚書は繰り返される。城壁の破壊者が、記憶の破壊者が、ふたたび不可能な不死を願い、内なる焚書を挙行する。ボルヘスは続けてこう結論づけている。

始皇帝は国土の脆弱さを知っていたが故に城壁を築き、聖なる書物(……)であることを知っていたが故に経書を破壊させたのではないか。書物の焼却と城壁の築造はひそかにお互いを抹消しあう行為ではないのか。(同前)

建設と破壊は、一つのものの運命の両極にある因果的な現象ではなく、生と死を繰り返してきた人類、そしてその被造物の表裏を構成する、同じ出来事にほかならないのだ。まさに人間の誕生が、死を免れなくさせる起源であるように。書物の存在が、書物の非在をあらかじめ孕んでいるように……。

城壁と書物のこうした相互性への直観は、東北の震災と津波による瓦礫の光景をふたたび私に想起させる。海岸に高い城壁を築き、波の侵入を防ごうとした人類の科学的過信。その長城を破った大いなる海嘯が、内なる生活圏にあったすべての書物を押し流し、あるいは火事により焼き尽くしていったこと。始皇帝が不老不死の宮殿でうなされていた悪夢は、見事に現実に成就しているのだった。だからこそ、歴史的健忘症に抗して、私たちはついに知らねばならない。瓦礫が、人間の生と死、そしてその至高の創造物たる書物の生と死とを同時に指し示す、記憶と智慧の原風景でもあることを。悲嘆に暮れ、喪を悼みながらも、生命と書物の非在をうけとめた上でのあらたな生成が、その瓦礫のあいだの小径を縫うように後ずさりする天使の羽ばたきの音とともに、すでに始まっていることを。

3

書物は、現代社会がたえず潜在的に可能性として想像している全体主義的統制社会、すなわち「ディストピア」という思想的災厄をめぐる想像力のなかに姿を現す、特別な形象でありつづけている。よく知られているように、作家レイ・ブラッドベリは、アメリカのマッカーシズム吹き荒れる思想統制の時代に、あらゆる書物の所持を禁じ、書物の焼却が公権力によって体系的に行われている悪夢のような未来社会を『華氏451度』（一九五三）において描き出した［▼図 p.034］。このすでに古典となったディストピア小説では、焚書官《ファイアマン》として書物を燃やす任務にひたすら従事してきた下級官吏が、あるとき焼却前の本をふと読んでしまうことから物語が急速に展開する。国家の提供する映像や、耳に埋め込まれたラジオ端末のプロパガンダ情報に日々飼いならされ、書物の意味や用途について問うこともなく思考停止という安逸な惰眠をむさぼってきた彼の感覚の汀《みぎわ》に、はじめて書物が伝える深い思想的・倫理的な世界の魅惑的なさざ波が押し寄せたのだ。

抵抗しがたい書物の深みを知ってしまった彼は、書物ではなく上司に炎を向け、職務を投げ出して、管理された世界から逃亡してゆく。彼が向う先は、書物を口伝として身体に移植しながら文字の智慧を伝承しようとする抵抗の民たちがひそかに棲む森のなかである。そこにはたしかに書物は不在だ。書物の所持は最高法規違反として恐ろしい処罰を受けるからである。だが書物の同志たちは、書物を所持しなくてもすむように古今東西の古典のテクストすべてをすでに頭脳のなか、身体のなかに収めて生きていた。そこにはプラトンの『国家』がいた。スウィフトの『ガリヴァー旅行記』がいた。アリストパネスも、ダーウィンも、ショーペンハウエルも、ガンディーでさえいた。ソローの『ウォールデン』は章ごとに別々の町に住み、戦争や爆撃などで彼らの一人の命がたとえ失われても、テクストのほとんどが復元できるように配慮されていた。

旧約聖書の伝道の書、『コヘレトの言葉』を暗唱しながら森のなかを徘徊する主人公の元焚書官のなかに、ついにことばのいぶきがそよぎだす。荒涼たる体内の廃墟に、人間の不可避の宿命を知ることを促す冷徹な『コヘレトの言葉』の風が豊かに流れ込む。東北の被災地の人々の涸れた心のなかを、宮澤賢治の詩句が瑞々しく、鋭く、充たしていったのとおなじように。『華氏451度』の最後は、こんな描写で閉じられる。

そして、川のどちらの岸にも、生命の樹があった。それは十二種の果実をみのらせ、その果実を大地にもたらし、その木の葉はもろもろの民を癒すために用いられる。

そうだ、とモンターグは思った。これこそ、昼のためにとっておくべきものだ。昼のために……（レイ・ブラッドベリ『華氏451度』。私訳）

書物の不在を耐えるための、夜の思考。来たるべき昼のために蓄えられる古来の記憶、智慧。

そしてそれが「書物」なるものの実在を意味するとすれば、この世界に書物の存在と不在があるのではなく、むしろ書物とははじめから「非在」である何かなのかも知れない。その無形のイデアが、しかしつねに紙と糸とインクによる身体をそなえた、命の限りある物質として現前していること。それこそが書物の神秘であり、逆説であり、かけがえなき真実なのかも知れない。

「二つの大河の土地」という副題を持った、《ハイ・プリーステス》*The High Priestess* という鉛の板による書物をモティーフにした大作をドイツの造形作家アンゼルム・キーファーが発表したのは一九八九年のことだった［▼図 p.033］。メソポタミア文明発祥の地である、チグリスとユーフラテスの大河が注ぐところ。粘土板に尖筆で人類最古の文字である楔形文字が刻まれた、書物の起源の地の一つを想像しながら、キーファーはささくれだった鉛の薄板を幾重にも重ねて造られた書物を、大きな書架に乱雑に並べるようにして展示した。廃墟を埋め尽くす瓦礫のなかから取り出されたような質感を持った書物たち。その乱れた鉛のページのすきまからは、人間の髪の毛や皮膚の断片のようなものがのぞき、ひらひらと揺れていた。はっきりとは分からない鉛の薄板のあいだには、人間の遺物を示す写真や陶器の欠片なども詰め込まれていた。壮絶な痛みの感触が、私たちの体内に埋もれた記憶を逆なでするような驚くべき作品である。

いうまでもなく、終戦の年にドイツに生まれたキーファーにとって、戦争とホロコーストという破局の経験とその残骸の光景が、彼の世界の出発点を画していた。自らの個人的記憶としては意識化できない、政治的カタストロフィの集合的記憶の存在とその探究が、キーファーの芸術的核心に置かれたのはだから必然でもあった。キーファーは、この未知の記憶を自らの作品のなかで考察し、奪還することを希求した。結果として、彼の作品の形態は、ほとんどつねに、どこかで書物の形態を模倣し、本の形を指向することになった。書物こそが、「記憶」なる概念を凝縮して受けとめうる唯一の特権的なメディアだったからである。とすれば《ハイ・プリーステス》のなかには、書物の古代的起源の光景と、ホロコーストという現代の野蛮な焚書的想像力による書物＝記憶の殲滅の光景とが、同時に埋め込まれていたことになる。書物的ディストピアの造形のなかで、生命の再生装置としての書物の可能性が、そこではぎりぎりの想像力によって試されていた。

二〇〇五年にキーファーが制作した作品《パウル・ツェランのために—ルーン文字の織物》は、同じく書物の形態をモチーフとした造形でありながら、以前にあった禍々しい暴力的なイメージは消えている［▼図 p.033］。厚紙を重ねて糸で綴じられた本を七、八冊ほど乱雑に積み重ねた一山。本の表紙には、北ヨーロッパのどこかで撮影された冬の平原の荒涼たる風景写真に、キーファー自身が灰と樹木の枝を使って造作を施した作品が貼りつけてある。ここでも書物は記憶の隠喩となっている。だがそれは、地質学的な比喩とでもいうべきだろうか。「ブナの国」を意味する旧ルーマニア、ブコヴィナに生まれたユダヤ系のドイツ語詩人パウル・ツェランに捧げられたこのオブジェの中には、両親や知己をナチスの強制収容所で失いつつ自らはホロコーストを生きのびることになったツェランの記憶そのものの悲痛な形態が、記憶の複雑な地層のなかに埋め込まれたヨーロッパ最古の文字「ルーン文字」の織物《テクスト》として再現されている。

積み上げられた山の一番上にある本の表紙には、よく見ると作者の筆跡で「ヒマラヤスギの歌」Das Lied von der Zeder と記されている。旧約聖書で、ノアはヒマラヤスギ属の樹木と一説には考えられているゴフェルの木の材を使って大洪水から脱出するための方舟を建造し、またソロモン王も同種の材木によってエルサレム神殿を創建したと言われている。キーファーは、この聖なるヒマラヤスギに見立てた枯枝を本の隙間に挟んだが、その枝々は、いましがた火のなかから取り出されたようになかば焼け焦げている。そもそも「ヒマラヤスギの歌」とは、ホロコーストの受難が訪れる直前のシオニスト系ユダヤ人のあいだで人気のあった歌謡だった。パウル・ツェランも自作の詩のなかに引用したその歌は、こんな断片を含んでいた。

細いヒマラヤスギの幹が雲を抱くところ
ヨルダン川の奔流が流れ下るところ
そこに先祖の灰が眠っている
マカバイ戦争で流れた血を大地は呑み込み
青い海の汀をもつ国がそこにある
それはわが心の母国

(Andrea Lauterwein, *Anselm Kiefer/Paul Celan: Myth, Mourning and Memory*. Thames & Hudson, 2007. 私訳)

キーファーは、ホロコーストの記憶の分有に向けて、ツェランにちなむこの歌を、いわばこの作品とともに歌われるべき葬送歌として捧げた。すべての破局を知り尽くした歴史の地層のなかで眠る、静謐な記憶の堆積が、ふと土中から取り出されたかのように。災厄の去った瓦礫のなかから蘇る不可視の書物は、このような形をしている、と私たちに告げるかのように。瓦礫を凝視する「歴史の天使」をホロコースト以後のいまに呼び出すように、キーファーは羽の生えた鉛の書物を「本」*Das Buch*（一九八五）という作品としてすでに制作してもいた。それはクレー＝ベンヤミンの天使が、書物へと姿を変えた、奇蹟のような顕現である。

災禍はくり返す。それは方舟に乗りこんだノアが予感したように、つねに未来への災禍への想像力、不可避の災禍と死への宿命的な「信」に立脚することで、私たちの生命が対峙しうる出来事となる。その意味で、書物はこの未来の災禍にかんする智慧をもすでに含み込んだ存在なのだ。未来から死者の追悼のためにやって来た本。その死者とは、私たち自身であるかも知れない。だが、その未来からやって来た書物が語る警告と追悼の言葉を、真に人間が受けとめることは少なかった。書物の喪、その痛みに私たちは気づかなかった。

書物の不在は、壊れてゆく書物のことではない——たとえ壊れてゆくことが書物の根源にあり、書物の法の裏返しだとしてもである。（ブランショ『書物の不在』中山元訳、月曜社、二〇〇七）

モーリス・ブランショはこう書いて、書物の不在が、たんに書物の破壊によって直観されるのではないことを逆説的に語ろうとした。瓦礫の光景は、たしかに書物の死を暗示した。本が死するものであることを冷徹に告げた。だがその事実によって私たちが発見したのは、そもそも書物とは、存在の陰で「喪」を悼む、非在のイデアであるということなのだ。その非在に耐えることで、書物的知性は、紙が自然発火する臨界の温度、すなわち華氏451度のカタストロフィに抵抗することができる。

瓦礫を前にして私たちがいま真に憂えるべきは、書物の死ではない。むしろ、身体を欠いた不死の書物が記号情報の洪水的ネットワークとして構想され、そのことによって逆に書物が十全に生き尽くす可能性を剝奪されてしまうこと。これこそ、私たちがいま直面する生命と記憶の最大の窮地にほかならないのである。

上―アンゼルム・キーファー《パウル・ツェランのために―ルーン文字の織物》(2005)。乱雑に積み上げられた本の山の隙間から、焼け焦げた聖なるヒマラヤスギの枝がのぞく。ホロコーストの痛苦の記憶を背負った詩人ツェランに捧げられたオブジェ的書物は、それじたい記憶の隠喩となる。[→本文P.029]

左―アンゼルム・キーファー《ハイ・プリーステス―二つの大河の土地》(1989)。鉛の薄板でできた無数の本が戦争と虐殺の残骸のように並び、二つの大河が海に注ぐ書物の起源の地メソポタミアを夢見ている。[→本文P.028]

上―ナチスによる一九三三年五月一〇日の焚書運動の光景。ベンヤミンの書物が焚書の対象になったという証拠は残っていない。だがこの時点でベンヤミンが刊行していた二著『ドイツ悲劇の根源』と『一方通行路』がそこに含まれていなかったと断定できる理由もない。なぜならこの頃彼は自らのユダヤ性のため、デートレフ・ホルツなる偽名をもって原稿を書く以外になく、出版の世界からすでに完全に疎外されていたからである。のちの彼は『ドイツの人びと』(1936)をこの偽名で出版することになる。
[→本文P.022]

右頁・右―ベンヤミンの「歴史の天使」の概念は、過去の瓦礫を凝視しながら後ろ向きで未来へと進む天使を描いた、クレーの絵画作品から霊感を与えられている。このパウル・クレー《新しい天使》(1920)を使用した「ヴァルター・ベンヤミン――図像の省察」展(ミュンヘン、2011)のカタログの表紙。
[→本文p.017]

右頁・左―レイ・ブラッドベリ『華氏451度』の刊行五〇周年記念版(Simon & Shuster, 2003)の表紙。挿画はブラッドベリの小説作品の挿画家として知られるイタリア系アメリカ人のイラストレーターJoseph Mugnaini。[→本文p.026]

上―廃墟となったボスニア国立図書館の内部。撮影はスペインの写真家ヘルバシオ・サンチェス。この一六世紀に建てられた歴史的建造物は、二〇一四年五月、破壊から二二年後に復元された。
[→本文p.020] ©Gervasio Sánchez

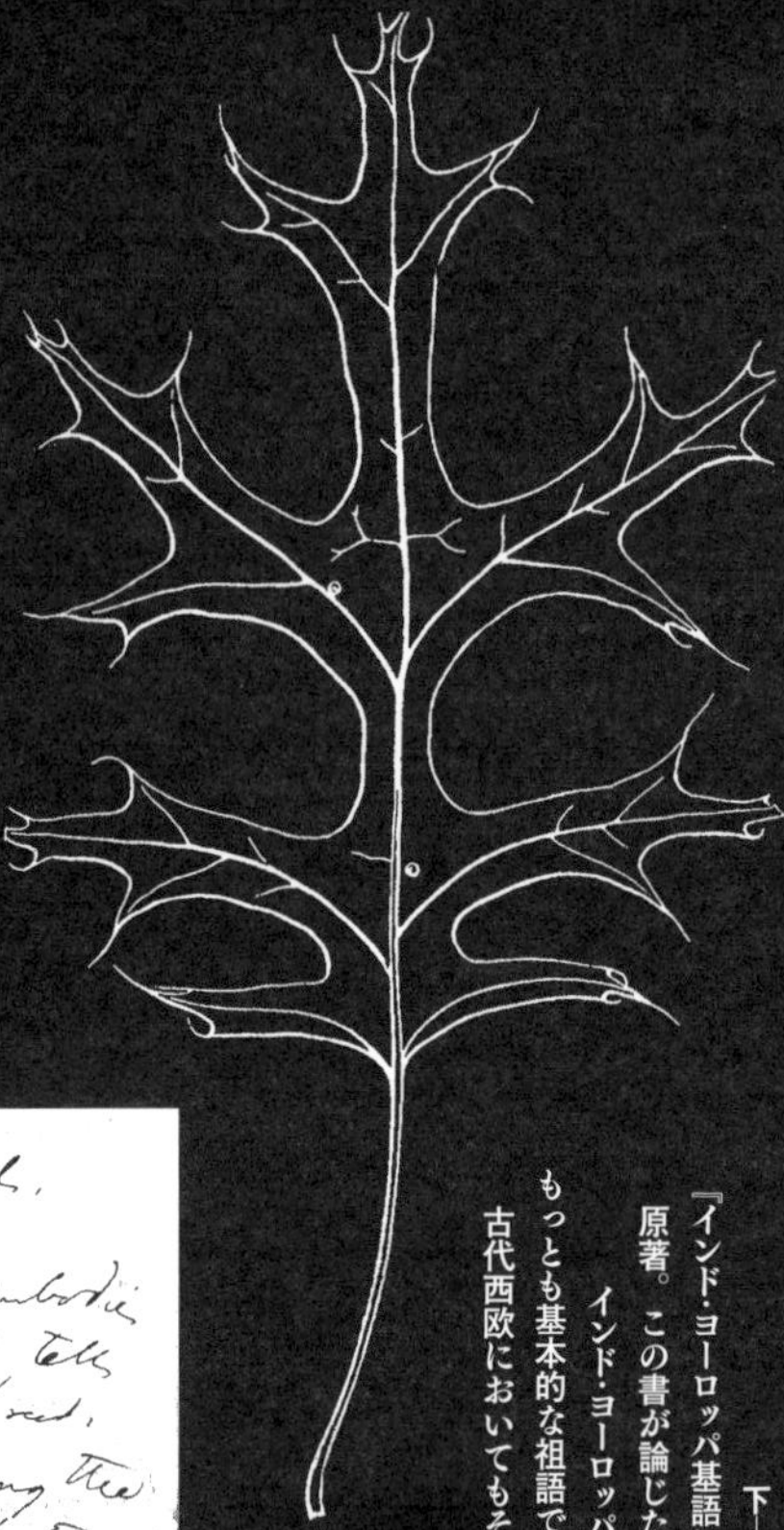

右――「『ベニガシワの』葉を一枚家に持ち帰って、落ち着いて炉ばたで詳しく調べてごらんなさい。その形はオックスフォードの印刷書体でもなく、バスク語でもなく、楔形文字でもありません。ロゼッタ石の模様にも見いだされません。…なんと野性的で喜ばしい輪郭、なんと優雅な曲線と角度の組み合わせでしょうか！」（ソロー「秋の色」私訳）。入江や岬や浜の合成体にも見えるベニガシワの葉の形態はソローの大いなる霊感源だった。［→本文p.043］

下――未完に終わったソロー晩年の手稿「種子の拡散」*The Dispersion of Seeds* の冒頭部分。〈種子の音節〉によって書かれた文字は、ときに翼果に似て羽が生えているようで判読が難しい。当時の編集者はこうした原稿を前にして、印刷出版を逡巡することが多かった。［→本文p.057］

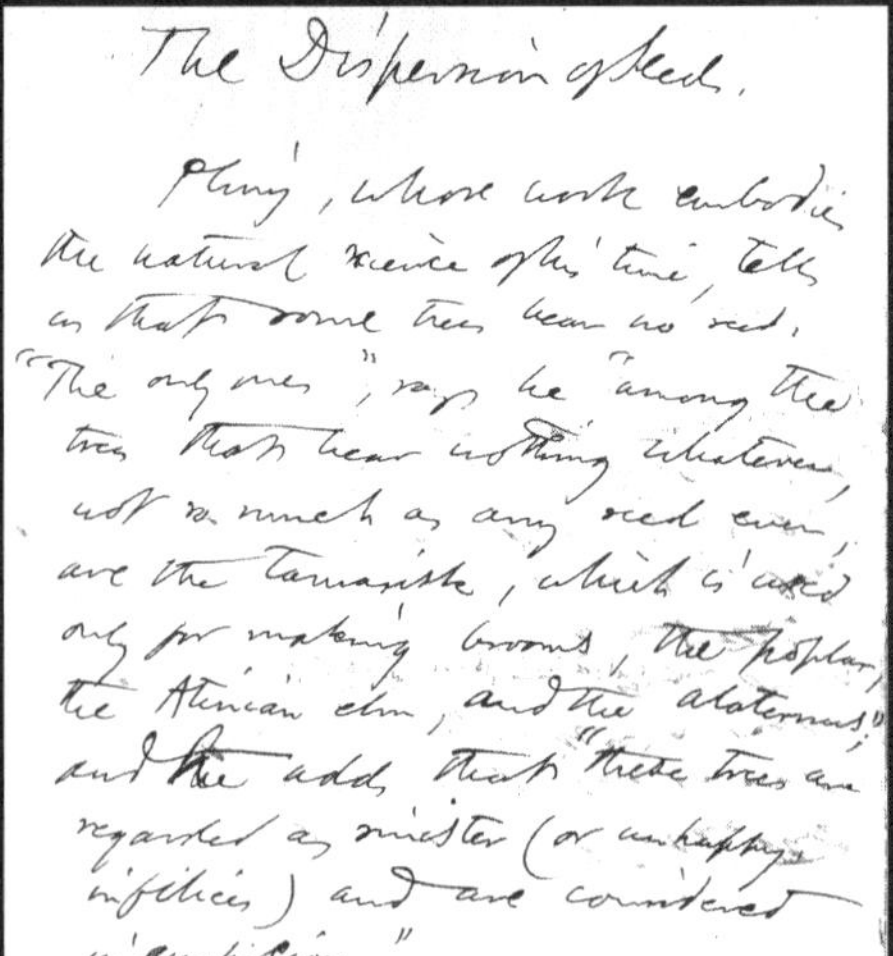

The Dispersion of Seeds.

Pliny, whose work embodies the natural science of his time, tells us that some trees bear no seed. "The only ones," says he "among the trees that bear nothing whatever, not so much as any seed even, are the tamarisk, which is used only for making brooms, the poplar, the Atinian elm, and the alaternus;" and he adds that "these trees are regarded as sinister (or unhappy infelices) and are considered inauspicious."

As there is even yet a lingering doubt in many minds with regard to some trees whether they bear flowers and seeds or not, it is the more important to show not only that they do, but for what purpose

下――ポール・フリードリッヒ『インド・ヨーロッパ基語における樹木』（1970）の原著。この書が論じたように、樹木の呼称はインド・ヨーロッパ諸語の語彙を形成するもっとも基本的な祖語であった。カバー画には、古代西欧においてもその樹皮が書写の素材となったカバノキの一種が描かれている。［→本文p.042］

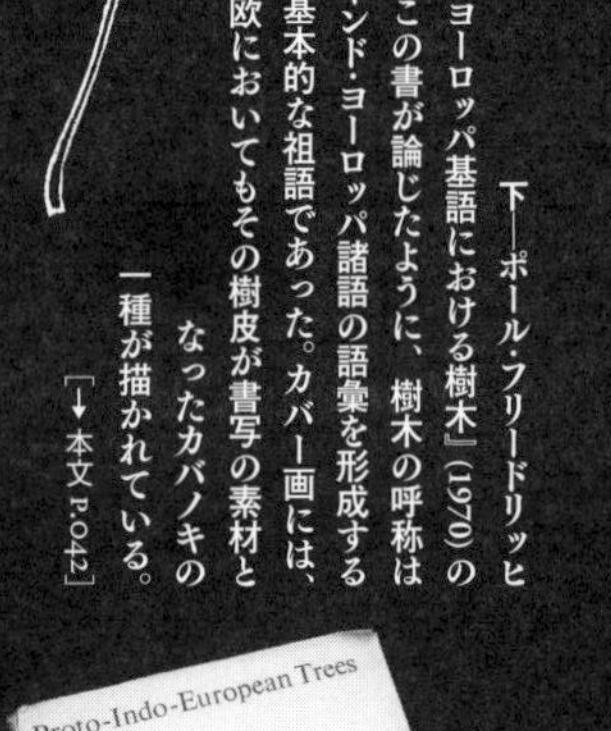

右―ソローの一八五六年一月二五日の日記に付された楡（ニレ）の木の年輪のスケッチ。ソローの年輪へのこだわりは、人間を超える樹齢をもった樹木が目撃してきたであろうアメリカの歴史的風景への省察にもつながっていた。［→本文p.056］

上―ロジェ・カイヨワ『石が書く』（岡谷公二訳、新潮社）に収められたイタリア・トスカナ産の碧玉の断面。石もまた、驚くほど見事な年輪模様をその内部に刻んでいた。［→本文p.060］

種子のなかの書物

この本のすべてのページが、
ウォールデン湖の氷のように純粋であれば、
私は人にどう言われようと満足だ。
――ヘンリー・デイヴィッド・ソロー

1

書物という存在の形態的・物質的起源を語ろうとするとき、私たちはその素材の歴史的変遷を地域別かつ通時的に概観することで満足してきたようにみえる。たとえば秦による統一前の中国ならば竹の札である「簡《かん》」。分量が必要ならばそれをなめし皮で編み連ねた「册《さく》」とする。インドならばターラ樹の扇状の葉を糸で綴じたもの。メソポタミアならば楔形文字を刻んだ粘土板。エジプトはカヤツリグサ科の植物の茎の髄質を濡らして並べ押しつけて乾かしたパピルスを発明した。古代ギリシアでは吟遊詩人による口承的記録・伝達の時代が長く続いたのち、パピルス巻物への叙事詩の書写がはじまった。古代ローマもパピルスを取り入れて巻物として書物化したが、一方でブナ材の板に蠟を塗って鉄筆で字を彫る蠟板の書物も流通した。小アジアではパピルスではなくむしろ亀裂が入りにくい羊皮紙文書《パーチメント》が早くから発達していた。
こうしたさまざまな素材が書物の起源に混在していた状況のあと、後漢の和帝時代（八八─一〇五）の末に完成した紙の発明とその伝播によって、世界中の書物に革命的な変化が起こる。中近東経由で一三世紀に本格的にヨーロッパへ入った紙が書物の形態を決定し、紙という書字媒体によって現在のような紙綴じ本の基本形態が完成することになった……。

このような語り方に誤りがある、というのではない。ただ、こうした言説が、書物という形態が歴史的に形成されてきた物質的変遷を通時的に了解するためのものであれば、それは歴史的な事実の叙述ではあっても、本の原初形態にたいする人間の想像力の発生を直接解き明かすことにはならない。書物の素材には多様な起源があった──そう語ることは、逆に「書物」という存在を生み出した本源的な泉が、あるいは一つであったかも知れない可能性を覆い隠してしまうのである。

ここでの私の関心は、むしろ、書物という形＝イデアへの原初的・本質的想像力を生み出した自然界のエレメントが何であったか、という存在論的な問いである。そしてその問いにたいしては、書物の起源が人類の植物世界、とりわけ樹木世界への原初的な感覚にもとづいていたことを否定することはできないように思われる。原-書物にとっての、植物世界との関わりの特権性が、最終的に現在のような紙綴じ本という書物の形態への必然的な移行を促した、ほとんど無意識の動因ではなかったか。ここで私が試みたいのは、書物のいわば「植物学的起源」を検証してみることである。そしてそのときの「植物」とは、かならずしも生物学的な実体としての植物のことだけでなく、むしろ植物の具体的形態や生態から人類が受けとめてきた「植物的ヴィジョン」をめぐる想像力を全面的に含むものである。

書物の起源に横たわる植物のヴィジョンは、まず、書物や書字媒体をあらわす言葉への語源的な遡求によって簡潔に示すことができるかもしれない。たとえば日本語の「紙」なる言葉の起源についてである。私家製本や和紙研究の立場から民藝運動に参画した英文学者・書誌学者の寿岳《じゅがく》文章《ぶんしょう》は、『書物の世界』(朝日新聞社、一九四九)において、中国の竹牒である「簡」の字音「カン」が日本語に借用されて「カミ」(＝紙)という音に転訛したとする従来の語源説に異議をとなえている。寿岳は、柳田國男が『雪国の春』(一九二八)で書きとめた「樺皮の由来」なる文章に触れながら、東北地方において書や掛け軸を所有する旧家が「カバカワの家」と呼ばれてきた事実を引いて、樺の木の樹皮が「カバ」として古くから書写の素材として用いられてきたことに注目する。「カバカワは白樺の樹皮を利用した一種の紙である。寒い山国において発明せられたるパピロスであった」(柳田)。こうした歴史に拠りながら寿岳は想像する。工芸品としての紙が登場するよりはるか昔から、書字・書写の材料となったあらゆる「カミ」は総じて「カバ」と呼ばれながら、紙の原初的な樹木性を音として正しく伝えてきたのではないか。そして「カバ」が「カビ」となり、その〝b〟音がさらに〝m〟音に転じて「カミ」となったのは、長い時間のなかでのほんのわずかな音の転位にすぎないのではないか、と。

寿岳が「カミ」という音の由来を「カバ」という、列島に広く自生している一樹木をさす名によってとらえようとした仮説的な直観は、紙や書籍の起源をめぐる無意識の「植物的ヴィジョン」に支えられたものといえるだろう。だがもちろん、英文学者でもあった寿岳の発想の背後には、西欧語における「書物」を意味する語の根源にあるとされるひとつの樹木への想像力がはたらいていたことはまちがいない。その樹木こそ「ブナ」である。

英語における書物＝“book”という語は、英語の“beech”すなわち「ブナ」と語源を同じくしている。この樹木の名は、古ゲルマン諸語においてブナを指す“bōc”（古英語）あるいは“bók”（古スカンジナヴィア語）、さらに“buohha”（古高地ドイツ語）など、共通の語根をもった呼称を形成しながら、インド・ヨーロッパ諸語の意味素を形成する祖語のひとつとなった。「ブナ」は、古ゲルマン族がその削り皮や板に古いルーン文字を刻んだことによって、あるときから「書物」という意味論をもつ音として枝分かれし、定着していったのである。ブナの削り皮を呼ぶ音を、書物そのものを指す言葉へと転位させていった古ゲルマン人の想像力は、ちょうど樺の木の呼称をもって紙を言い表わすようになっていった古日本人と、その「植物的ヴィジョン」をみごとに共有しているといえる。

相互に影響関係のない東西の固有言語において、書物や紙をあらわす語がどちらも樹木の皮を示す語に起源をもつことの確認は、書物をめぐる植物的ヴィジョンなるものの世界的普遍性を私に想像させる。いや、そもそも言語学者・人類学者ポール・フリードリッヒが『インド・ヨーロッパ基語における樹木——先史民族の樹木体系』（一九七〇）でみごとに解明したように、樹木の名称はインド・ヨーロッパ諸語の語彙を形成するもっとも基本的な祖語として、人類の言語生成の重要な根幹をかたちづくっている［▼図 p.036］。フリードリッヒは、インド・ヨーロッパ語族の先史社会において、カバ、マツ、スギ、ポプラ、ヤナギ、リンゴ、カエデ、ハンノキ、ハシバミ、クルミ、ニレ、シナノキ、トネリコ、シデ、ブナ、サクラ、イチイ、コナラの、少なくとも一八種の樹木が語彙的に差異化され、分類されていたことを確かめ、この原始分類にしたがってインド・ヨーロッパ諸語の意味論が生成・再編されていったことを克明にあとづけている。これらの植物をさすそれぞれの単語は、一万年以上のあいだそれほど変化することなく、それらの語根がさまざまな言葉のなかに組み込まれて大きな言語樹の系統をつくりあげていったのである。"book"（書物）のなかに隠れた"bók"（ブナ）もそうした「樹木体系」のひとつの代表的な事例であり、樹木呼称とは言語における「意味論的祖語」の立場をしめている。

フリードリッヒの本に触れながら、アメリカのナチュラリスト詩人・思想家ゲイリー・スナイダーは、これらの樹木をあらわす言葉が、西欧の言語文化の生命の核をかたちづくる〈種子の音節〉seed syllable《シードシラブル》となった、と書いている（スナイダー『野性の実践』）。まさに樹木の種子が拡散してあらたな樹木を世界全体に分布させていったように、樹木をさししめす音が、〈種子の音節〉としてあらたな語彙の芽吹きを世界に促していったのである。そして「言葉」のなかにあまねく樹木の種子の音節が忍び込んでいるとするならば、その言葉をもって書かれる「書物」のなかに、同じように樹木の、植物のヴィジョンが深く浸透しているのは、あまりにも必然のことであるといわねばならない。

2

ゲイリー・スナイダーの思想的先人、一九世紀アメリカの作家・思想家・博物学者ヘンリー・デイヴィッド・ソローほどに、〈種子の音節〉をもっていま自らが言葉を書きつけ、書物を編んでいるのだという汎人類史的な遺産を深く自覚していた者はいなかった。ソローの主著『ウォールデン』(一八五四)のどの一ページをとっても、そこには自然環境、とりわけ樹木や草木が大地に「書きつけた」さまざまな徴《しるし》を読みとり、そこから自然と人間とが共有する摂理や哲学的ヴィジョンを導き出そうとする強い意思がみなぎっている。

とりわけ、ソローの植物的ヴィジョンを形態的に枠づけているのが「葉」という存在であった。「どの葉も本来一本の木になる権利を持っている」と書いて、植物の、ひいては有機生命体の形態的な基本構造がすべて葉の形態に還元できることを説いた一八世紀のゲーテに似て、ソローもまた、植物の葉の形や模様が示す構造こそが、大地と生命が描きつづけてきたしるしや形態の秘密の根源にある、原型的なかたちであることを確信していた[▼図 p.036]。『ウォールデン』の、生命の再生への哲学的な考察が含まれた重要な章「春」において、ソローは葉の形態をめぐるヴィジョンをひとつの特異な風景の驚くほど克明な描写として表現している。それは森の小屋からコンコードの町へ行くときに彼が通り抜ける、鉄道線路沿いの深い切り通しの斜面であったが、朝日に照らされて地中の霜が溶け出した土手に、砂や粘土による鮮やかな葉状の造形が現われ出すさまを、ソローはこう書いている。

無数の小さな砂の流れが、たがいに重なりあいからみあった結果、なかば流れの法則に従い、なかば植物生長の法則に従う一種の雑種的産物の様相を呈する。それは流れるにつれて、みずみずしい木の葉や蔓のかたちをとるかと思えば、厚さ一フィートかそれ以上のどろどろした小さな枝葉の堆積物となったり、また、上から見おろすと、ある種の地衣植物のぎざぎざな葉っぱがうろこ状に重なりあった葉状体のようでもあるし、さらにはサンゴ、ヒョウの足、鳥の足、あるいは脳、肺、腸、それにあらゆる種類の排泄物を思わせた。（「春」『ウォールデン』。これ以後『ウォールデン』の引用は岩波文庫版『森の生活』〔飯田実訳、一九九五〕に基本的に依拠するが、適宜改訳した部分もある）

土手の日のあたった側だけが、砂の決壊を通じて、突如として絢爛たる「砂の葉飾り」におおわれる。この奇蹟のような出現のさまをソローはさらにつぎのように述べて、葉状の植物紋様が、大地と生命体の内部に胚胎された法則の精緻な反映であることを主張する。

わずか一時間で創造された絢爛たる葉飾りを目にするとき、私はある意味で、この世界と私とをつくり出したあの「名匠《アーティスト》」の工房にいる（……）ような感動を味わう。あたかも地球［globe］の内臓に一歩近づいた気分だが、それもそのはず、氾濫を起こした砂は、どこか動物の内臓に似た葉状のかたまりをなしているからだ。したがって、砂そのもののなかに、植物の葉［leaf］の出現が予感されているのである。大地が、内部にそうした理念《イデア》を孕みながら精を出して働いている［labor］のであれば、外部において葉のかたちとして自己を表現しようとするのは何ら不思議ではない。（『ウォールデン』）

大地の内臓を、外界の葉へとむすびつける特異な感受性。大地でも、動物でも、その内部を見れば一枚の湿った厚い「葉」lobeである、とソローは示唆的に書いている。これは私たちにとってもそれほど突飛な言説ではない。日本語でも「葉《よう》」とは、大脳における前頭葉や後頭葉、肝臓における右葉と左葉など、臓器をかたまり状の器官に分けて考えるときの呼称として広く使用されているからである。体内の臓器を葉の形態に見立てる感覚や想像力は、いうまでもなく人類にとって普遍的なものにほかならない。

だがソローはさらに、彼がここでかならずしも「葉」をめぐる形態的なアナロジーの話をしているのではないことを読者に伝えようとする。そして彼は、外界の一枚の乾いた「葉」leafとは、ちょうどその〝f〟音が、「内臓」lobeの〝b〟音を押し葉のように押して乾かしたものなのだ、と書きつけるのである。湿った葉の〝b〟が、外に現れた葉の〝f〟として乾いてゆく……。音の湿潤と乾燥を自らの舌の先でたしかめるように、語の音声的な連関と微細な変化を意味論の領域に接触させながら、不思議な言語分類学を展開してゆくソローがここにいる。

そう、ソローはたんに形態としての葉を自然のなかに広く見いだしただけではなかった。自らが書き記す「ことば」の核心に、植物や葉にかかわる語彙の種子が眠っており、そうした植物的種子をもった音を繰り出しながら自らの自然哲学が語られているのだという自覚。すなわち彼自身の言語実践そのものを支える木々や葉や種子の貢献を、ソローは片時も忘れることがなかったのである。いいかえれば、彼のテクストに、彼の書物に、まさに木々や葉となって繁茂すべき種子が潜んでいたのである。

ここには、〈種子の音節〉への驚くほどするどい耳の感受がある。先の一節で援用されたいくつかの連関する語彙群、すなわち“lobe”（葉《よう》）、“labor”（働き）、“leaf”（葉）、“globe”（地球）は、いうまでもなくソローの耳が受けとめる〈種子の音節〉として語根を共有するひとまとまりの用語であり、それらを意図的に結び合わせることで彼の植物的ヴィジョンが支えられる。ここではまるで『ウォールデン』のテクストそのものが総体として「葉」へと変貌しようとする衝動が語られているかにもみえる。

ソローが、自らの本のページをウォールデンの自然になぞらえていたこと。そして同時に、ソローがあたりの自然環境そのものを書かれた徴、書かれたテクストとして、すなわち一種の「書物」的な全体性として観察=精読しようとする一貫した姿勢を示していたこと。この、ソローによる表裏一体となった思考と記述の実践の意味に気づいていたのが、現代アメリカの特異な批評家・哲学者スタンリー・カヴェルであった。カヴェルは一九七二年に刊行された刺激的なソロー論『センス・オブ・ウォールデン』*The Senses of Walden* において、やや晦渋な哲学的議論をかさねながらも、一貫して『ウォールデン』が自然省察の本である以上に、読むことと書くことをめぐる、すなわち「本」についての本であるという視点から示唆的な考察を展開している。カヴェルによれば、『ウォールデン』の「豆畑」の章における鍬《くわ》仕事とは、自然に沈潜する者の自給自足的な最小経済であるよりははるかに、「書く」という身体的な行為の象徴である。「書き手の鍬にとって、大地はページである」。カヴェルはこう書いて、森の耕作者がそれじたいとして書物人であることの核心的な秘密を、とりだそうとしたのだった。

カヴェルに促されながらソローにおける植物のヴィジョンと書物のヴィジョンの相互浸透の問題へと考察を進めようとするとき、ひとつの興味深いヒントが『ウォールデン』の冒頭の一文に隠されているかもしれない。この著名な作品の冒頭は、ソローがウォールデン湖のほとりの森のなかに自分で建てた小屋に独居して『ウォールデン』を書いた経緯が簡潔にまず述べられる部分であるが、それは原文でこう始まっている。

> When I wrote the following pages, or rather the *bulk* of them, (……)（強調引用者）

『ウォールデン』の日本語訳の数はきわめて多く、明治四四年（一九一一年）から現在までのおよそ一〇〇年間で、一五人の翻訳者による全訳版が刊行されてきた。私がある種のとまどいとともにに読んできたこの冒頭の一文は、数多い日本語訳のどの版においても、ほぼ同じように訳されている。試みにいくつか挙げてみよう。

「私が本書を、と云うよりは寧ろ本書の大部分を書いた頃は……」（今井嘉雄訳）
「私が次の記録を、と云っても全部ではなくその大部分を書いた頃は……」（古館清太郎訳）
「森のなかに独り棲んでいた頃、私はこの文章の殆ど大部分を書いた」（宮西豊逸訳）
「以下の頁、というよりもその大部分を書いたとき……」（飯田実訳）
「以下の文章を、と言うよりむしろその大部分を書いた頃……」（酒本雅之訳）
「私がこの本を書いたのは――正確には多くの部分を書いたのは……」（今泉吉晴訳）

手元にあってすぐに参照できる訳本から冒頭の一文をいくつか取り出してみただけであるが、私が気になっている「the bulk of them」という部分を、訳書はことごとく慣用的な熟語ととり、辞書にもある「大部分」という語釈によってこれを翻訳していることがわかる。たしかに最終的にはそれが妥当な解釈なのかも知れない。ソローが『ウォールデン』のテクストのおよそ半分ほどを、森の中に住んでいたときに書いたことはよく知られた事実である。訳者たちは、このテクストのすべてではないが、その大半が、ウォールデンの森での独居中に書かれたものであることをソローが冒頭で強調している、と受けとったのであろう。この解釈自体には、疑義を差し挟むことは難しいかも知れない。

事実関係としてはそれで間違いがなくとも、『ウォールデン』という作品の成立と意味にたいする存在論的な問いかけを前提としたとき、この“bulk《バルク》”の一語を「大部分」というたんに定量的な意味論の枠内で無意識に訳し流すことができるのだろうか。『ウォールデン』という、詩語を凝縮して重ねながら高次の哲学的散文へと彫琢していったこのテクストがその冒頭にかかげる文章として見たとき、「以下の文章を、いやその大部分を」私は森のなかで書いた、というもったいぶったようにもきこえる事実の状況説明から書き起こされることに、私はどこか違和感を覚えてきたのである。

私の直観は、別の可能性を想像する。この“bulk《バルク》”とは、あるいは書籍印刷や製本の用語として使われる「ページのひとまとまりの束」のことを含意することばなのではないか、と。そんな既訳はただのひとつも見当たらないが、あえてこのニュアンスを込めて冒頭部分をあらたに私訳してみれば、このようになるだろう。

「私が以下のページを、いやこのひとまとまりの紙の束というべきものを書いたとき……」

そもそも“bulk《バルク》”は「かさ」や「あつみ」のことを一義的に示す英語である。語源的には古ノルド語の船積みの荷を示す“bulki”から派生したと考えられ、そこから厚みや重みのあるまとまった塊を意味するようになった。“the bulk of”を「大部分」ととらえる意味論もここからさらに派生したのであろう。しかし一方で「バルク」を書籍用語に近づけて解釈する誘惑に抗することは難しい。『ウォールデン』の冒頭が「ページ」という書籍語彙を援用することから始まっているからであり、ここでソローが、自らの作家＝耕作者としての手仕事（＝labor）の成果を、書物というページの束として意識していると考えるのは、決して無謀ではないだろう。いやかえって、『ウォールデン』が本についての本として書かれたという本質的な経緯をそれとなく照らし出す冒頭として読むことが、この解釈によって可能となるかもしれないのである。

スタンリー・カヴェルも、この「バルク」を「ひとまとまりのページ」という風に意識的に読もうとする例外的な一人である（カヴェルのソロー論出現後に現れた邦訳だけでも六種あるが、カヴェルの慧眼を冒頭の訳文に反映させた訳者はいまだ一人もいない）。カヴェルは『センス・オブ・ウォールデン』のなかでこう述べている。

われわれは、ソローが『ウォールデン』のおよそ半分を、彼の小屋を住処としていた年に書いたということを知っている。しかし書き手が記したすべてのページは、彼がどこにいようと、書くものがどのようなものであろうと、簡潔に、あるいは、存在論的に、ひとまとまりの書きものである。すなわち、その嵩《かさ》、あるいはその材質、その本体、あるいはぼんやりとしたその存在感、その物理的現前である。書くことは手の労働laborなのである。（『センス・オブ・ウォールデン』齋藤直子訳、法政大学出版局、二〇〇五、三五頁。一部改訳）

『ウォールデン』の冒頭で、ソローはこれから続くページが、「ひとつの束」をなすテクスト的な塊＝身体として存在するのだという簡潔な真理を主張した。そのかたまりが、まさに「手」labor という「葉」lobe の産物でもあることによって、自然（樹木）＝書物の相互浸透を実証する行為であることを宣言しようとした。“bulk” という語じたい、古ノルド語に起源を求める通説とは異なり、これを “bōc” ないしは “bók”、すなわちすでに触れた「ブナ」の樹の呼称を祖語とする語彙連関に遡らせる考え方も存在するのだ。であるとすれば、ここでソローのいう「バルク」とは「ブック」につながる。いや、あえて大胆にいえば、ソローが冒頭で読者に向けて書きつけた「bulk of pages」とは、まさに存在論的に想像された「book」そのもののことであったというべきであろう。ここでソローが無意識に伝えようとしていたのは、『ウォールデン』のページとは「死した言語」で書かれた無機質な紙の束ではなく、有機的な内臓の言語と審美的な葉の言語によって裏打ちされた、ブナの樹皮 bōk を束ねた統合体である、という事実であった。そしてそのひとまとまりの労働の成果としての「書物」を「書いた」のは、テクストの現実の執筆時期がいつであったかにかかわらず、森のなかに住んでいたソローの瑞々しい棕櫚の葉のような「手」以外のなにものでもなかったのである。

　植物のヴィジョンに支えられた「バルク」の真意にたいする私の仮説を、側面から補強するかも知れないもう一つの事例についても手短に触れておこう。浩瀚《こうかん》な『ウォールデン』の全テクストのなかに、"bulk" という語はたった二回出現するだけである。そして冒頭以外の唯一の事例が、「経済」と題された同じ冒頭の章のなかにあらわれる次の一節である。正確を期すために、原文と既訳を並べてみよう。

For a long time I was reporter to a journal, of no very wide circulation, whose editor has never yet seen fit to print the *bulk* of my contributions, and, as is too common with writers, I got only my labor for my pains. However, in this case my pains were their own reward. (H. D. Thoreau, *Walden*, Boston: Ticknor & Fields, 1854, P.21. 強調引用者)

私は長いあいだ、あまり売れない雑誌《ジャーナル》の記者をしていた。ところが私の原稿の大部分は活字にするには適さないと編集長がきめつけたので、もの書きの例にもれず、私の苦労は骨折り損に終わった。しかし、この場合、私は自分の苦労そのものによって報われていたのである。(『ウォールデン』飯田実訳に拠るが、一部省略)

邦訳書はここでも「大部分」という訳語を繰り返すだけである。ふつうこの一節は、ソローも加わっていた超絶主義の雑誌『ダイアル』の編集者エマーソンやマーガレット・フラーにたいする、少しユーモアも含んだ当てつけであると解釈されている。たしかにソローには、夥しい没原稿があったことも事実である。だが、ここで使われた「バルク」という語に、再度植物のヴィジョンを注入し、これを樹皮＝書物という理念の結晶体であるとみなしたとき、この一節には編者への皮肉を超えた、より批評的な宣言が込められていると読むことができるかも知れない。すなわち、ソローは「私の寄稿した束の重みを活字にすること」が誰にもできなかった、とここで挑発的に書いているのである。それはすなわち、自然が人間に向けて語るしるしや秘密を書きつけたソローの原稿（＝すなわち手の労働 labor の成果）が、印刷される文字として書物化されるまえに、すでに多くの人々によって捨て去られていることの静かな告発でもある。

『ウォールデン』の「音」と題された章の冒頭にある次のような一文が、ソローの「書物」なる概念が、本質的にはあくまで自然の、森羅万象の書きつける普遍的なことばのことであり、種子の音節に支えられた言語の産物でなければならないことを語っている。

いかに選び抜かれた古典であろうと、書物のみに没頭し、それ自身が方言や地方語にすぎない特定の書き言葉ばかり読んでいると、比喩なしに語る唯一の豊かな標準語である森羅万象のことばを忘れてしまう恐れがある。それらのことばはどこにでも溢れているのに、めったに印刷されはしないからだ。鎧戸から洩れ入る光は、鎧戸がすっかりとりはずされてしまえば、もはや思い出されることすらないだろう。
（『ウォールデン』）

いうまでもなくソローは高貴な東西の古典文学を深く愛した。だが彼にとって究極の「書物」なるイデアは、人間がそれぞれの地域語で書き記してきた比喩的・修辞的な産物のなかにはなく、むしろ、種子の音節、マガモの文法、鎧戸の光のスペクトルによってじかに人間に語りかけられた、野性が普遍言語によって書きつける軌跡のなかにこそ存在するのだった。だがそれらの書きつけは、どれほど私たちの世界に溢れていようと、かならずしも書物として印刷されることはなく忘れ去られてゆく。ちょうど、ソローの原稿の束（＝「バルク」）が、編集者たちに見向きもされなかったように。

つねに〈種子の音節〉に拠りながら書こうとしたソローにとって、書物とは、その意味で現実には非在の宿命を負わされるような何かなのかも知れなかった。だがソローは、その非在という不遇に実人生においては耐えることで、死語によって埋め尽くされただけの本の書き手として生涯を終えることから救われたのであった。すなわち、彼は「報われ」たのである。

3

自然について書く《ネイチュア・ライティング》のではなく、自然が書きつける《ネイチュアズ・ライティング》ものを受けとめ、その野生の文法のままに写し取ること。そこから「原-書物」の重みを造形してゆくこと。こうしたソローの信条と哲学は、樹木が自然に刻みつける素朴かつ精密な純粋言語へと彼を接近させていった。その証しとして、ソローは生涯、木々の年輪を読みつづけた。ただひたすら、木々の言語である年輪を読みとり、樹木が語る言語の歴史の層を繙こうとした。一八六〇年一二月三日の特別に寒い吹雪の日の午後も、フェアヘーヴン・ヒルで切株の年輪を数えて過ごしたが、このときひいた悪性の風邪がもとで、ついに四五年に満たない短い命を終えることにもなった。
樹木が書くしるしとして、なによりも深く、魅惑的なものである年輪。経過した時間と、樹木が立つ空間との相互関係が、この同心円状の原-書物のなかにすべて凝縮されている。ソローが、どのようにこの樹木による普遍的な標準語を読みとっていたか、彼の『日記』から印象的な一節を抜いてみよう。

大きなニレの木が根元から九・五フィートの高さで切り倒され、まあたらしい切株が残っていた。いとも簡単に、かつ精確に、その年輪を数えることができた。じっさい、太い切株にこれほど明瞭な年輪がきざまれているのを見たのははじめてだった。ニレはそこで健やかに育っていたらしく、中心にさえいかなる空洞も見当たらなかった。年輪を数えてみると全部で一二七あった。九・五フィートの高さになるのに五年かかったと想定すると、このニレの年齢は一三二歳だったことになる。つまり芽を出したのは一七二四年、ラヴウェルの戦いの直前のことである。切株の断面には一四インチはなれた二つの年輪の中心があった。粗っぽいスケッチだが、これでその様子がわかるだろう。（一八五六年一月二五日の『日記』。私訳）

年輪は、ソローにとって、決して自然科学的な観察物としてのみあったのではないことは、こうした記述からも明らかだろう［▼図 p.037］。ソローの博物学は、歴史学とも、考古学とも境を接し、そうした学問的囲い込みから逸脱する場所において、つねに特異な霊感の輝きを放つのだった。一本のニレの木の切株を読みながら、ソローはそこに、マサチューセッツ州においてワバナキ・インディアン同盟とイギリス植民者のあいだで戦われたかつての戦闘の記憶を探りだす。ニレの大樹がそれを目撃していたからである。種子から芽吹き、生長して成木の繁茂を謳歌し、やがて老いては切り倒されて年輪だけを残す樹木の個体的生命は、人間の記憶や歴史を超える通時的な証言能力を持っていた。森林樹の相が代替わりしながら変遷してゆくいわゆる「遷移」succession の過程をたえず木々のことばを介して観察していたソローは、白人によって植民される前の「アメリカ」の大地の言葉を知りえた、まったく例外的な白人であったことになる。ソローは、その早すぎる死によって夢の書物に終わった手稿『種子の拡散』*The Dispersion of Seeds* のなかで、年輪を読むことによって人間に与えられるものの本質を、こう簡潔に書きとめていた。

疑いなく我われは多くの場合、少なくとも白人が到着する前にここに立っていた木の切株を見ているわけで、この点で地理学者よりも有利である。なぜなら、出来事の順序のみならず、切株の年輪を数えることで、年の経過を知ることもできるからだ。

かくしてあなたは、コンコードの森の歴史が書かれた、朽ちたパピルスをひもとくことができる。（『森を読む　種子の翼に乗って』伊藤詔子訳、宝島社、二四五—二四六頁）

朽ちたパピルス。書物として完成することなく、樹木的な野性のなかに還っていったことばたち。柳田國男ならこれを、朽ちたカバカワ、と呼んで、文字にならなかったその声の伝承の厚みを深く愛したであろう。ソローは、種子の音節が書きとめるべき不可視の書物の現前を、切株の年輪のなかにいつも透かし見ていた。そうした眼差しがもっとも純粋に表明された彼の手稿『種子の拡散』が、彼の生前には決して印刷された書物とならなかったこと［▼図p.036］。それはソローの不幸というよりは、彼のことばが種子と葉と年輪で書かれた普遍言語であったことの見事な証しであり、それはソローの生涯に与えられた至高の恩寵にほかならなかった。

年輪が示す樹木の個体的生命の時間は、その前後に、種子によって媒介された「種《しゅ》」としての生命時間が想像されているからこそ、歴史を超えた円環状の時を年輪模様のなかに映し出すことができた。晩年のソローの「種子」への純粋な信頼は、「年輪」への執着と表裏一体となって、文字によっては書かれざる〈種子の音節〉の伝承へと、彼を駆り立てたのだった。再生の書物、連綿と継承される生命の連鎖がもたらす永遠の書物が、そこでは夢見られていた。

そして植物が再生の種子を土中にそっと置くのと同じように、昆虫もまた、おのれの種的生命の継承 succession のために、卵を食草の葉上や木々の幹のなかに産みつける。この両者を統合する、種の再生に賭ける自然の理法についてのおそらくもっとも感動的な挿話が、『ウォールデン』の末尾に語られている。それは、ニューイングランドの農家にあったリンゴ材でできた古い食卓テーブルの木質部のなかから、一匹のカミキリムシが外界へと現れた出来事を物語る部分である。六〇年も前に切り倒されて家具となったリンゴの木の奥深くに産みつけられていた卵がついに孵化し、幼虫を経て成虫となったカミキリムシが、材をかじる音をテーブルに鈍く響かせながら年輪の層を食い破って、ある日人間の世界に登場する。ソローと「年輪」との、もっとも啓示的な出会いの物語は、こう結ばれている。

　この話を聞いて、生命が若返り、不死への大いなる希望が湧きあがらぬ者がいるだろうか？　初めは青々と葉を茂らせていた生きたリンゴの木の、白い木質の部分に産みつけられた卵が、同心円を描く幾重もの年輪の下に埋ったまま生き続け、木が切り倒されたあと幾多の年月を経て、材の風化が適度に進んだと見るや材を穿ち始め、テーブルを囲んで食事を楽しむ家族に、そのかじり音で新鮮な驚きを何年も提供したのである。世間のありふれた贈り物のひとつにすぎない家具の中から、美しい、羽を持った生き物が姿を現し、完璧な夏の暮しを楽しもうとは、誰に予測できたであろうか！（『ウォールデン』今泉吉晴訳に拠る。一部省略し、表現を改めた）

　年輪を横切って現われる、別の時間相を生きていたカミキリムシ。虫はカリカリと年輪のきざまれた材をかじりながら、タイムトンネルを彫り出すようにして、いまへと出現した。虫はたしかに、年輪を横切ることによってその歴史のアーカイヴを「読み」、それを読むことによって得られるべき深い智慧を、現在へと伝達したのである。ソローは感嘆の声をあげたであろう。そして種子の音節が、年輪をつらぬいて穿たれた通路のなかから、その声に木霊《こだま》を返したであろう。木霊は非在の書物でもあった。

4

放射性物質セシウム137の半減期は三〇年といわれている。太平洋戦争終結の翌年から一九五〇年代にかけて、都合六七回もの核実験が行われたマーシャル諸島では、ビキニ環礁の土壌に残存するセシウムのために、この島で種子から果実を生産し食用とすることはいまだほとんど不可能といわれている。汚染された土壌をつうじて果実に残留しつづける放射性物質の威力は、半減期を過ぎてもまだ衰えてはいないからである。このような土壌から、種子の音節によって裏打ちされたことばがふたたび蘇ることはあるのだろうか。書物というイデアをささえる「原-書物」の生き生きとした呼びかけが、聞きとれる日は来るのだろうか。

半減期。プルトニウム239、二・四万年。ウラン233、一六万年。ウラン238、四五億年。このような抽象的な数字だけを並べたとき、とほうもなく暗澹たる時の深淵が人類のまえに口をあける。放射性廃棄物のなかの長寿命核種のばあい半減期はこうして数万年から数十億年にもおよび、その時間を逆に遡れば、書物はおろか、人類すら存在していない原生の地球があるだけである。とすればその時間を逆に未来に投影したとき、その先には書物はおろか人類も、もはや存在していないにちがいない。半減期＝"half-life"。命の半分？　いやそれは「生命」life の指標ではなく、私には森羅万象にとっての「死」death の指標であるとしか思えない。放射性物質の「半減期」とは、"half-life" と呼ばれるよりはるかに、"half-death" と呼ばれるべきであろう。それも、生命の摂理としての自然なる死をむしろ否定する、生命の力ではどうにもならない、宙吊りの死の暴力そのものである。

自然の理法を逸脱しかけた人類が陥りつつあるこの時間の深淵の縁に立って、種子の音節の響きを取り戻し、カミキリムシの孵化をうながし、年輪を読みながら原-書物の叡知にふたたび近づいてゆくあらたな流儀を、私たちは創造しなければならない。ネイチャーズ・ライティング。自然が書いたもの。ソローの著作のような優れた「環境文学《ネイチャー・ライティング》」Nature Writing と呼ばれるものが、例外なく「自然の書記」Nature's Writing を深く読もうとした記録であること。そこには文学という理念化された言語行為が前提にあるのではなく、文字で書くことそのものが溶解し、自然のなかに解き放たれて雲散霧消する界面が、むしろとらえられているのである。完成され印刷された「書物」をむしろ放擲《ほうてき》することによって、種子の音節は書物をつむぎだすための原-テクストとして私たちに近づいてくる。

だからこそ、ただ自然を書物のように読むのではない。書物を、それが発生した自然のなかに解放し、解体し、それを、種子の音節によって語りだす自然として、野性として読むこと。そのとき、書物の著者も文書の署名も消える。「かつて存在した別の奇蹟の証拠である輪郭のひとつひとつが、不滅の自筆としてのこる」(ロジェ・カイヨワ『石が書く』)だけである。ブナの樹皮、カバの樹皮に刻まれた智慧のしるし、すなわち知性の最初の痕跡である [▶図 p.037]。ヴァルター・

ベンヤミンによる、文字言語以前の人類の模倣性の能力を情熱的に論じた断章から引こう。

「まったく書かれなかったものを読む」。この読み方が最古の読み方である。つまりそれは、すべての言語以前の読み方であり、内臓から、星座から、舞踊から読みとることにほかならない。そののちに、ひとつの新しい読み方の媒介要素、すなわちルーン文字と象形文字が使われることとなった。(ベンヤミン「模倣の能力について」内村博信訳。一部省略)

言語の前史にある、ミメティックで模倣的な「しるしの世界」のあらわれる場所のひとつを、ベンヤミンが「内臓」、と書きつけていることに注意しよう。それはソローにおける「葉」にほかならないからである。湿った葉(内臓)から、乾いた葉へ、そして葉や樹皮に刻まれる最初のルーン文字たち。書物の自然史は、この植物のヴィジョンに根ざした生命連鎖の円環的な時間を舞台にして、書き換えられねばならない。

前-書物としての「ノート」

本は壁だ。
――スーザン・ソンタグ

0

一九八〇年三月末。パリ北駅近くの安宿の部屋にこもって、三日間ほどなにもせずただ悶々と過ごしていた。ロラン・バルトが車にはねられた事故の後遺症で亡くなった、とパリに来る直前の日本で知ったのだった。そんな訃報が飛び込んでくるはるか以前から、私はバルトの精神的な故郷であるフランス南西部、バイヨンヌとその周辺を訪ねようと心に決めていたのだったが、パリに到着したときに感じた大きな欠落感からか、もはや旅の目的を見失っていた。毎朝、ホテルの食堂の片隅にある細長いテーブルの上に出されるカフェオレの白いボウルを見つめ、ため息まじりに両手で飲み干し、『ル・モンド』紙や『フィガロ』紙の小さな記事ばかり探していた。葬儀のことが出ていないかと思ったのだ。だが、そんな記事は見あたらず、私はバルト的な風土である南西部について思い巡らすときの疼くような痛みからできるだけ遠く離れようと、衝動的に北駅からドイツ行きの列車にとび乗った。北国の透明で毅然とした光は、たしかに私の独りよがりの思い入れと傷をひととき忘れさせてくれた。だがケルンの大聖堂のあまりに壮大な構築的空間のなかにまぎれこんだとき、私はふたたびフランス南西部ユルトの村の、バルトが描写した、棕櫚の影濃い音楽的な光の戯れのなかに身を置きたいという願いがよみがえるのを感じた。

　フランスへと戻る帰途、ベルギーのブリュッセル中央駅に立ち寄った。その夜はふたたびパリのはずだった。忘れていた小さな昂揚が心のなかにめばえていた。駅でわずかに両替し、グラン・プラースのはずれのレストランでウサギ肉の煮込みを食べた。広場の片隅に目立たない書店があった。飾り窓のような小さなショーウィンドウに、出たばかりの書物であろう、一冊の銀色の本が立て掛けてあった。書名を見ると“La chambre claire《ラ・シャンブル・クレール》”とあり、著者はたしかにロラン・バルトだった。遺著になってしまった『明るい部屋』。副題には「写真についての覚書《ノート》」と、淡い薔薇色の文字が光っていた。不意の啓示に打たれたように私は書店に入り、平積みされていたその本の一冊を直ちに購入した。駅に戻り、パリ行きの急行列車の座席に身を沈め、はやる心を抑えてゆっくりと頁を繰った。

　四八篇の断章からなる、銀色の書物。ナダールやケルテス、メープルソープらをふくむ有名無名の写真家たちによる二五葉の写真が、厚みある真っ白い本文用紙に美しく印刷されていた。テクストは、写真というメディアの特異性をめぐる理論的考察と、亡くなったバルトの母親の気配とイメージをめぐる思想的追慕とが相互に折り畳まれたような内容だった。大がかりな写真論では少しもない。「ノート」と銘打たれた副題が、バルトのひかえめな意図をなによりも的確に示していた。乗っている列車の窓の外を流れるフランドルの斜光に染まる風景が、「見えない場」

「それはかつてあった」「気配」「平板な死」といった断章のタイトルと重なるように揺らいで見えた。私は座席に沈み込みながら考えていた。バルトはなぜ、写真のことを、暗箱を起源とするその技術的な語源「カメラ・オブスキュラ」(暗い部屋)ではなく、外光に開かれた明朗な写生装置の名である「カメラ・ルシダ」(明るい部屋)と呼ぼうとしたのだろうか、と。死という暗い小部屋へと還ろうとする予兆のなかで、バルトが最後に描こうとした明るさの源泉はどこにあったのか、と。一冊の銀色の書物は、それ以来、ひとつの謎として長く私の心にとどまり続けた。

1

スーザン・ソンタグは生涯で三度、ロラン・バルトについて長い文章を書いている。最初は一九六八年、バルトの記号学者としての処女作『エクリチュールの零度』の英語版に寄せた序文。二度目は一九八〇年、バルトがパリで急逝した直後の追悼文「バルトの想い出」(『土星の徴しの下に』に収録)。そして最後は一九八二年、自ら編集した『ロラン・バルト読本』に付した渾身の解説「書くことそれ自体」(『力がかかるところ』に収録)である。

どの文章でも、ソンタグはバルトの関心がひたすら「書くこと」それ自体に向けられていることに注目し、バルトによって固有の意味を与えられた「エクリチュール」(英語にすると"writing")という概念の核心に迫ろうとする。とりわけあとの二つの文章は、個人的親交もあったバルトの死後に書かれたことによって特別に想いあふれる内容となっている。そこでは、すでにいないバルトの思考の感触やその特異な運動性を自ら求めて追体験するかのような切迫した論調が印象深く、読者の心に迫る。バルトが最初のエッセイでジッドの『日記』を論ずることから書くことを始め、死の直前に発表された最後のエッセイもまたバルト自らがつけていた日記＝ノートをめぐるものだったこと。この偶然とは思えない符合を、ソンタグは、バルトによる書くことの実践をめぐる最初と最後にあらわれた「つりあい」（シンメトリー）の構図として、二つの文章でともに強調した。バルトにおける「書くこと」への関心が、究極的には、高度に錯綜した「自己叙述」self-description、すなわち「自分自身を書くこと」を試みる自伝的なものへと収斂してゆく軌跡だったことを、ソンタグは自らの作家・批評家としての自己意識と重ねるようにここで読み解いたのだった。

だがそのときの「自己叙述」とは、伝統的な日記文学における告白的なものからははるかに遠い実践だった。自己をめぐる大胆な記述の試みによって、逆にバルトは「自己」の無制限な肥大を抑え、そのことによって個人的なものの外部へのなしくずしの流出から自己を守った。日記的・自伝的叙述は、それを精査する書き手自身の目と手を従えることでメタレヴェルの行為となり、「わたし」の見境なき氾濫にたいする堅固な堰となった。バルトにとって自伝は反自伝と境を接し、日記は反日記と隣り合わせの行為だった。そしてソンタグが指摘するように、日記について書くことから作家としての仕事をはじめたバルトは、この出発点にあった同じ主題に晩年たどり着いたとき、ついに書くことをやめた。自己をめぐるエクリチュールの円環、つりあいが、彼に沈黙を促したのである。

書くことの始まりが、書くことの終わりへと回帰し、収斂してゆくときにあらわれる生の「つりあい」。その地点で成就される沈黙。自己叙述への情熱とは、そうした円環状の生を織り上げる至高の実践であり、その先にはエクリチュールの消失、「作品」の不在があった。書物もまたそのとき、存在としては終焉を見る。バルトの場合、その最後の作品＝書物が、死とほぼ同時に刊行された『明るい部屋』(一九八〇)だった。エッセイであり、自伝であり、日記であり、ノートであるような、じつに境界的な書物である。作家が生の最期に直面する究極の沈黙のかたわらで形をなした、銀色の靄のなかで揺らめく書物である。

日記、ノート、即興的な書きつけ。作家が「書くこと」のもっとも奥にある私的な領域に踏み出したとき必然的に生まれるこれらの境界的なエクリチュールについて、バルトもソンタグも生涯考え続けた。言語と意味の関係をめぐるその言葉づかいの繊細さ、濃密さ、言語行為に賭ける情熱、といった点において、バルトはソンタグにとっての知識人のモデルの一人であった。だがそれだけでなく、日記という形式にたいする特別の興味と執着においても、この二人は精神的な師弟関係にあるといえるだろう。ソンタグが編んだ『ロラン・バルト読本』にはバルトによる二九篇の珠玉のエッセイが収録されているが、ソンタグはその巻頭に処女作「アンドレ・ジッドとその『日記』についてのノート」を置き、巻末に、死の前年の七九年『テル・ケル』誌冬号に発表された「省察《デリベラシオン》」(「自問」とも訳せる)を置いている。彼女の主張する「シンメトリー」を、ソンタグはこのバルト読本の章だてにおいても完璧に踏襲したのだった。

バルトは、二七歳の時に書いたジッドの『日記』を論じたこの最初のエッセイで、日記のなかに彼が読み解く要素がどのようなものであるかを簡潔に列挙している。それらは、書き手である作家の「倫理学」「作品の成立と生命」「読書」「批評の基礎」「沈黙」「機知や善良さに富んだ魅力ある言葉」、そして書き手を人間たらしめている「些細な告白」である。（「アンドレ・ジッドとその『日記』についてのノート」『ロラン・バルト著作集1　文学のユートピア』渡辺諒訳、みすず書房、二〇〇四）

「倫理学」「読書」といった要素は、スーザン・ソンタグの死後に出版された彼女の若い時代の日記に、まさに過激ともいえるかたちで書きつけられているものでもあった。だがここでは、バルトが日記の記述のなかに読み解くべき項目として「沈黙」という言葉をあげていることに注目しておこう。日記のなかに沈黙を読み取るという感性は、それじたい日記を告白的な私語りとして読むことへの最初の抵抗だからである。そしてこの「沈黙」こそ、バルトが最後に書いた、日記をめぐるエッセイ「省察」で論じた「記述の隙間」、すなわち私的な書きつけにおいて「書かれずに封じられた感覚」のことにちがいなかった。バルトにとっても、そしておそらくはソンタグにとっても、その表記の空隙から、まさに記憶の蘇生がなされるのだった。日記は、そのためにこそ、再読される意味を持っていた。そしてその甦ったかけがえなき記憶は、すべての創造の源泉にみちあふれつつ、エクリチュールとして自己実現しえない逆説のなかで、彼らの作家としての自己意識を支えた。それは、構築的な書物によっては得ることのできない、不思議な領域を充たす智慧の光にほかならなかった。

2

バルトへの追悼文「バルトの想い出」を含むソンタグの批評集『土星の徴しの下に』は、『明るい部屋』の出現と同じ一九八〇年にニューヨークのファラー・ストラウス・アンド・ジルー社から刊行された。土星が暗示するメランコリーの気質を色濃くもった作家・思想家たちを刺激的に論じたこの重要な著作は、ソンタグ死後の二〇〇九年、ペンギン・モダンクラシックス版として装いをあらため再刊されている（版の文字組は初版と同じ）。この新版の表紙写真がきわめて興味深い。そこでは、写真スタジオらしき室内空間にしつらえられた大型カメラの前にソンタグが座り、自分の顔を大写しにした肖像写真を顔の前にかかげてこちらを向いている。自らの顔を、肖像写真の背後に隠してポーズをとる特異な構図。私たちに見えるのは、ソンタグ自身の生身の表情ではなく、写真に撮られた彼女の顔のリアルな複製画像にすぎない。その写真にかぶさるように、書物の著者の名前が印刷されている。著者は何の背後に隠れているというべきなのだろうか？著者は何から自らの顔を遮断しているのだろうか？　ここには、本とその著者の関係をめぐるきわめて象徴的な図式が、コンポジション的な写真として見事に凝縮されているように私には思われる。写真の遍在による現代社会の想像力の変質を多面的に論じたソンタグの『写真論』（一九七七）の主題が、この表紙においてもあらたに問いなおされている。

写真という表象物はそれ自体、奥行きを欠いたフラットなものである。そのような平面的な表象にバルトやソンタグは生涯強い関心をもちつづけ、彼らの写真論が生まれた。バルトが『明るい部屋』で書きとめたように、写真は凪いだ海の表面のように、目で走査することしかできない平板な媒体である。写真の本質は、まさにそれが内奥をもたず、完全に外部にあるという点にある。にもかかわらず、写真映像は、人間の内面のわかりにくさよりもさらに近づきがたい神秘につつまれてもいる。そこに表層的に映し出されている事物を示す以外の意味作用をもたないはずなのに、可能なあらゆる意味の深みをたえず呼び寄せてしまう。それが、明白でありながら、謎を孕んだ、写真という「明るい部屋」の秘密である。

私は、「明るい部屋」としての顔写真を自らの著作の表紙に掲げ、複製された写実的な顔の背後に生身の「わたし」を隠してスタジオの「暗い部屋」でポーズをとるソンタグのあからさまな二重意識にふかく囚われる。書物と私的な書きつけとのあいだで複雑な批評的対話を実践し、エクリチュールにおける二重意識を極限にまで推し進めたバルトに倣いながら、ソンタグは「自分自身を書くこと」という究極の主題を、その生涯においてどのように展開したのだろうか。

この問いに接近するための特権的な入り口こそ、急性骨髄性白血病によるソンタグの死の四年後に公刊された日記とノート『私は生まれなおしている』*Reborn*（二〇〇八）である。一九六一年五月、二八歳のときの日記にある次のような書きつけが、とりわけ私には示唆的に思える。

本は壁だ。わたしがその背後に隠れれば、人の視界から消え、自分で見ることもできなくなる。映画も壁だ。わたしはただ人々と一緒にその前に座っている。そして映画は本ほど融通の利く文化装置ではない。本は壁、要塞で、壁の反対側にいてわたしが語りかけようとする他人に向けて、あとで砲撃する拠点にもなりうる。

(Susan Sontag, *Reborn: Journals & Notebooks 1947-1963*. New York: Farrar, Straus and Giroux, 2008, p.273. 私訳)

このやや謎めいた断片は、その実物のノートの見開き映像とともに、日記の刊行より二年も前に、すでに『ニューヨーク・タイムズ』の雑誌付録の表紙を飾っていた［▶図 p.282］。この「本は壁だ」The book is a wall という直截な表現の背後にある隠された意味を探るためには、スーザン・ソンタグという存在の公的なありようと私的な内実とのあいだの複雑な関係、そのあいだの抗争や乖離について考えることがどうしても必要となる。

本と壁というここでの主題は、もちろん、壁のようにして部屋に配置された書棚にかかわるものではまったくない。また、すでに考察したボルヘスによる「城壁と書物」における空間の遮断（壁）と時間的な遮断（焚書）をめぐる問題ともちがっている。この私訳じたい、覚え書き特有の省略された語法を意味のうえで補った、ひとつの解釈である。そこでは少なくとも、本の背後に隠れることの意味が問いかけられている。隠れることで、自分は他人から見えなくなり、同時に自分も外を見ることができなくなる。しかも「要塞」とか「砲撃」とかいった、戦争の隠喩を通じて本と読者の関係を語る、どこか禍々しく切迫した空気も漂っている。

私たちは本というものを、ふつう「読み手」の側からの実体として意識している。手で触れ、読み、壁の書棚に並べる、そういう存在としての書物。だがここでのソンタグの文章の指向性の特徴は、彼女自身が本の「書き手」であることをすでに強く意識している点にあると思われる。本の背後に隠れるとは、自分の書いた本の裏側に身を隠すということにほかならない。ソンタグにとって本を書くということは、書き手が、本という事物を自らの仮面として顔の前にかかげ、自分の私的な真実を本の裏側に隠蔽する行為であった、と考えることができる。

一九六一年というこの時期、ソンタグはまさに、本の読み手から書き手へと移行する時期にあった。ニューヨークを拠点に『パーティザン・レヴュー』や『ニューヨーク・レヴュー・オヴ・ブックス』といった高名な雑誌に批評を発表しはじめ、シンポジウムでその美貌と知性をパブリックな世界に示すことで、すでに大きな話題となっていた時期である。一九六三年にはソンタグの最初の小説『恩人』*The Benefactor* が刊行される。そして一九六六年には、彼女を一気に知的セレブリティの仲間に加えることになる第一批評集『反解釈』*Against Interpretation* が満を持して刊行される。この本には、まさにソンタグが「本は壁だ」というノートを書いた一九六一年以後数年間のエッセイが集成されており、この本のセンセーショナルな成功によって、次々と刊行される著書の表紙やカバーにはソンタグの顔写真を配したデザインがほどこされていく。この時期、彼女のまわりにはいつも写真家たちがむらがっていた。

先ほどの日記の一節が書かれたのは、ちょうどこのような時期だった。ソンタグはまさに本の書き手へと生成する敷居のすぐ手前にいたのである。だから彼女が「本は壁である」と述べるとき、そこには本の著者である自分自身の公的なイメージが明確に組み込まれていたことはまちがいない。そして、その作者性＝オーソリティが写真イメージの露出とともに神話化されていくことを、おそらく彼女はこのとき予感していた。すでに指摘したように、「要塞」とか「砲撃」という語彙からは「闘い」の気配が暗示されている。ソンタグはニューヨークの競争的な文化――芸術家や知識人がつねに競い合い、自己顕示するなかでつくられる戦場のような世界――のなかで自分が闘いを始めることになることをどこかで直感していたのであろう。それはある意味で、自己表象のイメージをめぐる、ソンタグが生涯闘いつづけることになった一つのスキャンダルの幕開けでもあった。

3

アンリ・カルティエ＝ブレッソン。ピーター・ヒュージャー。リチャード・アヴェドン。フィリップ・ハルスマン。ウィリアム・サウロ。フレッド・マクダラ。アーヴィング・ペン。ダイアン・アーバス。ロバート・メープルソープ。アニー・リーボヴィッツ……。ソンタグの写真を撮り、公のメディアにその映像を発表した主な写真家のリストである。無論これだけにとどまらない無数のソンタグの肖像写真がアメリカのメディアには氾濫し、のちにソンタグへのインタヴューを公刊したリーランド・ポーグが皮肉とともに語ったように、「二〇世紀末のアメリカで、スーザン・ソンタグの何らかの写真をもたないでいることはかえって難しい」という状況にすらなった。二〇世紀後半のアメリカにおいて、ソンタグの写真はある意味でもっとも広範に流布している大衆的図像《イコン》の一つであった、とすら言えるのかもしれない。

バルトは、『明るい部屋』でアヴェドンによる肖像写真を論じながら、意味の外部、意図の外部にある偶発的なものが写真であると述べていた。写真は、純粋な意味という仮面をかぶることによってしか自らを意味させることができない。したがって偉大な肖像写真家は、偉大な仮面を作る神話学者である。この意味でソンタグはまさに、アメリカのこの時代の文化政治学的な神話作用のなかで、無数の仮面を公的に与えられた作家であった。自らの顔写真で飾られたソンタグの著書は、彼女にとっての大いなる仮面であり、彼女はその仮面を公的な自己表象として引き受けながらも、それを壁にして背後に顔を隠し、書物のなかで語りえないなにかを私的領域にとどめ置いた。この構図は、まさにソンタグが日記に書きつけた「本と壁」をめぐる問題の本質に関わっている。

モード誌の表紙を飾るためにソンタグの顔写真をアーヴィング・ペンが撮影したこともあった。ペンは二〇世紀アメリカの代表的なファッション写真家の一人である。『ヴォーグ』誌や『ヴァニティ・フェア』誌の表紙をソンタグの顔写真が飾ることも決して珍しいことではなく、それを許したソンタグは、ある意味でニューヨークでさまざまな写真家と親密に交流しながら、写真家による自己の「パブリック・ペルソナ」(公的自画像)の創造に積極的に介入していたのだともいえる。この点では、ソンタグが受け身の被写体として無自覚に映像化され、そのイメージが神話となって流通し、自己が虚像化されていった、というような単純な事情ではなかったことはいうまでもない。ソンタグは明らかに、本と写真を一つの砲撃の拠点として、自らの意思と意図を持って、自己のパブリック・ペルソナを読者に向けて操作していたのである。

それが彼女の戦場であった。だが、彼女の前に書物という壁が何重にも厚く積み重ねられていくなかで、私的な自己を守り、「書くこと」の真実にむけて別の探りを入れる方法への指向性が、ソンタグのなかにたえず存在していたことはまちがいないだろう。ソンタグが恒常的に関心を持ちつづけた、バルトによる私的な記述の省察、そして日記やノートという方法論は、そのような指向性のあらわれとして解釈することができる。

4

九・一一以後あからさまにアメリカ政府を批判して保守層からは非国民と非難され、またその同性愛が公然の秘密として話題にされるなど、最後までさまざまなスキャンダルやタブーのなかで語られつづけたソンタグ。そうしたソンタグが病没して四年後に刊行された、きわめて私的な書きつけである『私は生まれなおしている──日記とノート 1947-1963』(邦訳は木幡和枝訳、河出書房新社)。この本の成立について、冒頭で編者である息子のデイヴィッド・リーフが苦渋に満ちた筆致で書いている。これは母が望んだ本ではないだろう。そもそも彼女は、日記を公表する決断を下しただろうか。厳密にいえば、これは彼女の本ではない。自ら文章を選別し、章だてを考え、あとはタイトルをつけるばかりになっていた遺著『同じ時のなかで』*At the Same Time*(二〇〇七)までが、真正のスーザン・ソンタグによる著書である。そこから先の未完のテクストの編集は、残された者による決断にゆだねられた。一四歳から折りに触れて書きつづけていた日記や私的ノートは一〇〇冊を超える手帳とさまざまな紙片の集積として彼女の死後に遺されたが、それらのテクストを書物として公の視線にさらすことを彼女自身はおそらくためらったであろう。だが、もはや故人がそれを望んだかどうかを問うことは愚かであり、不遜なことですらあるかもしれない。ソンタグ自身が、状況と社会的文脈と自らのひらめきのなかで絶対的な「原則」をたてることなく「書く」ことこそ、もっとも誠実で真摯な態度であると示してきたからである。こうしてリーフは、自らもまた不本意な気持ちを受け止めつつ、ついに母の日記を編集し公刊する決断を下す。一字一句変えることなく、その親密さと赤裸々な記述そのままに。

「これは本になるべきだったのか」というリーフの苦渋の問いは、本の刊行後もそのままに残されている。いやそれは、読者にたいしてこそ向けられた重大な問いにほかならない。そしてタブーにみちた著者の私生活がさらけだされた内容を覗き趣味的に読む読者は、本書が突きつけるこの本質的な問いからあらかじめ疎外された不幸な読者であろう。書物という壁の背後に身を隠し、それを盾か要塞にしてパブリックな世界と闘いつづけたソンタグにとって、親密さと、現実への対抗的な願望と、「生まれなおす」意思によってつよく裏打ちされたプライヴェートな日記は、そもそも公的な「書物」という形態にたいする本質的なアンチテーゼでもあったのだ。ソンタグにとっての言語的「沈黙」の臨界が、日記のテクストにこそ込められている。そして私的なノートが本になるべきでないとすれば、そのときの本とはいかなる概念なのか？　本は虚偽のメディアではあり得ない。それがある意味で仮面の語る神話にほかならないとしても、そこには作者が差し出す公的な場における書物の真実というものがある。そうした書物のリアリティを受け止めた上で、なおかつ、私的な書きつけが書物として公刊されるときの苦渋や違和があるとすれば、そのとき、私たちにとっての「書物」という枠組みは、いかなる動揺と変容の敷居に置かれているのだろうか？

そしてバルトにも同じことが起こったのである。死後三〇年の後にフランス現代刊行物研究所（IMEC）の編集により公刊された『喪の日記』*Journal de deuil*（二〇〇九）は、バルトが生涯を共に暮らした最愛の母アンリエットの死の翌日から二年間ほどのあいだ断続的に書きつけられた三二〇枚のカードを、書物の形に置き換えたものである。母の死という突然の悲劇がバルトを襲い、やがてその悲劇の像は薄れ、弱まりも明けもしない「喪」がはじまる。この、抽象的で手だてのない孤独と悲嘆の永遠の居座りの感覚を、バルトは静謐なごく短いつぶやきとして、手製のカードに書きためていった。

あれほどよく知っていた母の声がもう聞こえてこない。局所的難聴、とバルトは書きつけ、自分の死が訪れるまでこの喪は終わらないという直感に目覚める（じっさいそうで、バルトは母の死の二年数ヶ月後に亡くなる）。「わたしをもっとも苦しめるのは、まだら状の喪である」。こんな、痛ましくも穏やかで深遠な気配を宿した書きつけが進むにつれ、バルトのなかに一つの願いが生まれる。マムと呼んでいた母アンリエットの写真をめぐるこんな断片が、『喪の日記』の数ヶ所に散らばって書きつけられる。

「けさ、やっとのことで写真を手にとり、一枚の写真に心をゆさぶられる。少女のマムが、おとなしく、ひかえめに、フィリップ・バンジェのかたわらにいる写真だ（シュヌヴィエールの温室、一八九八年）。涙が出てくる。」「〈温室〉の写真。わたしは狂ったように、明白な意味を語ろうとしている。」「マムの写真をながめて、それらの写真をもとにした本の仕事のことを考えると、とても苦しくなる。」「マムをめぐるあの本を書く必要がある（と大いに感じている）。――ある意味では、あたかもマムを認めさせねばならないかのように。これが「記念碑」のテーマだ。（……）「記念碑」とは、ひとつの行為であり、認めさせようという能動性なのである。」（バルト『喪の日記』石川美子訳、みすず書房、二〇〇九）

母の喪失が生み出したエクリチュールの種子。だがこの日記の書きつけは、あまりにも私的でありすぎて、それ自体では書物を指向するものにはなりえなかった。だがそこから、その親密でありのままの静謐な場から、バルトは一冊の本を書くことを希求しはじめる。母の墓標のような、ささやかな記念碑のような、それ自体永遠ではないにしても「書くこと」の能動性・永続性を示すことができるような、一冊の本を。

いうまでもなくこの本こそ『明るい部屋』であった。『明るい部屋』のなかにわずかに残る『喪の日記』の文体の谺《こだま》は、たとえばつぎのような一節に聴き取ることができる。

母の死後まもない、十一月のある晩、私は母の写真を整理した。母を《ふたたび見出そう》と思ったのではない。写真に私は何も期待していなかった。思い出すことができないという宿命こそ、喪のもっとも耐えがたい特徴の一つなのであるから、映像に頼ってみたところで、母の顔立ちを思い出すこと（そのすべてを私の心に呼びもどすこと）はもはや決してできないだろう、ということはよくわかっていた。いや、私は《ただ自分のためだけに、母を偲ぶささやかな本を書こう》と思ったのだ（印刷されることによって、母の思い出が、せめて私自身の名が知られているあいだだけでも消えずにいるように、おそらく私はいつかそうした本を書くだろう）。

（バルト『明るい部屋』花輪光訳、みすず書房、一九八五、七五頁。一部省略・改訳）

遺品の中にまぎれていた母の少女時代の一枚の写真の「発見」によって、喪は終わることなく熟しはじめた。「温室の写真」と呼ばれることになる、セピア色にくすんだ写真が、バルトを不意に襲い、不可能なはずの時の遡行を助け、過去の映像を「あるがままの母の姿」として今に呼び出すという奇蹟が起こったのだ。美しい遺著となった写真論『明るい部屋』は、この「温室の写真」の発見から一気に書かれていった。書くのに要したのは一ヶ月半ほどのごく短い時間である。喪はバルトに、母の現前をつうじて悲嘆が書くことの実践へと昇華することを教えた。そして書物として公刊された『喪の日記』は、その至高の教えを見出す啓示へといたる心震える書きつけとして、いま読者の前に差し出されたのである。永遠に私的なエクリチュールとしてとどまるべき「前-書物」として。

この刊行書においても、編者は前書きで、本へと昇華する前の私的な覚え書きを本として公にすることに疑念を隠せないでいる。編者は述べている。ここにある本は、その書き手が完成させたものではないにせよ、書き手が望んだであろう本の仮説的な提示である、と。編者は、バルトの意思（遺志？）の有無への肯定的推量をもってこの本を正当化するという誘惑に、やはり負けてしまったようだ。だが、書物の存在と、その著者の意思とを完全に切断することは、残された誰にもできはしない。書物へと生成しなかった日記やノートの断片は、それがのちに第三者の手によって書物化される過程をつうじて、書物が書物であることの苦渋そのものを私たちに教えようとしているのかもしれない。だとすれば、それは覚え書きが書物にならなければわからなかった、かけがえのない発見である。

5

生前に公刊されたバルト最後の文章の一つであり、ソンタグも注目したエッセイ「省察」。バルトはここで、自分の日記を読み返すという体験についてこう語っている。

奇妙なことだが、このノートを再読して私がもっとも強く再体験したのは、書かれなかったこと、記述の隙間である。たとえば、私がバスを待っているあいだのリヴォリ通りの灰色。しかし、今、それを描写しようとするのは無益なことだ。描写しようとしたら、私はまたその灰色を見失い、書かれずに封じられた別の感覚を甦らせることになるだろう。以下同様だ。あたかも再生はつねに語られたことの脇で行われるかのようだ。まるで「亡霊」か「影」の仕業のように。(バルト「省察」『テクストの出口』沢崎浩平訳、みすず書房、一九八七、二三六頁。一部改訳)

ここでいわれる「記述の隙間」「亡霊」「影」こそ、日記やノートが指向する、書かれえない

「沈黙」の領域のことである。いやそもそも、日記やノートが人間の知覚が文字化されて記述されるときのもっとも原初的な徴であるとすれば、バルトはここで、人間の「知覚」行為そのものが、そのもっとも鋭敏で活発な状況においては、一種の言葉の抹消、すなわち失語症的な状況へと導かれうることを語っているともいえる。

フロイトは『夢解釈』のなかで、「不思議な書字板」Wunderblock（通常「マジック・メモ」と訳されている）について記し、知覚をめぐる記憶痕跡や潜在記憶について触れていた。「不思議な書字板」とは、蠟引きの黒いタブレットの上に半透明のパラフィン紙をはさみ、その上に透明なセルロイドのシートをつけたメモ板のことである。セルロイド・シートの上から尖筆のようなもので書きつけると、書いた筆跡通りにパラフィン紙の上に文字が出現する。そしてパラフィン紙と蠟板を引き離せば書いた文字は消えるが、蠟板をよく見るとそこには先ほど書いた文字の痕跡がかすかに残っている。

このメカニズムは、バルトがいう「記述の隙間」に見事に照応する。意識はフロイトのいうパラフィン紙である。ここに顕在化した文字は、だが紙を板から離すことによって消えてしまう。その抹消こそ知覚がなされた証しであり、その結果として蠟引きのタブレットにかすかな痕跡が残る。光をあてる角度によって、この痕跡は正しくもとの筆跡の運動性を伝えることができる。それが知覚の構図であり、そうした出来事をエクリチュールの形式になまなましく書きつけようとする「日記」や「ノート」のメカニズムである。そして記述の隙間、微細な痕跡のなかから何か鮮烈なものが立ち上がるとすれば、それはまさに「記憶」という現象がはらむ逆説的な「亡霊」「影」の存在にほかならない。日記やノートとは、「書物」という影のない構築的な「作品」に対峙して、記憶のために「影」と「亡霊」を守り抜く、エクリチュールの最後の砦のようなものでもあった（このあたりの議論は、人類学者マイケル・タウシグの以下の著作に刺戟を受けている。Michael Taussig, *I Swear I Saw This.* Chicago: The Univ. of Chicago Press, 2011)。

月を特定し、日記の断片的な記述のようにして一人称の語り手が時の指標を弄ぶように進行するエリザベス・ハードウィックの小説『眠れない夜』*Sleepless Nights*（一九七九)。ソンタグはバルト論も含む評論集『力がかかるところ』において、このやや年長の同時代作家が老年にさしかかった頃の著作について示唆的に論じていた。『眠れない夜』は、書き手である「私」が過去の亡霊たちを喚《よ》び出し、責め、嘆く物語であり、そのとき「私」は語り手の分身でありながら、物語の中心にではなく、脇に立っている。それはちょうど、「不思議な書字板」の蠟引きの黒い板に痕跡として残る過去の影を、追憶の光をさまざまな角度から当てながら、断章として描き出してゆくような観察的エクリチュールである。ソンタグは書いている。

もちろん、亡霊を呼ぶことには危険が伴う。他人の苦しみが、血のように、魂のなかに流れ込む。人はじぶんの身を守ろうとする。想い出は創意に富む。想い出はひとつの行為だ。想い出はみずからを呼び寄せるので、追い返すことはむずかしい。(……) 想い出すということは不眠症と不可分の関係にある。想い出が眠ることを困難にする。想い出は生み出す。(Susan Sontag, *Where the Stress Falls.* New York: FSG,2001, p.28. 私訳)

思い出すこと。記憶されること。想像力と言語の宴に呼ばれること。亡霊を喚び出す危険と魅惑。ここには、ハードウィックの自伝的小説のリズムに共振しながら、ソンタグ自身の記憶への憧憬が書き込まれている。「想い出は生み出す」Memories procreate。この、目的語を放擲した自動詞による決然たる短文。"procreate"は自動詞として「子供を生む」という意味であった。ソンタグのノートのなかに秘められた記憶の原質としての「亡霊」をついに私たちの前に書物としてとり出した編者デイヴィッド・リーフは、ソンタグが「生んだ」ただ一人の子供でもあった。彼はソンタグによって「生み出されたもの」として、母の影のようなエクリチュールを左右する至上の権利を所持していたのだろうか。

もう一人の、ソンタグとまったく同世代のアメリカの旺盛な創作力を持った女性作家ジョーン・ディディオン。娘を突然の病で失う悲嘆のなかで錯綜する記憶を、日記的な断章の積み重ねによって見事に描いた『青い夜』*Blue Nights*(二〇一一)を読むまでもなく、ディディオンもまた「日記」や「ノート」という、亡霊の特異な召喚装置について深く知っていた。ソンタグの『反解釈』の文章と時を同じくして書かれたディディオンのエッセイを集成した著書『ベツレヘムに向け、身を屈めて』(一九六八)のなかに、「ノートをとることについて」という一篇がある。きちんと日記をつけたためしのないディディオン。ここでは日記という内的告白のジャンルが、ノート(書きつけ)という、よりランダムで断片的な形式と峻別される。日記がいわば、日常を多かれ少なかれ反復的に生きる書き手の内心を安定して演じるメディアであるとすれば、ノートは直感的な思いつきを書きつけておく乱雑な仮の入れ物のようなものに過ぎない。そのうえで、ディディオンは書いている。

ノートは私たちをあらわにする。なぜなら、目にはいるものをどれほど忠実に記録しようと、見えているものすべての共通分母は、つねにこの見え透いた、恥知らずなほどの、残酷な「わたし」なのだから。ここで言っているのは、公にされることを明らかに意図して書かれた手記、すなわち優雅な思索を得意になって書き連ねた産物のことではない。もっと私的ななにか、心のなかからほつれたように伸びる、みじか過ぎて役に立たない紐の切れ端、書いた本人にしか意味をなさない、とりとめなく散漫な文章の寄せ集めのことである。(Joan Didion, *Slouching Toward Bethlehem. in We Tell Ourselves Stories In Order To Live: Collected Nonfiction.* New York: Everyman's Library, 2006, p.104. 私訳)

だが、このがらくた、この紐の切れ端かほつれのようなノートのなかに、記憶の蘇生は賭けられている。ディディオンは、バルトが自分の日記を再読したように、自らのノートをたえずたどりなおす。記述の隙間から、固有名詞のはざまから、無意識の蠟引き板の痕跡から長い間厄介払いされていた亡霊が、彼女の無沙汰をとがめながら姿を顕す。ディディオンもこの影の名を「亡霊」apparitionと書きつけている。バルト、ソンタグ、ディディオンの三者を結ぶ、共通した秘密の概念である。

過去という名の海で独りトロール網を引いているのが記憶だ、とソンタグは書いた。「書く」ときの作家の孤独こそが、記憶の仕事の内実なのである。日記やノートは、その記憶のはたらきに鮮烈なリアリティを与えるための、前-書物的なエクリチュールにほかならない。

6

書物とは、書かれえないなにかをはらんだ実体である。書物になることによって、その書かれえない「影」の存在を教える媒体である。バルトは「省察」で書いていた。

日記はいかなる使命にも応えない。この語を軽んじてはいけない。ダンテからマラルメ、プルースト、サルトルに至る文学作品は、つねに、それらを書いた者にとって、いわば、社会的、神学的、神話的、美学的、倫理的等々の目的を持っていた。書物は、《建築的で、熟考された》ものであって、世界の秩序を再生産するとみなされてきた。それは、私には、つねに一元論的な哲学を含んでいるように思われる。「日記」は「書物」には（そして「作品」には）到達しえない。（……）「日記」は、まさに、世界の非本質的なものを、非本質的なものとしての世界を本質的に表現する形式として考えられ、実践されることができないだろうか。（バルト「省察」前掲書、一一三

七頁。一部改訳）

こうしてバルトは「日記」を書こうと試み、中断し、ふたたび書こうとした。非本質的なものとしての世界をあるがままに描くために、「日記」の主題を私ではなく世界へと置き換えようとした。自分自身について、母について書きつけながら、それが世界そのものの偶有的なうつろいをめぐる叙述であることを熱望した。エクリチュールと世界とがその書きつけの場で苛烈に触れ合うことができるように、両者のはざまにエゴティスムなる自己中心主義が割って入ることからバルトは努めて遠ざかろうとした。だが日記は本源的にはエゴティスムの産物であるほかない形式でもあり、だからこそバルトはつねに日記をつけることをためらい、またそれを長く続けることを放棄せざるをえなかった。

代わりに、バルトは日記を、始めから公表を前提として自らの断章的なエッセイのなかに差し挟み、自らそれを批評的な俎上にのせ、そのことによって素朴なエクリチュールとしての「日記」が一種の「反日記」へと書き手によって変貌させられるのを目撃しようとした。バルトが「作品」として発表した日記は、死の半年ほど前の日付をもつ「パリの夜」であれ、最後のエッセイの一つである「省察」のなかに組み込まれた実験的な日記風断章であれ、すべてそうした「反日記」へと移行する臨界において読まれるべきテクストとなっている。日記の末尾に、それを再読する書き手自身のコメンタリーが同時に書き込まれていることが、これらの日記の「メタ日記」性を直截にあらわしている。

日記は書物には到達しえない。バルトはこう断言した。にもかかわらず、彼は生涯の最後に、『明るい部屋』のテクストを、日記ではないものの、一種の覚え書きのスタイルで書きあげ、その書物に「写真についての覚書《ノート》」という副題を与えた。すでに見たように、この書物の背後には、作者にとっては書物の形態になることなどありえないと思われた『喪の日記』のカードの書きつけが谺のように響いていた。『喪の日記』が書物に到達しえない、まさにその「記述の隙間」への深い哀悼の思いを、バルトは自らの生命の最期の瞬間にむけて、『明るい部屋』という「書物」によって埋め合わせようとした。「想い出は生み出す」のだ、と信じて。

ソンタグは、日記で「私は自分を創造している」のだ、とノートに書きとめていた。だからそこには日々の実生活の記録ではなく、むしろ現実への代案が書かれているのだ、と。だからこそ日記はナイーヴな内的告白ではない。それはある種の戦闘的な内なる声の浮上である。自らその波紋の荒々しさに気づく、思いがけない発見の泉である。バルトとの個人的親交も始まったパリ遊学時代の一九五七年、二四歳のソンタグは彼女が熱をあげていた愛人の女性、作家・モデルのハリエット・ソーマーズの日記をたまたま盗み読んでしまう。そこには素っ気ない、不当でさえある、ソンタグの愛へのやわらかな拒否のことばが書かれていた。傷つきながらも、ソンタグはこう日記の効能を認めている。

他人、つまり、まだ日記においてしか残酷なまでに本音を表明しきれていない他者（親とか恋人とか）によってひそかに、何度も読まれてしまう。そのことはまさしく日記や日誌の主たる（社会的な）機能のひとつだと思う。とすると、私のこのくだりも、Ｈ〔ハリエットのイニシャル〕はいつの日か読むことになるのだろうか？（ソンタグ『私は生まれなおしている　日記とノート 1947-1963』木幡和枝訳、河出書房新社、二〇一〇、二三三頁。〔　〕内は引用者註）

徹底的に私的で、公になることがないからこそ書かれるべき「記述の隙間」の想い。だがソンタグはどこかで、それが他者によって読まれる可能性を想定し、そこに日記やノートの「社会性」という不可能な領土を想像していた。書物という壁の内と外は、戦場の砂塵や血の飛沫を浴び、内なる沈黙のうめきをあげながら、せめぎあっていた。そしていま、私たち読者が、盗み見の罪悪感から離れて、それら秘密のことばの隙間に視線を届かせようとする。ある畏れとともに……。

書物とはたしかに不思議な媒体である。実体としてそこにあり、文字となったテクストを示しながらも、そこに書かれていないものをどこかで指向している。それは、前-書物の存在を証拠だてる遺物のようでもあり、前-書物として夢想される来るべきユートピアへの予兆のようでもある。さらにどこかで、それは後-書物の廃墟をあらかじめ孕んでもいる。日記やノートは、そんな「前-書物」の可能性と不可能性をともに懐胎する、不思議な母胎である。それは少なくとも、記述の隙間において、つねに亡霊としての想い出を「生み出」しつづける。

にもかかわらず、(書物の)生を

本は死んだもの、
すでに終わったものです。
私には無縁の
死体のようなもの。
――クロード・レヴィ＝ストロース

1

二〇〇九年一一月四日、人類学者クロード・レヴィ＝ストロースがパリの自宅で一〇一年におよばんとする命をついに終えたことが公表された日。死去の報を静かに受け止めたその夜、私はパリから送られてきた航空便の重い小包を受け取った。中からは、数ヶ月前に予約注文したまま忘れていた、プロン社から函入りセットで再刊されたばかりの『神話論理』四巻本が姿をあらわした。私はこの偶然にしばし言葉を失った。まさに逝かんとする者からの最後の奇蹟のような贈り物。勝手な思い込みにすぎないとしても、その時の私の驚きはこんな感慨をはらんでいた。四〇年近くにもわたる長い私淑ののち、ついにこの不世出の思想家が現世から立ち去ったことを知った日に、一つの稀有なる贈与として私に届いた浩瀚《こうかん》な書物。重く厚い書物の函《はこ》を前に、このマグマのように滾《たぎ》る思想の恩寵をどう受け継いでゆくべきなのか、私は深い思いのなかに沈んだ。その日からしばらく、四巻本は私の机の上に並べられたまま、謎の墓碑のように不思議な空気を発散しつづけた。総二〇三八ページのなかに、南北アメリカ先住民の二〇〇〇を超える神話の分析がほどこされた畢生の大著。稀なる書物の到着と死の知らせが同時に与えられるというこの偶然は、碩学の一世紀におよぶ生涯とそれが生み出した思想を、書物の物理的な存在感をつうじて考えることを私に誘いかけてきたのだった。

　前年にすでに刊行されていた瞠目すべきプレイヤード版の一巻本『著作集』と、大きな化粧函に入った幅一二センチを超える真新しい『神話論理』四巻［▼図p.111］。この並び立つ墓碑を仕事机に並べて私は考えつづけた。一世紀を超える生涯の時間のなかで生み出された思索の結晶をほとんどすべて収録したテクスト群の壮大な塊を前にしたとき、東西の哲学思想と南北アメリカの厖大なインディオ神話群のあいだを往還しつづけたレヴィ＝ストロースの頭脳そのものの皺深い重みを、私はそこに実感せざるを得なかった。いまやそれらの書物たちはたしかにひとつの墓碑にはちがいなかったが、同時にそれらは碩学の頭脳のまるごとの現前として、私に人と書物との関係をめぐる本質について再考することを促していたのである。

　墓碑のような本、といえば、プレイヤード版の『著作集』一巻本こそ、ある意味でそうした気配を他のなによりも直接的にかもし出している書物だといえるかもしれない。大冊『神話論理』と専門的な人類学論文集以外の、レヴィ＝ストロースのほとんどすべての著作が時系列的・体系的に配列され、詳細な校閲と註釈をほどこされて、二一二八ページにおよぶ極薄の聖書紙に精巧に印刷された、優雅な革製本一巻。一人の作家の思索の精髄とその展開の全体像を回顧し反芻するための文字通りモニュメンタルな決定版である。

そもそもフランスの作家・著述家にとって「プレイヤード叢書」の仲間入りをすることは特別の意味を持っていた。それはなによりもまず、物故したのちに、その作品が古典としてアカデミーから認知され、全著作をまとめた一巻本のなかで業績が顕彰されるという栄誉にほかならない。それはパンテオン、すなわち文芸の「殿堂」に入るということであり、パンテオンが国家的功労者の墓廟を同時に意味しているのであれば、プレイヤード叢書は著述家にとっての栄誉ある「テクストの墓碑」そのものであるといっても過言ではない。だがレヴィ゠ストロースの場合、その著作のプレイヤード叢書への収録は、一つの例外をはらんでいた。一九三〇年代なかばから、パリ・ガリマール書店による刊行物として歴史を刻んできたこの重厚な装幀の叢書は、フランスの作家・思想家を中心に、アメリカの作家なども含めた五百数十点の一巻本全集（中には数巻にわたる場合もある）を刊行してきたが、すでに述べたように、それは基本的に物故した大作家の仕事を総覧したのち、その全体を古典として認知・顕彰する趣旨のものであった。しかし九九歳の年である二〇〇八年三月に刊行されたレヴィ゠ストロース著作集の場合は、いまだ著者の存命中にこの叢書に収録されることになったわけであり、そうした例は過去にアンドレ・マルロー、サン゠ジョン・ペルス、ジュリアン・グリーン、ナタリー・サロートなどわずかな前例があったとは言え、きわめて稀な出来事であった（さらに二〇一一年三月には、当時八二歳で存命のミラン・クンデラの二巻本がプレイヤード叢書の五六七および五六八巻として刊行された)。

百年の生涯の果てで、自らの主要著作をすべて収録した一巻の書物の刊行に、明晰な意識のもとで立ち会う、とはいかなる経験なのだろうか? 自らの墓碑のような本を生前に目撃してしまうこととは? もちろん彼にとって、いまやプレイヤード版の著作集は、文字通りの墓碑となった。だが不思議なことに、レヴィ゠ストロースの死の報を聞いたのち、むしろこの碩学の頭脳そのものの静謐な存在感はあたりに活き活きとみなぎっているような気が私にはする。個体としての肉体の通常の生命尺度を超える、百年という歴史的時間を、驚くほど明晰にして活動的な頭脳を抱えたまま生き抜くこと。一世紀にわたる世界の変容を、その頭脳のうちに隠された普遍的な構造的理性によって直覚しつづけること。思想の歴史においてほとんど例のない出来事が、この人類学者の知性の内部においては起こったのである。

そのことが、レヴィ゠ストロースの頭脳——いや、比喩的な意味ではないのだから「脳髄」と即物的に呼ぶべきだろうか——の単独の存在をきわだたせる。そしてその脳の神経細胞が百年間のあいだに通過したすべての思考回路が、光る軌跡の束のようにしてこれら二つの書物の塊のなかに明滅している……。私の感覚は、墓碑であるはずの不動の書物を、いつのまにか、活発に運動しながら熱を発し続ける創造的生命体としてとらえ直しているのだった。

「統一は読者の頭脳のなかにできるであろう」。『神話論理』の「序曲」においてレヴィ゠ストロースが書きつけたこの示唆的な一節が私に歩み寄ってくる。厖大なインディオの神話自体がみずからの論理を語る、その流儀とリズムに著者の思考と記述行為を徹底的に同調させてゆく作業としてうまれた空前絶後の著作。そこでレヴィ＝ストロースは、神話の論理が読者の頭脳のなかにその体系的な全貌を映し出すことへの希望を、こう慎ましく宣言していた。彼の神話分析の仕事が主体的な著者という「個人」による達成ではなく、あくまでインディオの神話群が対位法的な声で語る「野生の思考」の具現化に過ぎないこと。神話自体が考えるように考え、神話の話法の要請にしたがい、神話のリズムを尊重しながら書かれた本は、もう一つの匿名の神話となるほかはない。その神話論理を体内と意識のなかに透過させただけの「著者」に全体を統一する意思ははじめからなく、統一はテクストが書かれたのち、それを受け止める読者の頭脳のなかにしか生まれえないだろう。この本の著者はそんな風に考え、はじめから論じる主語を慎重に、個人である「わたし」je ではなく集合的な一人称複数形としての「われわれ」nous に置き換えて二〇〇〇ページの論考を書き継いでいったのである。だからそれは論考でありながら、同時にもう一つの匿名の神話語りでもあった。

神話の語りを介して、意味の永遠の螺旋的連鎖として浮上する世界知。その統一は、主体が書き上げるテクストの彼方、すなわち読者の頭脳のなかに茫洋たる像を結ぶだけなのだ。だが、その啓示的な発見によって、私たちは人類の頭脳という複雑な神経系のサーキットひとつひとつに、神話的思考、すなわち野生の思考の身振りが深々と刻まれていることを直観することができる。意味を投げかける者（インディオ神話）はテクスト以前におり、意味を受け止める者（読者）はテクスト以後にいる。レヴィ＝ストロースの書物とは、この関係性の中間に慎ましく立って意味を媒介する存在にすぎない。だがそれは、なんという包容力と運動性に満ちた媒体であろうか。それは不動の墓碑というよりも、ブラジルの荒野で羽蟻やコメツキムシや野鳥やアリクイなどのあいだに成立する共棲の豊かな生態系を媒介する、巨大な蟻塚のような存在のようにも思われてくる。

赤土の荒野に林立する蟻塚のなかで営まれているであろう微細な生命活動とその生成の力に思いを馳せるうちに、レヴィ゠ストロースの書物の権威的特権性にたいする私の思い込みは霧散していった。書物と著者とのあいだの自明の帰属・所有関係は解体され、「知」というものの発生の非書物的な源泉に私の意識は引き込まれていった。書物が、永遠の知の貯蔵庫であるという旧来の発想の彼方に、書物の一冊も存在しない豊饒な叡知の森、叡知の荒野がくっきりと現われてきた。こうして私の仕事机の上は、レヴィ゠ストロースの本が示す蟻塚のような存在感によって、そのままオオハシやコンゴウインコが飛びかう熱帯ブラジルの赤土の平原へと静かに変容していったのである。

2

レヴィ゠ストロースは晩年のインタヴューなどで、彼がそれまでに執筆した厖大な著作について問われると、「私が自分の本を書くのだという感じを持たない」のだ、と答えることが常だった。自分の研究の成果たる著作は、自分の知らぬまに自分のなかで考え出され、書きとめられていたにすぎない。「自分」とは、そこで何かが起きる場所ではあっても、意図を持って何かを恣意的に行う主体ではない。そうした考えを、レヴィ゠ストロースは六九歳の年にカナダで行ったラジオでの連続講座『神話と意味』の冒頭において、はっきりとこう語っている。

にもかかわらず、
(書物の)生を

私の本は私を通して書かれる、そしてひとたびそれが私を通り抜けてしまうと、自分は空になって、あとには何も残っていないように感じます。（……）私は以前から現在にいたるまで、自分の個人的アイデンティティの実感をもったことがありません。（『神話と意味』大橋保夫訳、みすず書房、一九九六、一一二頁）

書物を著し、それによって自己の学説や理論を公に表明してきた学究としては、ある意味で信じがたい言明かもしれない。だが、私はレヴィ゠ストロースのこうした実感を、彼の書物、とりわけその神話論が示す不思議議な実在感に引き合わせて、きわめて正当なものであると感じる。自己とは、ものごとが起こる交差点のような場である。自分の本は、自分の身体や頭脳を通して書かれ、そこを通過して、どこかに去ってゆく。ちょうど、神話が、人間の知らぬまに、人間のなかでみずから思考し、神話として語られることで個人の創造から離れて集合的な生命を生きるように。

レヴィ゠ストロースは、自分の著作をさらにこのような大胆な言い方で語りさえする。

本は、死んだもの、すでに終わったものです。私には無縁の死体のようなもの。本は私の体の中を通り過ぎてゆくものです。私自身は、数ヶ月、あるいは数年の時間をかけて、いろいろなものが自らを作り上げ、組み上げてゆく、その場所なのです。

それから、その作り上げられ組み上げられたものどもは、まるで排泄物か何かのように、私から離れてゆくのです。（『遠近の回想』竹内信夫訳、みすず書房、二〇〇八、一七〇頁。一部改訳）

碩学が自らの長い半生を振り返りながら、自己形成史やその学問の由来をディディエ・エリボンに親しげに語った対話『遠近の回想』は、レヴィ＝ストロースが八〇歳のときに刊行された自伝的回想録である。八〇年という長い時間の涯てで、彼は自らの著作を自己アイデンティティの産物であることから放擲する。自我という近代的な主体による占有や囲い込みの習慣から書物を解放する。彼の思考の対象であるインディオの神話群、それらが自らを語る「野生の思考」の体系、すなわち人間の思惟の原形の場に働く構造的な理性は、探求の過程において、書き手である彼自身のなかを通過しながら自らを組み立て、その交差点のような場に束の間の鮮烈な星座を書き込んでゆく。レヴィ＝ストロースは、その瞬間ごとに像を結ぶ「野生の思考」の絵柄を、権威的な個人としてではなく、いわば匿名で集合的な交差点として受け止め、そこに投影された論理の絵柄を克明なデッサンのようにして描き出していく。「私自身は（……）いろいろなものが自らを作り上げ、組み上げてゆく、その場所なの」だ、という表現は、そのような特異な感覚のなかで彼の著書が生まれていることを意味している。

レヴィ＝ストロースは、『神話論理』全四巻の叙述において彼が終始一貫して「われわれ」という主語を使いつづけた理由を、最終巻『裸の人』の最後に置かれた「終曲」でこう述べていた。

にもかかわらず、
（書物の）生を

「われわれと名のることにより本書の書き手は、匿名的思考に差し出された実体なき場所たらんとしている」（傍点引用者）、と。ここでいう匿名的思考とは、神話の論理そのもののことである。そして、それが複雑に自己編成をとげながら人間の意識を満たしてゆくやりかたを著者はみずから「実体なき場所」として受け止め、その非主体的流儀をテクスト生成の行為において模倣する。レヴィ＝ストロースは『裸の人』において、この匿名的思考が著者という場の時間的・空間的位相にさまざまな事象を生起させる状況を、天文学者や宇宙物理学者が宇宙の生成と膨張を理論づけるときの重力の「特異点」になぞらえながら、書物が、またその著者が、諸事象の交点にほかならないことを力説してゆく。

　書物はいかにして生まれ、そのとき著者はどのような場としてそのテクストの生成に関わっているのか？　この神秘的で複雑なプロセスを、レヴィ＝ストロースは『神話論理』のなかでしばしば反芻するように自省的に語っている。二〇年にもおよぶインディオ神話の探求のなかで、彼は神話の永久運動が示す語りの宇宙を、自分がそれを研究するときの言語の現われ方へと投影しようとした。『生のものと火を通したもの』のなかのつぎのような描写は、神話の変異のメカニズムを語ったものでありながら、同時に、彼の書物が生成する秘儀的な過程を、まるで重力の特異点をめぐる宇宙論か、あるいは微視的な分子のミクロコスモスにおける現象として表現しているように読める。

しだいに混沌としたものが広がり、その核が凝縮し、かたちが整ってゆく。散らばっていた繊維が結びつき、欠落が満たされ、関連が成立し、混沌の背後から、なにか秩序のようなものがうっすらと見えてくる。まるで生殖する分子を取り巻くように、いくつもの変形のグループにまとめられたシークエンスが、いちばん最初のグループに組み合わさってゆき、その構造と将来のかたちのあり方を再生産してゆく。多次元的集合体が生まれ、その中心部は構造を示しているが、周辺部は不確定や混乱が支配している。（レヴィ＝ストロース『神話論理 Ⅰ：生のものと火を通したもの』早水洋太郎訳、みすず書房、二〇〇六、八頁）

これがレヴィ＝ストロースという「書物」の秘密の組成であった。であれば、そこに近代的自我による恣意と独占的所有の動機が介入する余地はない。この「多次元的集合体」は、まさに「わたし」という特権的な著者の存在を解体し、テクストを匿名的な運動性が充満する交差点のような場へと変えてゆく。そしてその過程が終わり、書物が物理的な実体として完成したとき、それはもはや彼の子供ではない。いやはじめから彼は自らの子供を作ろうとしたわけではなかったのだ。著書はいまや見知らぬ死体のような気配を漂わせながら彼の目に奇異にさえ映る。あの豊かな運動のプロセスとそれが描いた星座は、彼のもとを通り過ぎ、排泄物のように去っていった。昂揚は、喪失によって報われた。まるで、死を約束された人間の生涯のように。

3

だがそれにしても、「本は、死んだもの……私には無縁の死体のようなもの」という言明は強烈な印象を残す。書物と死とを、このように直接的に結びつける考えの由来を問ううちに、私は歴史をはるかに遡り、西洋の絵画の伝統のなかに、書物を死の隠喩としてとらえる伝統的な表現と技法が守られつづけてきたことに思いあたった。それが、静物画であり、とりわけ「ヴァニタス」（虚栄）と名づけられた静物画の一ジャンルである。

そもそも、静物画という形式には、テーブルの上に置かれた動かない自然物や人工物が精巧に写生されたその日常的な気配にもかかわらず、つねにどこか死の影がつきまとっている。すでに古代ギリシアやローマにおいても、「クセニア」xenia（＝「客への贈り物」）と呼ばれ、食器や食材、果物や狩られた野鳥などがまとめて描かれて田園生活の素朴な喜びが絵画化されていたことはあった。だが美術史的に見て「静物画」というジャンルが呼称とともに成立するのは一七世紀半ばのオランダである。このころ、それまで「果実」「宴」「朝食」「狩猟の獲物」「花瓶」など、それぞれの画題を示す具体的な名で呼ばれていた一連の静物画に、“Stilleven《スティルレーフェン》”すなわちオランダ語で「動かない物」「静止した生命」と訳しうる包括的な呼称が与えられ、一気に画家のあいだで重要なジャンルとなっていった。まもなく、ドイツの画家たちがこれを“Stilleben《シュティルレーベン》”とそのまま訳し、同じ翻訳操作によって英語で静物画を示す“Still Life《スティル・ライフ》”が生まれた。いずれも直訳すれば「動かない物」「静止した生命」というほどの意味である。それから約一世紀後の一八世紀後半、フランスにおいて同じ静物画のジャンルにたいし“Nature morte《ナチュール・モルト》”（＝「死んだ自然」）なる名称が与えられる。この“nature”はいまの私たちが言う「自然」という意味よりは、むしろありのままの「実物」というほどのニュアンスであったと考えられる。いずれにせよそれ以後、イタリアやスペインなどの他のラテン語圏でも静物画というジャンルにたいする呼称は「死んだ自然」という表現で固定化されていく。不思議な呼称はこうして定着していったのである。

「動かない物」あるいは「死んだ自然」といった名称によって呼ばれることになった静物画は、すでにその呼び名からして「不動性」や「死」に彩られた不気味なジャンルであった。いうまでもなく、花や鳥や昆虫や石、あるいはグラスや皿や本やパイプなどテーブルの上に置かれた物体は、たしかにそれが自然物であれ人工物であれ、すでに野生の生命を絶たれ、不動で不毛な状態のなかで静止していた。だが逆に、画家たちから見れば、彼らの技法《メチエ》は、そうした生命を喪失した物体を、絵画がどれだけ生き生きとよみがえらせ、その美を、描かれた表象物として永続化できるかに賭けられていたともいえる。その意味では、静物画とは、万物の死を諾いつつ、死の観念に抵抗し、生命を喪失という宿命から救済する夢として行使された一つの知と手技のメチエであったことになる。では、そのような静物画というジャンルに書物が登場するとき、それはいかなる寓意をはらんでいたのだろうか。

一七世紀オランダの静物画において、書物のモチーフは数多い素材の一つとしては一般的なものであった。だがなかには、書物だけに特別の焦点をあてた作品も存在した。たとえば、ライデンとユトレヒトで活躍した静物画家ヤン・ダヴィス・デ・ヘームの作品には、頻繁に書物が登場する。もっとも典型的な作品《本のある静物》（一六三〇年頃）は、デ・ヘームのライデン時代の初期の作品であるが、本を写したリアリズム絵画として異彩を放つ作品である［▼図 p.111］。

デ・ヘームの継父は製本業にたずさわっていたこともあり、書物はこの画家にとって身近な存在であるとともに、本を主題に描いた作品には知り合いの本好きの買い手がつきやすいという利点もあったようだ。しかしそうした現実的な条件以上に、画家には書物を主題として描かねばならない、文化的な理由があったのだといえる。書物は一七世紀の哲学や道徳観念のなかで重要な意味を持っていた。いうまでもなく、知恵と知識の源泉としての書物である。書物が図像化されるとき、それはもっとも明確な寓意として、世俗的な物欲をすてて勉学に励むことの奨励を意味した。一方、デ・ヘームの《本のある静物》では、テーブルの上に一四冊ほどの本が乱雑に積みかさねられている。そこでは単純な構図のなかに書物だけが描かれ、書物以外の物体といえば背を向けた一台のリュートらしき楽器のみである。だが、この作品の書物はそれが日常的によく読まれている風情ではあっても、あまりにも乱雑でかつみすぼらしい外見に見える。くずれた判型、染みや汚れ、反り返った革表紙、ぼろぼろになったページの角……。このコンポジションは、あきらかに一つの意図を持って書物のある本性を暴露させているといわねばならない。それこそが、本はやがて摩滅し朽ち果てるという本質的な宿命である。本の生命の脆さ、その有限性。作品をよく見れば、右下の本に挟まるようにして垂れ下がった一枚の皺だらけの紙片の末尾に、ひとこと“Finis”（＝おわり）と大きな文字で書かれているのがわかるだろう。このあからさまな寓意を見逃すことはできない。

書物と死とのこうした寓意的な関係は、おなじデ・ヘームの書物を主題とした別の作品においてさらに際立ったものとして描かれている。それが《ヴァニタス／静物》と題された作品である［▼図p.111］。乱雑に積み重なった古い本といい、左上から差し込む斜光といい、見かけ上の構図は前作ときわめてよく似ている。だが大きな違いは、ここには楽器がなく、その代りにどう見ても見間違いようのないほどリアルな頭蓋骨が、横向きで書物の上に置かれ、その落ちくぼんだ眼窩から視線を虚空に漂わせていることである。ここまでくると、この「静物画」は、日常的な物体としての書物の写生的な表象を一気に超えた、完全に絵画的想像力の産物としてとらえ直さねばならなくなる。髑髏という表象の存在によって、本の日常的使用の文脈は完全に異化される。そして死の表象を媒介に、ここでは本に限らず、すべての地上の存在のはかなさ、その死すべき運命が暗示されていることはまちがいない。この作品が「ヴァニタス」（虚栄）と題されているのは、まさにそのことを示しているのである。

「ヴァニタス」Vanitasと名づけられた、生の虚栄とはかなさを喚起する寓意画は、一七世紀なかばまでにはオランダにおいて静物画の一ジャンルとして成立していたと考えられている。たとえば、このジャンルの確立者の一人であったデルフトの画家ハルメン・ステーンウェイクのよく知られた作品《ヴァニタスの静物》（一六四〇、ロンドン・ナショナルギャラリー蔵）には、テーブルの上に人生の虚栄や生命のはかなさを暗示する典型的な事物が所狭しと並べられている。貝殻や日本刀（富のはかなさ）、リュートやリコーダーなどの楽器（刹那的な快楽）、懐中時計や消えかけたランプ（時間の有限性）、そして何冊かの古びたモロッコ革の書物（現世の知の空しさ）、そしてとどめに、正面

にもかかわらず、
（書物の）生を

を向いた頭蓋骨である。ほかにも、花や果実などの過渡的で朽ちてゆくもの、宝石や金貨などの富と虚栄の象徴、残り少ない砂を落とす砂時計といったものが、ヴァニタス画の典型的な素材であった。港を玄関口にしたオランダの当時の海外交易による経済発展を背景に考えると、人目を惹くさまざまな商品や物資の豪奢な氾濫がこの時期の社会の特徴であった。ヴァニタスはこうした豊かな商品経済を背景に、それを素材として生まれたジャンルであるにちがいなく、その豪奢の象徴であるはずの事物が、「ヴァニタス」というある意味で正反対の意味を持った「はかなさ」として寓意されたパラドクスについても、注意が払われねばならない。この観点からいえば、書物という表象は、それじたい書物以上の何か、すなわち知恵という美質であり、同時に知識という虚栄でもあるものを、二律背反のような多義的なやり方であらわしていたことになる。

そもそも、「ヴァニタス」(ラテン語の発音では「ウァニタス」)の名の由来が、聖書という「書物のなかの書物」にあらわれる箴言に由来することには注意しておくべきだろう。それは旧約聖書のなかの「コヘレトの言葉」(「伝道の書」とも訳される)の冒頭に現われる、つぎのラテン語の一節にもとづいている。

vanitas vanitatum dixit Ecclesiastes vanitas vanitatum omnia vanitas (……)

コヘレトは言う。なんという空しさ、なんという空しさ、すべては空しい。(……)
わたしは太陽の下に起こることをすべて見極めたが、見よ、どれもみな空しく、風を追うようなことであった。（……）いつかは行かなければならないあの陰府《よみ》には仕事も企ても、知恵も知識も、もうないのだ。（「コヘレトの言葉」『旧約聖書』新共同訳）

「ヴァニタス・ヴァニタートゥム」すなわち「空のなかの空」。この言葉ではじまる「コヘレトの言葉」は旧約聖書のなかでも、その哲学的な厭世主義と決定論とによって異彩を放つ文書であった。そこには宗教や民族性の違いを超えて人間が共有しうる、人生の空しさへの問いや、諸行無常をめぐる悟りのような思想が箴言とともに語られていた。近代西欧の静物画が、非聖書的ともいえる哲学的な「コヘレトの言葉」を源泉として歴史的に彫琢されてきた語「ヴァニタス」を借り受けたのは、まさに西洋絵画がこの時、中世以降の厳格な宗教画の勢力圏から離脱して、近代人の世俗的な想像力に向かって飛び出そうとしていたことを見事に示す出来事だったともいえるかもしれない。「コヘレトの言葉」にはこんな一節も含まれている。

書物はいくら記《しる》してもきりがない。学びすぎれば体が疲れる。（同前）

こうした箴言は、「ヴァニタス」と呼ばれる寓意画のなかに書物がもっとも重要な素材の一つとして登場する核心的な理由を、すでに仄めかしていたというべきだろう。そして、一七世紀半ばのアムステルダムで活躍したワレラント・ヴァイラントのメゾチントの技法によるシンプルな作品《ヴァニタス／静物》こそ、一冊の書物の上に載った頭蓋骨という究極の二者だけを描き、その傍らにいままさに燃え尽きて煙をあげるランプを置いて死を強烈に暗示する、鮮烈で究極的なヴァニタス画であるといわねばならない［▼図 p.112］。この作品における書物は、ヴァニタスの語源が示すように、書物のなかの書物、もっとも聖なる至高の書物である聖書から抽出された、「書物」という存在の本質をイメージとして示している。そしてその究極の書物ですら、いやそれがすべての書物の影を背負う至高の書物であるからこそ、それは死という宿命を免れないのであった。はかなさへの感覚は、すでに聖書の示す宗教的な絶対性の枠組みを超えて、人間の世俗的な感情に侵入していた。その意味で、ヴァニタス画において破れ、朽ち果ててゆく書物とは、すべて聖書の形代《かたしろ》（身代わり）であった、と大胆に言うことも可能かもしれない。

4

レヴィ゠ストロースは、西洋絵画の伝統における死の表象の歴史にきわめて精通しており、そのことを自らの著書でさりげなく表明していた。そのことを示す二つの事例に触れておこう。

第一に、彼は最晩年に刊行された論集で、一七世紀バロック絵画における死の表象について興味深い分析を行ったことがある。それが軽妙なエッセイ「プッサンをみながら」（『みる きく よむ』原著一九九三所収）である。ルーヴル美術館所蔵のニコラ・プッサンによる名画《アルカディアの牧夫たち》（一六三八―三九）の右側に前景として描かれた古代風の衣装を着た若い女性像を、レヴィ゠ストロースはプッサンによる「死」の象徴であるとみなす［▼図 p.112］。大きな墓石に刻まれた「アルカディアに我もまた」なる謎の碑文を不審げに指さす牧人たちから離れて立ち、彼らを高貴かつ非情な眼差しで見つめる女性。この女性像は、プッサンが画題のヒントを得た原画である一七世紀イタリアの画家グェルチーノの作品《アルカディアに我もまた》（一六一八―二二）に描かれた頭蓋骨の変異形であるとレヴィ＝ストロースは解釈する［▼図p.112］。グェルチーノの絵では、まさに死を象徴する頭蓋骨が墓石の上にあって自己主張しながら、「アルカディアに我もまた」（＝「人間の理想郷にすら死は存在する」）という人の世のはかなさを寓意的に示す墓碑銘の意味を暗示している。プッサンの作品では、まさにこの頭蓋骨があった場所に、同じ構図で女性像が描かれており、レヴィ＝ストロースはそこに、プッサンがグェルチーノの絵の意味論的構図にたいして力動性を持った図像の変容操作をほどこしてゆくときの構造論的な機知を探り当てようとする。「死」の表象を語り継ぎ、描き変えてゆく西洋絵画の歴史のなかにも、インディオ神話の変容形態に比せられる「野生の論理」が働いている、と彼は言おうとしたのにちがいない。

もうひとつの事例は、レヴィ＝ストロースの著書じたいにあらわれたヴァニタス画の影についてである。自著『はるかなる視線』*Le regard éloigné*（原著一九八三）の表紙および裏表紙の装画に、彼は現代ドイツの独創的な細密画家アニタ・アルブスの作品を借用している。とりわけ裏表紙に掲げられたアルブスの作品《ヴァニタスの飾り棚》が私たちの目を惹く［▼図p.112］。それはまさに一七世紀の静物画の伝統の流れを汲む絵であるが、ヴァニタスに特有の事物であふれかえる飾り棚のどこか誇張的な表象は、アルブスが伝統技法を模倣しながらも、現代的な機知をもってその形式的な寓意（＝「死」）を別のメッセージへと変容させようとする企みを感じさせる。アルブスは、北方ルネサンスの細密画からオランダの静物画にいたる伝統を徹底して学び取り、さらにそこから派生したヴァニタス画やトロンプ・ルイユ（騙し絵）の技法をマスターした、稀有の現代の細密画家の一人である。レヴィ＝ストロースは、アルブスが、写実と幻想を同時に一枚の絵の中に実現していた過去の絵画の基本に還りながら、自然の創造物や物の感覚的な特性のなかに潜在する「知性」「論理」を再発見した、と讃えながら、彼女に捧げられた『はるかなる視線』のなかの文章「ある若き画家へ」のなかでこう書いている。

> 画家が力の限り現実に身をまかせると、現実の模倣者ではなくなる。画家は、自然に借りたイメージを自由に使って思いがけない構成を生み出し、モノとモノとの新しい関係を示して、モノについての私たちの認識を豊かにする。（レヴィ＝ストロース『はるかなる視線　2』三保元訳、みすず書房、一九八八、三七三頁）

レヴィ＝ストロースが晩年の自著の表紙をアルブスによるヴァニタス画で飾った真の理由は、本人の証言がないためにわからない。だが明らかに、そこには「死」をめぐる絵画的表象の歴史を受け止めながら、アルブスとともに、レヴィ＝ストロースもまた、視覚表現としての絵画が記憶する知性の歴史を継承し、「死んだ自然」となった事物を凝視することで自然の理法をとりだしていた過去の叡知、過去の技法《メチエ》に連なろうとする静かな情熱を感じとることができる。

書物を自らの支配から突き放し、それを死せる形骸のようなものとして自我の領域から放擲したレヴィ＝ストロースの特異な思想。だがそこにすら、絵画の伝統が書物とのあいだに保持してきた複雑な知性の歴史が明らかに受け継がれ、深く考察されている。死をめぐる表象と寓意の歴史は、彼のインディオの神話研究のなかでは、人間の死生観をめぐるダイナミックな神話的論理へと置き換えられ、創世と終末の主題へと変奏されながら詳細に分析されてもいる。「本は死体のようなもの」。この言明はその意味で、けっして書物という存在の意味を否定的に断罪するものではなかった。むしろ彼は、書物をまるで、静物、すなわち「動かない物体」「死んだ自然」として眺めるときの深く研ぎ澄まされた眼差しを通じて、書物の彼方にある真の叡知へと視線を届かせようとしていたのである。そのとき、死んでいたはずの自然は奇蹟のようにして蘇生する。

生前のレヴィ＝ストロースが知っていれば、アニタ・アルブスとともにきっとお気に入りの現代画家の一人になったであろう日本人画家グスタボ・イソエ（磯江毅）の晩年の作品《バニータスII（闘病）》（二〇〇六―〇七）［▼図 p.113］。五三歳で病死する前年から描き始められたこのヴァニタスに形式を借りた自画像は、若くしてマドリードに渡ってプラド美術館に通いつめ、北方ルネサンスやスペイン・リアリズム絵画の厚みある伝統と技法を誰よりも深く吸収した一人の現代画家による、壮絶なヴァニタス画へのオマージュでもあった。スペイン細密画の流儀に依りながら染みや傷まで正確に描き出された大きな鏡面に映る病んだ自分自身の肖像。その鏡の前に、伝統的ヴァニタスにのっとって、書物と頭蓋骨とロザリオが置かれている。ロザリオはキリストの殉教のシンボルとして、ヴァニタスの主題に欠かせない小道具であった。だが、伝統的寓意画というより、すでに死を予感した画家自らの肉体の消滅が意識されているきわめて私的ともいえるこ

にもかかわらず、
（書物の）生を

の作品において、イソエはあらためてリアルな細密画の技法のすべてを動員しながら、絵画表現の過去と現在とを同時に見通す普遍的な場所に立とうとした。彼は、リアリズム絵画が「現実そのもの」を写し出していたという素朴な思い込みを粉砕すべく、写実という行為が究極においてはイリュージョンの産物であり、絵画は創造的な意味で知的な構築物にほかならないことを、自らの死すべき肖像を賭けて主張していたのだともいえる。イソエはこう語ったことがある。

対象を正確に写すということを極めていけば、やがては自然の摂理や規則の抽出ということになります。そこに私は哲学を感じるのです。(『磯江毅　写実考』美術出版社、二〇〇九、一九二頁)

デューラーやロヒール・ファン・デル・ウェイデンら北方ルネサンスの画家の克明なリアリズム表現を「構造主義」の先駆と位置づけるレヴィ＝ストロースが、自らの「野生の思考」の理論を語った文章と見なしてもまったく差し支えない、驚くべき思想の共鳴がここには響いている。ここでイソエがいう「自然の摂理」「規則」こそ、野生の思考にはらまれた人間の思惟の普遍的な「構造」の発露にほかならないからだ。

イソエは、スペインに渡ってマドリードに定住してまもない二一歳の時、プラド美術館の至宝の一つロヒール・ファン・デル・ウェイデンの《聖母子像》(一四四〇頃)〔▼図 p.113〕を原寸大で克明に模写している。野生の思考を学び取ろうとする情熱が迸るような模写作品。そしてそこにもすでに書物がある。聖書か時祷書であるにちがいない、重厚で大振りの本のページを、聖母の膝に抱かれた幼子イエスがめくっている。いうまでもなく、ルネサンス期の宗教画における聖母と本の組み合わせは、イエスの母である聖母の至高の知性を象徴する重要な道具立てとして、多くの聖母像に共通していた。さらにここには「読み書きを教えるマリア」という第二の寓意が、学び書くことを男性による独占から解放しようとしていたこの時期の女性たちの社会的地位の変化を背景に、静かに示されている。

だがすでに見たように、知識や勤勉の象徴としての書物は、まもなく世俗的な虚栄と死のシンボルへと変容し、西欧絵画における書物の図像表現を複雑に屈折させてゆくことになった。ロヒール・ファン・デル・ウェイデンの聖母子像を、リアリズム絵画の技法的奥義をマスターしようと切迫した情熱で模写していた若きイソエが、その三〇年後、ヴァニタスとしての書物の儚い姿を介して自らの死期を表明することになると、想像したであろうか。だがそうした意味の変転のなかで、書物はたえず人間にとっての変身可能性の物語を語りつづけていたのである。聖母子像が示すはじまりのみずみずしい生命力は、書物の表象を介して、死を予感した者の精神的蘇生の力へと、変貌していたのかもしれない。

レヴィ゠ストロースのブルゴーニュの別荘の壁に、画家であった父レーモンの筆による、幼いクロードを描いた一枚の絵が飾られているのを、写真家の港千尋が記録している［▼図 p.113］。その絵では、一歳ほどの幼子クロードが祖母レアの膝の上に乗り、絵本らしき書物をひろげてこれに見入っている。私はこの絵を見て直感的に思う。これは、レヴィ゠ストロースにとっての聖

にもかかわらず、
（書物の）生を

母子像にほかならないと。父親は、息子クロードが書物と接する始まりの光景の彼方に、深い聖画的な伝統をぼんやりと意識していた。レヴィ＝ストロースは生まれながらにして、書物の表象にかかわる歴史をまさに著述家として生きてゆく宿命を、この時負ったのかもしれなかった。その宿命は、生の臨界、すなわち死の敷居にたって、書物と自らの仕事の関係性をたえず省察しつづける、レヴィ＝ストロースの特異な書誌学、特異な非主体化された倫理哲学へと導かれていったのである。書物は死体である、という驚くべき言明は、こうした文脈において考察されねばならないであろう。

「スティル・ライフ」Still Life（＝静物画）とは、たしかに「動かない、静止した生命」として死を深く暗示する。歴史的にも、また象徴的にも、書物がヴァニタスとしての死を寓意する静物画のなかのもっとも重要な構成物であることを免れることはないのかもしれない。もはや動かない、生命の鼓動を打つこともない “Still Life”。だがこの不穏で決定的な二語のあいだに一つのコンマをはさむことで、一つの機知として、書物の新たな生を奪い返すことはできないだろうか。“Still, Life”——すなわち「にもかかわらず、生を」という静かな叫びである。

始まりの聖母子像から、墓碑のようにして私の机に並ぶ著作まで、レヴィ＝ストロースの書物を貫いて響く声は、この「にもかかわらず、生を」というメッセージを静かに谺《こだま》させているように私には思われる。

上—ヤン・ダヴィス・デ・ヘーム《ヴァニタス／静物》1628年。ライプツィヒ美術館蔵。あからさまに、ヴァニタス（虚栄）を示す寓意画の素材へと変貌した書物たち。［→本文p.101］

右—レヴィ＝ストロース『神話論理』全四巻函入り本（左）とプレイヤード叢書の一巻本『著作集』。筆者撮影。死後に並び立つ墓碑としての書物。だがそのなかには永遠に運動を続ける頭脳の感触がある。［→本文p.089］

上—ヤン・ダヴィス・デ・ヘーム《本のある静物》1630年頃。アムステルダム国立美術館蔵。静物画の落ち着いた構図に動揺をあたえる乱雑な本や暗示的な書きつけ。ここには書物の限りある生への深い寓意が込められている。［→本文p.100］

上―ワレラント・ヴァイラント《ヴァニタス／静物》1625-29年。アムステルダム国立美術館蔵。書物と髑髏。連続する究極の二者。いままさに消えた蠟燭が、限りある命の教訓を告げている。［→本文p.104］

下―アニタ・アルブス《ヴァニタスの飾り棚》1978年。レヴィ＝ストロースの著書 *Le regard éloigné* (Paris:Plon, 1983) の裏表紙に用いられた図版。「本は死体のようなもの」と彼は語ったが、自著を現代のヴァニタス画で飾った真意のなかには、死をめぐる西欧絵画の表象の歴史にたいする深い理解があった。この絵は、邦訳『はるかなる視線2』(三保元訳、みすず書房、1988年)ではカバー表紙に使われている。［→本文p.105］

上―ジョヴァンニ・フランチェスコ・グェルチーノ《アルカディアに我もまた》1618-22年。ローマ、バルベリーニ宮殿蔵。頭蓋骨が「私はアルカディアにおいてすら、いる」(理想郷にも死は存在する)と語っているとパノフスキーはこの作品を解釈した。［→本文p.105］

下―ニコラ・プッサン《アルカディアに我もまた(アルカディアの牧夫たち)》第2版。1638-39年。パリ、ルーヴル美術館蔵。頭蓋骨は荘厳な表情の女性像に置き換えられ、死の宿命をめぐる寓意は、図像的変容のなかで神話のようなブリコラージュ性を獲得する。［→本文p.104］

左―グスタボ・イソエ（磯江毅）《バニータスII（闘病）》2006-07年。北方ルネサンスのヴァニタス画の伝統に直接連なるこうした表現が、スペインに移住した日本人画家によって正しく受け継がれていることは注目すべきである。［→本文P.107］

右―ロヒール・ファン・デル・ウェイデン《聖母子像》1440年頃。マドリード、プラド美術館蔵。聖母の深紅の衣装が鮮烈な傑作。マリアの膝で本を読む幼子イエスの姿は、ルネサンス期の宗教画の定型として、読み書きを教える聖母の知性の称賛という主題を示している。磯江毅は1975年にプラド美術館に通い、この作品の精巧な原寸大の模写を描いていた。［→本文P.108］

右下―レヴィ＝ストロースのブルゴーニュの森の中にある別荘の壁に飾られていた、父レーモン・レヴィ＝ストロース画による幼子クロード像。ロヒール・ファン・デル・ウェイデンの聖母子像のはるかなこだま。港千尋撮影。［→本文P.109］

右―ジョン・ケージ『サイレンス』初版（左）と五〇周年記念版（右）。著者撮影。この、二〇世紀における芸術思想のもっとも深遠で予言的な書物は、「沈黙」についての省察であり、書物とテクストをつうじての「沈黙」の実践そのものでもあった。刊行から半世紀が経ち、その予言性はますます啓示的なメッセージとなって現代人を撃つ。［→本文p.120］

右下―ジョン・ケージ《4分33秒》のスコアの一つ。初演の翌年にケージの自筆によって再現された自筆楽譜（Proportional Notationと呼ばれる）には五線譜も音符もなく、楽章の区切りを示す縦線と経過時間だけが示されていた（楽譜は1993年ペータース刊）。著者撮影。［→本文p.124］

下―ケージ『サイレンス』所収の「無についてのレクチュア」の冒頭。原文と同じレイアウトで横書きの日本語に翻訳したもの。一行が楽譜における四小節に対応している。訳文は柿沼敏江訳に依ったが、ごく一部を改変した。［→本文p.127］

LECTURE ON NOTHING

この壇上にいて　　　　、　　　　　私には言うべきことが何もない　　。
　　　　　　　　　　　　　　　　　　　　　　　　　あなたがたのなかで
どこかにいきたいと　　思う人がいるなら　　、　　　　　　　　いつでも
出てくれていい　　　　、　　　　　　　　　我々に必要なの　　　　　は
沈黙だが　　　　　　　、　　　　沈黙が求めているのは
　　　　私が　　　　　話しつづけること　　、

(……)

いま　　　　　　　　　　　　　　ここには沈黙があり　　　　　　　　言葉は
沈黙を　　　　　　　　つくる　　　　　手助け　　　　　　　　　　　を
する　　　　　　　　　、
　　　　　　　　　　　　　　　　　　　　　　　何も言うべきことはない
　　　　と言いながらそう言っているが　　　　　　　　　　　　それが私の
必要　　　　　　　　　　　　　　とする詩だ

they are found in **M**oss.
Under bark,
on **S**tumps,
on the sides of pat**H**s in the woods,
near st**R**eams,
ar**O**und trees,
in the spring in **O**ld orchards,
in the autu**M**n
among fallen leave**S**

それらは苔のなかに**き**っと見つかる
樹皮**の**裏側に
木の切り株にちょ**こ**んと乗って
森の小径の両**が**わに
小川の土手の**は**ざまに
木陰に**え**んを描いて
春のよく**て**いれされた果樹園に
寒**い**秋の日には
落ち葉にく**る**まって

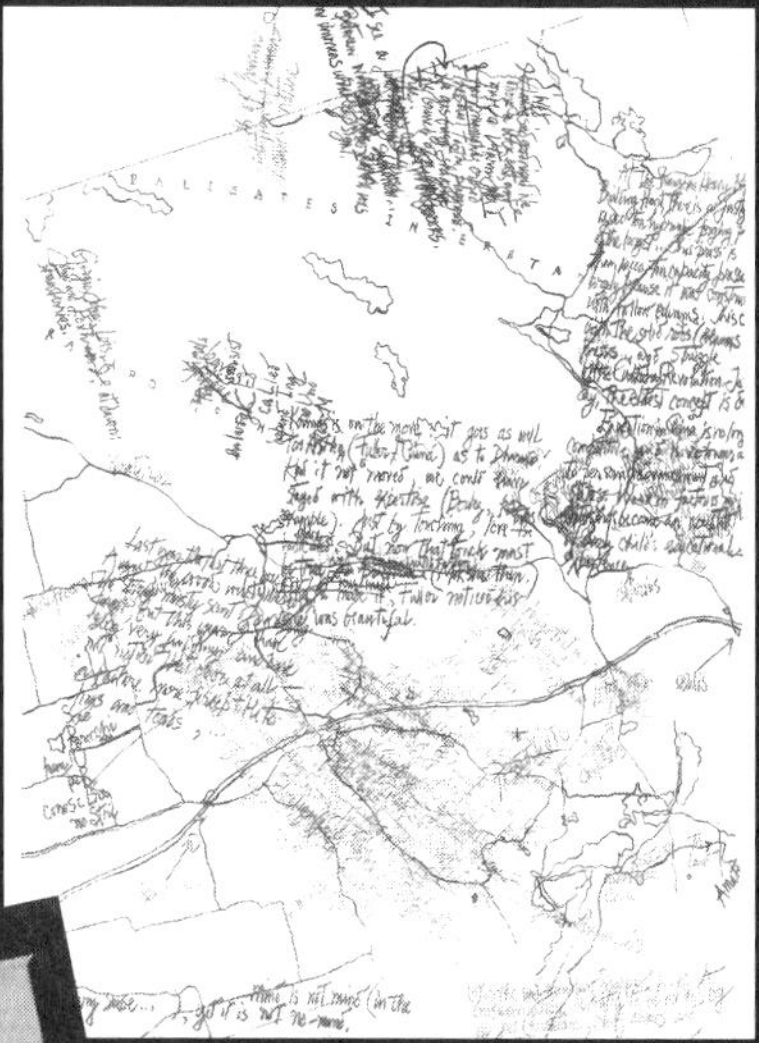

上—ジョン・ケージ『マッシュルーム・ブック』(1972)の一ページ。このリトグラフ作品で、ケージは彼自身のキノコをめぐる直感的思考をまるで菌類の混沌たる生態そのままの姿を再現するように手書きで縦横に書きつけた。菌糸のように増殖するテクストによって、書物はキノコの森へと変貌する。[→本文P.130]

上左—ケージのメゾスティクス作品「マッシュルーム」(1979)およびその私訳。メゾスティクスという視覚的な詩のスタイルは、ケージが偶然性と戯れながら思考するときのもっとも軽快な手法だった。ケージの著作『X』(1983)の大半はメゾスティクスによるテクストであり、最後の著作『アナキー』(1988)はすべてがメゾスティクスのスタイルで書かれている。[→本文P.131]

左—バズ・スペクター《ジョン・ケージによる『サイレンス』の発見されたページ》。テキストの判読を不可能にする仕掛けによって、沈黙の書物が意味の空白へと連れ出された。Buzz Spector. *Found Copy of "Silence"* by John Cage (1989) [→本文P.136]

左下—バズ・スペクター《ジョン・ケージ—ある要約》。空白のページの上に置かれた舌。言語のケージ(鳥籠)から逃げ出したこの舌は、いかなる沈黙の声をあげて歌うのだろうか。Buzz Spector. *Silence: A Synopsis* (1992) [→本文P.136]

右—ジョン・ケージによる著書『M』の自筆表紙デザイン。Mとは、辞書で隣り合う二つの決定的な単語、すなわちMusicとMushroomを同時に意味する。偶然性とたえざる変容性によって特徴づけられた、ケージにとっての至高の二者。[→本文P.132]

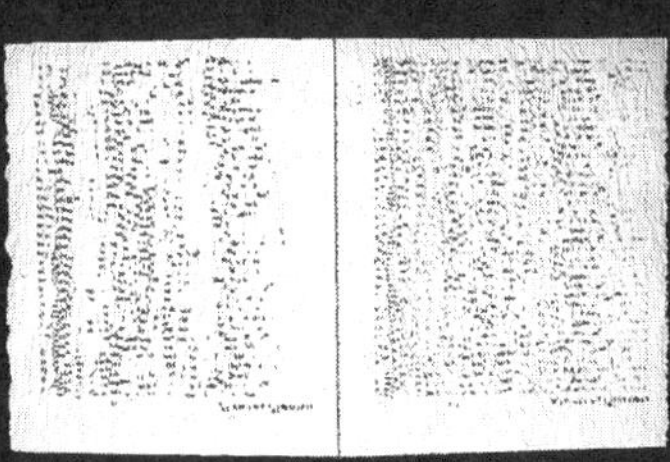

沈黙という名の書物

書物への有罪宣告があると同時に、
書物が自らを開くのです。
書物はすべてを受け入れることができるわけです。
――ジョン・ケージ

1

一冊の優れた書物のなかに開示された精神は、世紀を超えて別の書物のなかに豊かに継承されてきた。書物相互間のこの繊細で有機的な関係は、模倣とか受容とか影響とか感化とかいった一義的な関係にとどまらず、一つの生成が別の生成の母胎となり、一つの創造が別の創造を呼びだす、自立した複合的な宇宙相互間のダイナミックな連繫と創造の関係としてとらえることができる。どこにも中心がなく、すべての要素が他のすべてと複雑に絡み合い、その多様体のなかにある一個の存在が、それ自体として全宇宙を反映している、というような。それは曼荼羅の絵図のようでもあり、キノコや粘菌などの菌類の自在な運動が示すミクロコスモスをも思わせる。

そしてここに、一つの紹介文がある。一世紀をへだてて、ある書物の著者と、別の書物の著者とを結ぶ豊かで創造的な関係を示唆する、とっておきの一文である。

ヘンリー・デイヴィッド・ソローはマサチューセッツ州コンコードで生涯を生き抜いた。二年のあいだ、彼は町から二マイルほど離れた森の中、ウォールデン湖のほとりに一人で暮らした。そこに小屋を建て、食べるための作物を育てたが、日曜日になると両親や親戚や友人たちと夕食を共にするためにコンコードの町に歩いて戻った。彼は鉛筆の創案者だった（木製の軸の中心に芯を埋め込む技術を最初に開発したのは彼である）。たくさんの本を書いたが、そのなかには一四巻にまとめられた『日記』*Journal* もある（全部で二〇〇万語）。彼のエッセイ「市民の反抗」はインドの改革をめざしたガンディーに霊感をもたらし、マーティン・ルーサー・キングJr.牧師の革命における非暴力の方法論にも影響を与えた。ソローを超える偉大なアメリカ人はいまだにいない。エマーソンは彼のことを真実の語り手にして行い手、と呼んだ。偉大な人々の多くは夢想家の資質をもっているが、ソローにそんなものは皆無だった。日々、彼の目や耳はまっさらで空っぽのまま開かれ、自分が住んでいる世界だけを観察し、聴こうとした。彼は、音楽はたえず継続的に鳴り響いていて、聴くことだけが断続的に起こる、と言った。彼にはこんな一つの問いがあった――人生は生きるに値するか？　『ウォールデン』はそれにたいする、彼の詳細で肯定的な答えである。

アメリカの文学や思想にかかわるどんな事典にもまちがいなく記載されているヘンリー・デイヴィッド・ソロー。この一九世紀の半ばを生きた哲学者＝詩人＝ナチュラリストの、決して波乱万丈とはいいがたい、だが深く含蓄のある一生を、事典的な文体を借りて手短かに要約する、機知に富んだ過不足のない記述。だが、およそどの事典的な定義にも似ていない、思考の飛躍が随所に隠されている。誰がこんな洒落た文章を書けるのだろうか？

ソローについてのこんな飄逸な紹介文が書ける者は世界に一人しかいない。二〇世紀の芸術思想を音楽を拠点にしながら決定的に変革したアメリカの作曲家、ジョン・ケージその人である。先の引用はケージの著書『空っぽのことば』*Empty Words*（一九七九）に収録されているが、この本の前半は、まさにソローのテクストから引いてきた無数の言葉を断片化してランダムに再配列し、さらにソローの日記に描かれていた動植物や地形などのデッサンをさまざまにコラージュして配置した不思議なページによって埋め尽くされている。「空っぽ」emptyと自ら形容したソローの目と耳を借り受けるように、ケージは自分の本のテクストのなかにソローに由来する豊饒な空白を宿したことばと素描を散布し、その本にこんな象徴的なタイトルをつけたのだった。空っぽであることによって豊かに充満する世界。音に溢れた沈黙。

生地コンコードの森をひたすら歩き回り、地形や動植物、風景や物音を研ぎ澄まされた五感だけを頼りに無心に受け止めたソロー。そのソローの、個人的意図を離れた無心を自ら引き継ぐように、ケージはここでソローを語りながらほとんど自分自身の指向性を語っているかに見える。

ソローと自分をへだてる時間や空間の大きな懸隔にもかかわらず、そのあいだに生起する不思議な一体化の感覚のなかに、ケージはソローと一心同体の自分を意識し、そのことによって芸術家や作家の強固な「自己同一性」や「主体性」から逃れる道を見いだそうとしている。ケージは、ソローへの深い同時代的共感を著書『M』(一九七三)の序文においてこう述べていた。

『日記』を読んでいて、私はソローがまるで二〇世紀の人間のように「聴いて」いるのに心うたれた。彼は、現代の作曲家がテクノロジーを用いながら聴いているのと同じように聴いている、そう私には思われたのだ。彼はあらゆる音に注意を払う。それが「音楽的」な音であるかどうかに関係なく、それらが鳴り響くままに聴く。
(John Cage, "Foreword", in *M: Writings '67-72.* Wesleyan University Press, 1973, n.p.)

音を楽音、言語音、自然音、騒音といったかたちで区別・差別する耳の習慣を、近代の人間は無意識のうちに自分のものとしてきた。その結果、「音楽」という制度にとっては「楽音」だけがその構成物となり、耳はそれ以外の音を聴かないように自らを遮断した。だがソローが、そしてケージがいうように、自然界において音楽がたえず継続的に鳴り響いているのであれば、聴くという行為も、可能なかぎり、この音の包括的な連続性のなかに浸透してゆくべき運動なのだった。聴くという行為の恣意的な断続性を打ち破るためには、聴かないでいた音の空白、すなわち「沈黙」という世界へと耳を開いていかねばならない。そうすれば、沈黙は音の空白ではなく、音の豊かな横溢であることを知るであろう。ソローとケージは、世界の豊饒なざわめきにたえず耳を傾けようとする強靭な意思において、かけがえのない同志であったことになる。

ジョン・ケージ（一九一二─九二）。二〇世紀における耳の革命家。聴覚から出発して人間の五感の創造的な連続性を再発見し、それらを統合することによって、未知の哲学へと踏み出した先人。二〇一二年に、生誕一〇〇年を迎えたこの不世出の作曲家にして実験的思想家による一冊の書物を、彼の希求する「沈黙」のもっともみごとな具現化として、私は取り上げてみたいと思う。

2

ジョン・ケージの最初の著書であり、主著、二〇世紀の芸術思想における記念碑的な著作である『サイレンス』*Silence*（一九六一）。版元であるウェズリアン大学出版局は、二〇一一年、原著の大型のサイズをほんの少し縮小した、『サイレンス』の五〇周年記念版を刊行してこの本の継続的な影響力を私たちに示した［▼図 p.114］。総二七六ページのなかに、無数の活字と余白が躍っている。二段組、あるいは四段組で細かい活字がびっしりと版面を埋めるページもあれば、多くの空白や文字間の隙間がケージのあっけらかんとした哄笑のように語りかけてくるページもある。饒舌にして寡黙、道化的にして真摯。なんとも不思議な書物というほかはない。

どれほど饒舌に見えようと、この本の内奥には深く豊かな沈黙が宿されている。ページを開けば言葉の遊戯に満ち満ちているのに、そこにはたっぷりと隙間や空間が埋め込まれ、ことばは窮屈な理論やテーゼの観念的な繰り返しを離れて、底なしの自由へとひらかれた遊戯的な運動に向けて身構える。テクストは、安直な説明や説得の地平からあっさりと立ち去って、無為と無心を遊ぶ。なにごとも声高に主張せず、なにごとも定義せず、いかなる既存の「知識」にも依拠しない、孤高の自由を謳い上げる。ことばにこそ意味があり、その対極にある沈黙は意味の空虚に過ぎない——そんな常識的な思い込みは、ここで小気味よく粉砕されてゆく。

『サイレンス』におけるケージの主題を凝縮するのが、原著一九一ページにあるこんな一節だ。

沈黙などと
いうものはない。なにかが
音をたてながらつねに起こっている。

There is no
such thing as silence. Something is al-
ways happening that makes a sound.

この一節は、『サイレンス』のなかでもとりわけ常軌を逸したスタイルで書かれた「一人の話し手のための四五分」45' for a Speaker という章にあらわれる。そもそもこの章は、通常の意味で書物のなかに書かれたテクストとして行儀よく収まってはいない。これはケージの音にたいする思想的・方法的姿勢を語る一種のスピーチをテクスト化したものだが、古代中国の占いの書

『易経』の六十四卦を利用したケージ特有のチャンス・オペレーションの手法によって話すときのリズム構造にさまざまな偶然性がとり入れられている。空白をたっぷりとったテクストは一行が二秒で読まれるように断片状にして配置され、無音の行も含めて一ページに三〇行、すなわち時間にして一分に相当する分量が印刷されている。それが表題どおり、四五分間すなわち四五ページ分にわたってつづいており、テクストの脇には「鼾をかく」「肘を突く」「咳をする」「テーブルをたたく」といった、話し手によるノイズやジェスチャーの指示も添えられている。朗読の声の相対的な音量は活字の字体によって示され、ローマン体は通常の音量、イタリック体は弱め、太字のイタリック体は強め、と決められている。こうしてみると、ケージにとって、このテクストは朗読によって「演奏」するためのパフォーマティヴな作品にほかならないことがわかる。そこでは、言語的発話と音楽と騒音とのあいだにある境界線が、みごとに無化されているのである。

そのような実験的な言語「作品」のなかにあらわれた「沈黙」をめぐるこの一節は、沈黙というものの音響的な豊饒性を語っているという点で、ケージの音楽理論、ひいては彼の哲学をめぐるもっとも結晶化された一文であると考えられる。『サイレンス』の五一ページには、ほぼ同じ思想を述べる、こんなヴァリエーションもある。

> 沈黙などというものはない。無響室に赴き、汝の神経系統が作動し、血液が循環している音を聴かれよ。

THERE IS NO SUCH THING AS SILENCE. GET THEE TO AN ANECHOIC CHAMBER AND HEAR THERE THY NERVOUS SYSTEM IN OPERATION AND HEAR THERE THY BLOOD IN CIRCULATION.

原文の表記はここではすべて大文字であり、「プロセスとしての作曲」と題された文章のなかに、ケージ自身の講演の一部が偶然性による配列によって差し挟まれている。

ここで語られている「無響室」の経験こそ、ケージに「沈黙」という豊かな状態を発見させる決定的なきっかけとなった出来事である。それは一九五一年のことで、ケージはハーヴァード大学に設置された「無響室」なる部屋にはじめて入って、真の沈黙なるものを体験しようとした。一切の音を吸収し、外界からのあらゆる音も遮断する壁によって囲まれた文字通りの無響室。原理的なサイレンスを実現するはずの部屋に入ってじっと耳を澄ませたケージは、だが予想もしなかった二つのかすかな音、一つの高い音と一つの低い音をたしかに聴くことになった。高い音が彼自身の神経系のあげる微細な音であり、低い音が彼の血流の音だと知ったとき、ケージに大いなる「発見」が訪れる。沈黙などというものは存在しないのだ、という……。沈黙とは無音の状態であるという神話のなかで生きてきた人間。この神話の存在に目覚めることで、逆にケージは、音の豊かな充満＝持続として「沈黙」という概念を再発見する端緒に立ったのである。

この出来事の翌年に、ケージの無音の作品《4分33秒》が誕生することになった。この象徴的な作品についてあらためて解説する必要はないだろう。荒れた天気の日のニューヨーク州、ウッドストック。デビッド・チュードアによる現代音楽作品のピアノ・リサイタル。ステージに現われたピアニストは、ピアノの蓋を閉じて四分三三秒のあいだ一切の音を出すことなく、この三楽章（！）でできた無音の曲を演奏（非-演奏）した［▼図 p.114］。第一楽章のあいだ、聴衆は風の音を聴いた。第二楽章になって、ホールの屋根を叩く雨音が響いた。第三楽章では、当惑した人々のざわめきが会場を満たした。無音の音楽は、たしかに音を生み出していた。いや、偶発的な音が世界には満ちあふれていることを、人々もまたこのとき「発見」したのである。

沈黙の提示によって、音の豊かな充満と持続を示唆するという逆説的でみごとな方法論は、いうまでもなく、ケージの即興的な思いつきではなかった。無音の作品である《4分33秒》へと到るケージの作曲思想の展開と深化、そこへと結晶する同時代の多方面からの霊感や刺戟については、これまでさまざまに論じられてきた。たとえば禅の思想。イギリス人で日本文化の研究者レジナルド・ブライスが先駆的に紹介・出版した『英文学および東洋古典文学における禅』（一九四二）や『ハイク』（一九四九―五二）といった書物をケージは熱心に吸収し、空や無の思想を深く理解していた。あるいは一九五〇年にアメリカで刊行された『易経』*I Ching* の最初の英訳版は、恣意や意図を排して偶然性のコントロールにゆだねるチャンス・オペレーションの方法論のもっとも重要な参照項となり、易の図表はその後のケージの作品の多くにおいて偶然の導入のために一貫して用いられていった。さらに同時代の画家ロバート・ラウシェンバーグによるキャンヴァスに白を塗っただけの作品《ホワイト・ペインティング》（一九五一）の連作は、図像から解放された絵画の存在を通じて、ケージに楽音から解放された音楽の可能性を示唆した。

さらにもう一つ、おそらくは『サイレンス』へと到るケージの意識にとって潜在的な引き金を引いた最重要の書物が、オルダス・ハクスリーの『永遠の哲学』*The Perennial Philosophy*（一九四五）であった。洗脳による管理社会のディストピアをいちはやく寓話化した小説『すばらしい新世界』（一九三二）の著者であり、人間意識の解放と拡張を指向してメスカリンによる幻覚体験を描いた『知覚の扉』（一九五四）の作者でもあるハクスリー。彼は『永遠の哲学』のなかで、西洋と東洋の宗教的神秘主義にかかわる諸テクストを掲げて比較検討しながら、聖人や預言者のことばの背後にある精神の「神性」に深い探りを入れ、戦争を経過した現代人の退廃した道徳意識にむけて深い警鐘を鳴らしていた。ケージはこの書物に読みふけり、ここから彼にとっての禅やタオの決定的な重要性への示唆を得た。シュリ・ラーマクリシュナ（一九世紀インドの神秘主義宗教家）、マイスター・エックハルト（中世ドイツの神秘主義者）、鈴木大拙（近代日本最高の仏教者）など、ケージの『サイレンス』の記述に思想的痕跡を刻むことになる宗教家の哲学体系を、ケージはこのハクスリーの著書によって本格的に知ったのである。

このハクスリーの書物の第一五章が、まさに「沈黙」Silence と名づけられている。「魂は沈黙のうちに神のことばを聞かねばならない」（十字架の聖ヨハネ）、「知るものは語らず、語るものは知らぬ」（老子）、「犬はほえ、隊商《キャラバン》は通り過ぎる」（アラビアの諺）といったさまざまに示唆的な文言の引用のあと、ハクスリーはこう書いている。

二〇世紀はなによりもまず「騒音の時代」である。物理的騒音、精神的騒音、そして欲望という騒音。それらのどれについても現代人は歴史上の最大記録を保持することになった。無理もない。なぜならわれわれの奇蹟的ともいえる技術が生みだしたすべての財力が、沈黙にたいする現代的な攻撃に日々費やされているからである。(Aldous Huxley, *The Perennial Philosophy*, London : Chatto & Windus, 1946［orig.1945］, p.249. 私訳)

ハクスリーはさらにこう強調する。現代において、騒音は鼓膜を震わせるだけでなく、耳から入って精神のずっと深いところにまで達する。それは幻想、知識、感情の領域を通過し、自我の中心にある欲望の核心へと行き着く。世界を覆い尽くそうとしている大量生産システムの欲望はこうして立ち上がる。騒音の目的は、人間の意思が沈黙を実現しようとすることを、ただひたすら妨害することだけである、と。

ケージの『サイレンス』は、このハクスリーの「サイレンス」の延長線上に誕生した未知の子供である。そしてその思想の嬰児は、ハクスリーの悲観主義《ペシミズム》を乗り越える、快活な楽天性をそなえていた。ハクスリーが戦後の言説の苦境のなかで言語という唯一の媒体によって表現せねばならなかった窮地を、ケージはより具体的な「音」というメディアを最大限に活用することで、すり抜けることができたからかもしれない。言葉を音楽やパフォーマンスの領域にずらし、そこに意思の介在しない偶然性を導入することによって。

ケージの『サイレンス』のほぼ真ん中に置かれたテクスト「無についてのレクチュア」こそ、

彼のこのオプティミズムの結晶のような文章である。原文の文字レイアウトに忠実に日本語に置きかえてみよう［▼図 p.114］。

楽譜のように、各行四小節に刻まれたリズミックなテクストが、沈黙の隙間をともなってつづく。人間は沈黙を必要とし、沈黙の方は人間に語ることを求める。言葉こそが真の沈黙をつくる助けとなる。だからこそ、沈黙を実現するためにケージは語り、書いた。沈黙の音楽、沈黙の書物。それは矛盾でも不可能性でもなく、私たちの日常意識が手にすることのできる、祈りに似た贈り物である。「無についてのレクチュア」。だが、何も言うべきことがない、と言うときに発露する「詩」がある。「私たちが本当になにものも所有しなくなったとき、そこに詩があるんです」（『小鳥たちのために』）ともケージは語っている。ここで「詩」といわれているものこそ、ケージの思想の核心にあってソローと共有する、森羅万象のささやかで凝縮された摂理のようなものであった。

ハクスリーが批判した現代的「騒音」というものへの敵対心も、ケージの場合、不思議な包容力によって相対化され、逆に新たな意味を担わされてよみがえる。『サイレンス』のなかには、沈黙というものの本質を示すために、その対極にある、言葉をかき消すほどのうるさい騒音についてケージが語る興味深い部分がある。一九五一年頃から数年間、仏教学の権威鈴木大拙がコロンビア大学にやってきて禅に関する講義を行ったが、ケージはこの講義に熱心に出席した。ケージの回想によれば、鈴木は講義の際、けっして大きな声では話さなかった。天気がいいと、コロンビア大学の教室の窓は開け放たれ、近くのラガーディア空港に発着する飛行機の騒音が邪魔をして鈴木が話していることを完全にかき消してしまうことがよくあった。もちろん、鈴木は騒音によって聴き取れなかった部分を繰り返したりはしなかった。多くの学生は、ときどきうたた寝をしながら、このただでさえ難解な講義を、飛行機の騒音によって中断されながら聴くことになった。

ケージは、このとき鈴木によって語られていたはずの、だが騒音によって途切れ途切れにしか聴き取れなかった禅の奥義を、のちにこの教室での体験を反芻しながら不意に啓示のように悟ることになった。ケージは『サイレンス』のなかの「不確定性」という、一分ほどで読める断片的な小話が連続するパフォーマティヴなテクストのなかで、コロンビア大学の教室と飛行機の騒音について回想した後、最後に謎めいた書き方でこうぽつりと述べている。

講義のあいだは、鈴木が何を言っているのか、私はどうしても理解できなかった。すべてが分り始めたのは、一週間くらいあと、キノコを探しながら森のなかを歩いていたときだった。

鈴木大拙の講義に関するケージの小話はこの一文で終わっているので、ケージがキノコ狩りをするうちに突然、何が「分り始めた」のかは、ここに直接書かれてはいない。では、ここでの啓示が何であったのか、と問うたとき、ケージと同じように、私たちにも驚くべき閃きが訪れる。

それは鈴木の講義の実質ではもちろんなく、彼の言葉の断片が語ろうとしていた哲学的な内容でもなかった。そう、ケージが直覚的に分ったのは、キノコを探しながら森を歩くときの静寂によっておそらくは呼び出された「沈黙」という事態そのものの具現化が、あのコロンビア大学の教室にもあった、という事実だった。飛行機のエンジン音がうなりを上げ、禅についての講義が話されている言葉が騒音によってかき消されたとき、じつはケージに沈黙の意味にかかわる大いなる発見がもたらされていたのだ。言葉の意味の消失点。騒音は、逆説的なやり方で、大拙の言葉に沈黙を上書きした。大拙の言葉を消すことで、それは騒音と沈黙の表裏一体性を示唆した。そして言葉の意味の消失とはすなわち、楽音によって構成されているとみなされていた音楽の意味の消失のことでもあった。無音と騒音とはこうして合体する。「沈黙」の真の意味が開示されたのだ。鈴木大拙の講義は、言葉の内容が騒音によってかき消されたからこそ、ケージにその奥義を伝えることができたのである。この瞬間は、まさにケージによる沈黙の作品《4分33秒》の生成の瞬間であった。それは、意図的な行為としての「作曲」が、非-意図的で不確定的な行為としての「非-作曲」へと裏返る、決定的な転回点でもあったことになる。

3

ケージは沈黙の奥義にかかわるそんな啓示を、なぜキノコ狩りの森のなかで受けることになったのだろう？　それについて考えるためには、菌類学者・キノコ研究家としてのケージの存在を、彼が展開した日常哲学の深みにおいて再考しなければならないだろう。ニューヨーク菌類学会の創設メンバーでもあり、キノコの収集と分類と学問的記述に関して多大な功績を残したケージ。彼はしばしば、音楽家である彼がキノコ学に深入りしていった理由を説明するのに、一つの冗談のような語り方をすることがあった。それは、たまたま彼の見ていた辞書で、「音楽」Musicという項目のすぐ前に「キノコ」Mushroomという項目が偶然に並んでいたから、というものである。ケージお得意の機知に富む笑い話にも聴こえるこの逸話は、だがその説明の背後に「偶然」という契機が忍び込んでいることからも、見過ごせない重要性を持っているように思える。

偶然性や不確定性は、いうまでもなく、作曲や音楽行為から「意図」や「作為」を追放しようとしたケージにとって、鍵となる方法論を表わしていた。そして菌類の世界に深く入れば入るほど、キノコの生態そのものが驚くべき偶然性や不確定性のもとにあることをケージは実感していった。その意味では、"Music"と"Mushroom"が辞書上で並んでいることは偶然ではありえなかった。この必然の偶然を一つの啓示としてとらえながら、ケージは自らの探求がより本質的な偶然性の根幹に触れていることを確信していったのである。

ケージとキノコの深いかかわりを書物の形で具体化したのが、美術的オブジェのようにも見える本『マッシュルーム・ブック』*Mushroom Book*(1972)である［▼図 p.115］。ニューヨークのホランダース・ワークショップからわずか七五部だけ印刷されたこの本で、ケージは彼自身のキノコにかかわる観察・省察の言葉の断片を、菌類の混沌とした生態そのままの姿を模倣するように、手書きで無数の方向からページに書きつけた。リトグラフ印刷されたその文字群はまるで菌糸のように増殖し、複数のレイヤーによって印刷された文字は重複して判読が難しい。文字の背後には、デッサンや地図も埋め込まれ、読者はまさに、この手書き文字でうめつくされたキノコの森に分け入って、目当てのキノコを探索するように仕向けられているようでもある。『マッシュルーム・ブック』はテキスタイル・デザイナーで植物細密画家のロイス・ロングとのコラボレーションでもあり、ロングによる見事に科学的なキノコ画が幾葉も添えられている。さらにこの本には、ケージの信頼するアメリカ菌類学の権威アレグザンダー・スミス博士による、各キノコの種の同定に関する学術的な解説も付されていた。『マッシュルーム・ブック』はこうして、ケージの実験的な言語アート作品でもありつつ、アメリカ菌類学の歴史においてもきわめて重要な学術文献となったのだった。ケージにしか創造しえない、変化する書物の相貌がここにある。

ケージの「書物」をめぐる思想をつらぬくものは、言語的な内実を切り裂く沈黙であり、恣意的な意味作用を宙づりにする偶然性であった。キノコという物体はまさに、この沈黙と偶然性の唯一無二の融合体でありその乱舞としてケージには映った。ケージは、言語の意味を解体し、それを偶然性の側に引き寄せる書法として、『サイレンス』以後とりわけ「メゾスティクス」Mesostics なる具象詩的方法論を彼のテクストに採用していった。メゾスティクスとは、垂直に示されたある単語が、それを構成するアルファベット一文字一文字において、水平方向に書かれた文節や単語を形成する文字と交差するように書かれたタイポグラフィックな詩である。ケージは、このメゾスティクスによる表記を、彼自身の恣意や意図を欠いたエクリチュールとして縦横に活用した。たとえば、「マッシュルーム」(一九七九)と題されたテクストの一部を、遊び心も込めて、日本語のメゾスティクスにも変換してみよう［▼図 p.115］。

メゾスティクスの制約によって、書き手は言語への支配関係を解除させられ、偶然性による意味作用の飛躍を手に入れる。結果としてそこには、キノコのような生成変化する多様体からなるテクストが自在に繁殖してゆくことになる。『マッシュルーム・ブック』のテクストを活字表記によって再現した文章が、ケージの著書『M』のなかに収録されているが、ここには、さまざまなキノコの固有の学名（たとえばMYCENA PURA＝サクラタケ）を垂直軸にとって、そこにソローの『日記』の断片を交差させるような冒険的なエクリチュールが試みられていて刺激的だ。いうまでもなく、著書『M』の表題のアルファベット「M」は音楽でもありキノコのことでもあった［▼図p.115］。さらに、この本の中には「ミューロー」Mureauと題された一章も収録されているが、この声のためのテクスト＝朗読作品は、ソローのテクストを素材としてその文字、音節、単語、フレーズをランダムに混ぜ合わせることでつくられている。ケージは、ソローの膨大な『日記』のドーヴァー版（一九六二年刊）において索引化された音楽、沈黙、音に関するソローの言葉を易経を使ってランダムに配置し、言葉の多様体をページ上に生み出した。「ミューロー」とはいうまでもなく「ミュージック」Musicと「ソロー」Thoreauの合成語であり、その「M」音の背後には、「マッシュルーム」の「M」が胞子を飛散させながら快活に躍っていた。

ケージは、現代音楽が直面しているテクノロジーを通じた音の繊細な応用について問いかけ、その問いを森のキノコ世界への想像力に展開しながらこう書いている。『サイレンス』のなかの最後に置かれた「音楽愛好家たちの野外採集の友」という冗談めかしたタイトルの文章である。

キノコが実際に自分で音を出すのかどうか。ほどよく小さな羽を持つ虫たちがヤマドリタケの軸に入ったときに、それは管弦楽として用いられるのかどうか。胞子は大きさも形もきわめてさまざまで、その数たるや数えきれないほどだが、これが地面に落ちるときにガムランのような音響を出さないものなのか。（……）私は森のなかで、自分の沈黙の曲の演奏を指揮して、何時間も楽しい時をすごした。この曲は、出版した譜面に記されている通常の長さよりずっと長い。つまり、私自身という一人の聴衆のためだけの編曲版ということになる。ある演奏では、これまでうまく見分けられなかったキノコを確認しようとしながら、第一楽章が過ぎた。

ケージにとって、キノコは叡知の究極によこたわる「不可知」というミステリーを彼に教えた。キノコをめぐる世界はそれ自体が不可知の源泉なのだった。ニューヨーク北郊のストーニーポイントに移住し、菌類の宝庫である周囲の森を歩き、採集に我を忘れながら、ケージは、キノコについて知れば知るほど個体一つ一つを識別する自信が失われていくのを感じていた。キノコは、種の形態的均質性という常識をくつがえし、一本一本がみごとに異なっていた。ケージはそのことを、「それぞれのキノコがそれ本来のものであり、それ自らの中心にある」と表現している（『小鳥たちのために』）。人間の知識をつねに裏切り、知識なるものの限界を知らしめ、その結果として到来する「非-知の自覚」（=「知ある無知」）によって、人間をさらなる深い叡知の森へと誘導する菌類。ケージはその多様性世界にとりつかれていた。それは、ときに自らの死を賭して探求するに値する、自然理法（ダルマ）が神秘の相のもとに浸透したスリリングな小宇宙だった。

最近私は、一般にはザゼンソウとして知られるスパティエマ・フォエティダを実験的に料理し、試食した後で病院にかつぎ込まれた。血圧が五〇まで下がり、胃の洗浄が行われる、という始末だった。したがってわれわれは、一つ一つのものをじかに、あるがままに見なくてはならない。ブリキのホイッスルの音であっても、また優雅なカラカサタケであっても。（「音楽愛好家たちの野外採集の友」）

そしてこれが『サイレンス』という書物を文字どおり閉じる、末尾の一文なのである。カラカサタケ *Lepiota procera*。この世界中に広く分布する大型で優美なキノコは、古くから人類によって食用とされてきたが、適切な加熱を怠れば消化器系の中毒を起すアルカロイドを含む危険な毒キノコでもあった。科学による分類や定義をつねに裏切りつづける世界。個体一つ一つを仔細に見つめ、その声を聴き、その匂いを嗅いで実感し、学んでゆくほかはない世界。そこに充満する沈黙と偶然の揺らぎに、ケージは生涯とらえられつづけた。

ソローの二三歳の時に書かれた『日記』（一八四〇年一一月五日）には、キノコを比喩として使ったこんな深遠な書きつけがあった。ケージが書いたとしてもおかしくない、一〇〇年をへだてた、二人のアメリカ人の繊細な感覚の驚くべき響きあいである。

真実は、ちょうどキノコのように活発に動き、それ自身をいきおいよく拡散させてゆく。だからそれは足の裏で踏みつぶしてしまうことなど決してできない。真実が持つ胞子は無限なほどに数多く、まるで微細な煙のように精妙にできている。とても軽いので大気にむけて容易に立ち昇り、さまざまな動きによってあたりに霧散してゆく。太陽や虫たちや風がそうした動きを助け、弾性や粘着力といったものがそれを支える。真実の胞子が入り込むことができない場所など、想像することは不可能だ。

（*The Writings of Henry David Thoreau: Journal Vol.1 1837-1844*. Princeton University Press, 1981, p.195）

ケージの書物には、この真実というものの感触がみなぎっている。もちろん彼の音楽にも、彼の絵画作品にも、そして彼のキノコ学にも。そのとき書物はキノコのなかに秘められた偶然性のように、音楽が隠し持つ沈黙のように、虹色に光りながら生成変化する。こんな書物はどこにもない。刊行後五〇年が過ぎたいまでも『サイレンス』は同定不可能なカラカサタケの一変種として読者を挑発する。「勇気を持って、私を食べてみますか？」と。

アメリカのブックアーティストにして批評家バズ・スペクターに、『サイレンス』を素材にした興味深い造形作品が二つある。スペクターは書物を立体的なオブジェとして扱いながら、書物の思想的意味や可能性について考察する美術作品を作りつづけてきた異才である。彼の一九八九年の作品《ジョン・ケージによる『サイレンス』の発見されたページ》は、『サイレンス』の実際の本から切り取られた二ページを横に並べ、そのページを針でつついて文字を全く読めなくなるまで変形させたオブジェである［▼図 p.115］。スペクターは、書物という物体が紙の束であり、ページを針でつつけば繊維がほぐれて印刷された文字が判別不可能になってしまう厳粛にして即物的な事実をこうして示す。その本が『サイレンス』であったのはなお示唆的である。なぜなら、『サイレンス』のテクストそのものが、すでにケージによって、通常の意味で「判読」することを拒み、意味の空白へと躍り出ようとする指向性を抱えていたからである。鈴木大拙のことばに覆いかぶさる飛行機の騒音と同じように、スペクターはここで、騒音にして沈黙でもあるような批評的針の切っ先を、ケージのテクストに向けて突きつけてみたのである。

スペクターのもう一つの作品《サイレンス――ある要約》（一九九二）はさらに機知に富んでいる［▼図 p.115］。『サイレンス』らしき大型の本が、ページを開かれたまま置かれている。だがその開かれたページは完全な空白で、柔らかく盛り上がったページの膨らみを見つめていると大空を滑空するカモメの白い翼のようにも見えてくる。純粋無垢な書物。そしてその白いページの真ん中に、スペクター自身の舌を原寸大にかたどったガラスの置物が置かれているのだ。舌、すなわち言葉。いや、これは切り取られた舌だから、失われた言葉なのだろうか。空白のページと舌。この愉快で簡潔な対置によって、「沈黙」をめぐるケージ的な思想があらたに探求される。カモメの純白の翼に乗って、ケージの舌が、いまにも「ミューロー」か「マッシュルーム・ブック」

の一節を、声なき声によって朗読しようと身構えている、とでもいうように。

ケージはこう言ったことがある。「書物の死は言語の終焉ではなく、言語は存在し続ける。私の作品には沈黙《サイレンス》が溢れていたのに、やはり音楽が存在するのとまったく同じように」（『小鳥たちのために』）。さらにケージは『サイレンス』でこう確信を込めて書いていた。

私が死ぬまで音は鳴っている。そして死んでからも、音は鳴りつづけるだろう。音楽の未来について恐れる必要はない。

永遠に鳴りつづける沈黙の音。この充満するサイレンスへの信頼があれば、なにも恐れる必要はない。自己の死はいうまでもなく、未来の音楽の運命さえ。エゴ（個人）の生命の終焉にたいする恐怖などすでにキノコの森のどこかに置き忘れてきたかのように、ケージはこう書いて、書物の未来への恐れからも私たちを解放しようとした。

＊本章におけるケージおよびソローの引用は基本的に原著からの私訳である。ケージ『サイレンス』からの引用は、一部柿沼敏江訳（水声社刊）を利用したが、訳に改変を加えた箇所もある。

記憶の蝶よ語れ

さらば、わが本よ！
Good-bye, my book!
——ウラジーミル・ナボコフ

1

いま私の手もとには、四冊の異なった版《エディション》のナボコフ自伝の原著が置かれている。英語によるものが三冊、ロシア語によるものが一冊。どれもナボコフ自身が書いた自伝の異本《ヴァリアント》である。その表題、内容、使用言語のあいだにいくつもの変異が宿された、興味深いひとかたまりの書物群である。その傍らにいると、たちどころにナボコフという多言語作家の生涯と作品をむすぶテクスト的な揺らぎの風景が、微風に流される森のなかの靄のような風情とともに、私の前に立ち上がってくるような気がする。捕虫網を持ったナボコフが霧の向こう側で機知に富んだ微笑とともに私に手招きをしているのがわかり、著者がこの世から消えても書物の形で残された陰影に富むその精神の秘密を探索したいという衝動は、私にとってもう抑えられないものとなる。

ナボコフの自伝の成立のいきさつは、書誌的に見ても少々複雑である。以下、各版の刊行順にあげてみよう。

一九五一年　『決定的証拠』*Conclusive Evidence*
（ニューヨーク、ハーパー・アンド・ブラザーズ刊）

一九五一年　『記憶よ、語れ』*Speak, Memory*
（ロンドン、ヴィクター・ゴランツ刊）

一九五四年　『向こう岸』*Другие берега*
（ニューヨーク、チェーホフ出版刊）

一九六六年　『記憶よ、語れ——自伝再訪』*Speak, Memory: An Autobiography Revisited*
（ニューヨーク、G・P・パットナムズ・サンズ刊）

ナボコフの英語による自伝は、最初に『決定的証拠』*Conclusive Evidence* という表題のもと、一九五一年にニューヨークのハーパー・アンド・ブラザーズ社から刊行された。副題に「回想録」*A Memoir* とある。このときナボコフ五二歳、アメリカに移住してすでに一一年が経っており、コーネル大学でロシア文学を講じつつ、彼の文名を高からしめることになる『ロリータ』（一九五五年刊）の執筆を始めようとする時期だった。五二歳での自伝、と聞けばそれほど違和感はないかもしれない。だがじつは、この回想録があつかう時期は、生地ペテルブルクにおいて著者の記憶が芽生える四歳の頃から、一九四〇年にナチス・ドイツを逃れてフランスのサン・ナゼール港からアメリカへ亡命する四一歳までの三七年間のことであり、七八歳で生涯を閉じたナボコフのわずかに半生をカバーしているにすぎないのである。収録された一五篇の断章は、もっとも早いものが一九四三年に『アトランティク・マンスリー』誌に掲載された以外、ほとんど『ニューヨーカー』誌に一九四八年から五〇年にかけて、順不同に発表されている。

ペテルブルクの名門貴族の家系の長男として生まれたウラジーミル・ナボコフは、一九一九年にロシア革命を逃れて一家で国外へ脱出して以来、ある意味で恒常的な亡命生活を生きることとなった。イギリスの大学で学び、亡命ロシア人の拠点でもあったベルリンに住んでロシア語作家として自己形成したものの、妻のヴェーラがユダヤ系であったことによりナチス・ドイツを逃れてフランスを経由し、アメリカに移住しようと決意したのが一九三六年頃。まさにこの年、後の自伝のなかに組み込まれる最初の回想的断章「マドモワゼル・O」の第一稿がフランス語で執筆されている。ナボコフの頭のなかには、この頃すでに「自伝」となるべき書物の細かな章だてがほぼでき上がっていたようだ。彼を身体的・精神的に豊かに育んだヨーロッパとの長い別れをもたらすことになる人生の重大な岐路において、ナボコフは彼のそれまでのヨーロッパ的半生を回顧し、意味づける必要性を感じていた。そう考えると、この最初の自伝のタイトル『決定的証拠』とは、ウラジーミル・ナボコフなる人間＝作家がたしかにロシア（そしてヨーロッパ）に「存在した」という「決定的な証拠」を書き残そうとする、強い作家的衝迫を示したものであるというべきであろう。四〇余歳にしての早すぎる自伝執筆の理由も、こう考えれば了解できる。だが、作家的実存への強い意識が隠されたこの自伝のタイトルは、一般読者には探偵小説を思わせるものだった。アメリカでの初版刊行直後、同内容のイギリス版をヴィクター・ゴランツ社から刊行する際、そのことを考慮したナボコフと出版社は、表題を『記憶よ、語れ』*Speak, Memory* に改める。だがこの変更の経緯も単純ではなかった。ナボコフによれば、彼自身による最初の改題案は『ムネモシュネよ、語れ』*Speak, Mnemosyne* であったという。ムネモシュネとはギリシア神話における記憶の女神である。だがその背後には、鱗翅学者でもあったナボコフの偏愛する蝶クロホシウスバシロチョウの学名〈パルナシウス・ムネモシュネ〉*Parnassius mnemosyne* が谺していた。しかし、誰にも正しく発音できそうにないギリシア語の単語を含むタイトルは最終的には出版社によって却下され、新たなタイトルは『記憶よ、語れ』におちついた。私たちはしかし、この「記憶」という言葉の背後に、記憶の女神の具現化としての、儚くも優美なクロホシウスバシロチョウの存在を、つねに意識していなければならない［▼図p.165］。

自伝の初版刊行後二年たった一九五三年夏、ナボコフはアメリカのアリゾナ州やオレゴン州に借りた別荘を転々としながら、蝶の採集と『ロリータ』および『プニン』の執筆の傍ら、『記憶よ、語れ』のロシア語への翻訳に着手する。英語で書かれた細部の記録的な誤りを正しつつ行われたこの作業は、初版の英語において曖昧で茫漠たる記述であった部分にロシア語による別の焦点が当たり、その記憶の光景の新たな射程と広がりを再発見する特別の機会となった。それはナボコフ自身の記憶そのものの混濁や矛盾に、逆に魅惑的な光をあて、テクストの改訂・変容を通じて、作家の過去と現在をむすぶ別の認識的回路の発見へと結ばれていった。翌一九五四年にニューヨークのロシア語書肆チェーホフ出版から刊行されたロシア語版の自伝は、こうして『向こう岸』という表題とともに、内容の一部に大幅な改変を経て登場したのだった。

このロシア語版自伝の序文において、ナボコフは自己翻訳作業にかかわる様々な経験をもとにこんなことを述べている。ロシア語版は、部分的には『決定的証拠』の記述を下敷きにしてはいる。だがそもそも、記憶というものはロシア語では完全には再現できない。英語に比べてロシア語はより音楽的であり、それは精確さではなく、感情的・感覚的な揺らぎの記憶を、非論理的なかたちで描写することに長けている。したがって、ロシア語での自伝は、英語版の直接的な翻訳ではなく、一種の再-物語化にならざるをえない。もし直訳していたら、その結果は〈カリカトゥーラ・ムネモシュネ〉（＝記憶の拙劣な戯画）になっていただろう、と。ここで唐突に飛びだす、蝶の学名のようにも聞こえる〈カリカトゥーラ・ムネモシュネ〉が、〈パルナシウス・ムネモシュネ〉（クロホシウスバシロチョウ）の零落したパロディであることはまちがいないだろう。ナボコフはここでも、蝶の比喩を言外に暗示しながら、自らの自伝が、英語においてもロシア語においても、それぞれの変容態として真正の「記憶の蝶」の化身であることを、ここで宣言したのである。

こうして母語によって新たに精査され変奏されたロシア語自伝『向こう岸』をもとに、ナボコフは再度英語による自伝の改訂に取り組むことになった。一九六六年、英語における決定版となる自伝改訂版が『記憶よ、語れ――自伝再訪』と改題されて刊行される。ロシア語版によって正された細部の記憶違いなどはもちろんここに反映され、しかも、ロシア語への翻訳によって気づかされた記憶のメカニズムそのものへのナボコフ的省察が記述の細部に配置されて、この英語による改稿のなかで大いに生かされていた。
「自伝再訪」という副題のついた改訂版は、こうしてロシア語への変換作業をあいだにはさんで行われた、自伝的テクストをみずから批評的に叙述しなおす、例を見ない文学的冒険となった。改訂版自伝の序文で、ナボコフはこの複雑な変換作業の経験をこう興味深く総括している。

この、ロシア語で刻まれた最初の記憶を英語で再-話した自伝をロシア語で再-叙述し、それをもういちど再-英語化するという一連の行為は、ほとんど悪魔的な作業であることがわかった。だが私が慰められたのは、自在に変態する蝶の世界ではごくあたりまえな、これほどの多重的な変身は、自伝を書くという試みにおいてはいかなる人間もいまだ試みてはいない、という思いによってだった。(Vladimir Nabokov, *Speak, Memory: An Autobiography Revisited.* New York: G.P.Putnam's Sons, 1966, pp. 12-13. 私訳)

記憶というものじたいが揺らぎと偏差と矛盾とをともなった、捕捉しがたい生き物であることを自覚する作家にとって、その記憶の持ち主である自分自身が客観的な「自伝作者」になれるはずもなかった。自伝は、卵から幼虫へ、そして蛹から成虫へと儚い姿をもって変態をくりかえす蝶のような、あえかな記憶、すなわちムネモシュネそのものの化身として、ナボコフのなかで豊かな揺らぎをかかえた像を結んだのである。

2

ムネモシュネ、あるいはその現実のあらわれとしてのクロホシウスバシロチョウは、単に自伝のタイトルの背後に隠れているだけでなく、『記憶よ、語れ』の第一〇章のなかに、特別な存在感を持って登場する。そこでは、ナボコフが思春期にほのかな恋心をよせた少女の一人ポレンカの無防備で儚げな姿が、〈記憶＝ムネモシュネ〉の淡い靄のなかで、まさにムネモシュネの名を持った蝶との出遭いの光景として美しく物語られている。

遠くからそっと眺めるだけにしていた方がいいような、彼女［ポレンカ］の哀れな美しさのなかに、私はニンフの生れ変りを見たのだった。私と彼女が十三の年の六月のある日のこと、私はオレデジ川の川岸でいわゆるウスバシロチョウを——正確にはパルナシウス・ムネモシュネ種 *Parnassius mnemosyne* を——衣ずれのような音を出すつやのある半透明の翅と、尾状花序の花に似たやわらかな腹とを持った、古代種の珍しい蝶を——採集しようとしていた。夢中になって探し回り、そのあげく、乳白色のヤマサクランボや黒っぽいハンノキが密生した低い藪をつくっているところに迷い込み、気がついてみるとすぐ前が冷たい青い川になっていた。急に近くから人の叫び声と水のはねる音がわっと聞こえてきた。そのとき、芳しい香気を放っている藪の後ろから、ポレンカと三、四人の子供たちが数フィート離れた壊れた古い更衣小屋から出てきて素っ裸で水浴びしているのを見たのだった。(『ナボコフ自伝——記憶よ、語れ』大津栄一郎訳、晶文社、一九七九、一六六頁。邦訳は初版を底本とする。一部改訳、以下同)

全身を水に濡らし、若々しい皮膚の下から肋骨をくっきりと浮かびあがらせ、ふくらはぎを黒い泥でよごしたまま、ポレンカは腕をはすに組んで乳房を守りながら桟橋の上で震えていた。この、風にいまにも倒れてしまいそうなニンフのあやうい姿を、ナボコフはウスバシロチョウ特有の脆い半透明な翅と同一視した。ナボコフは、蝶と少女との遭遇が彼にとって同じ瞬間に実現されているという驚くべき偶然を、ここで記憶そのものの神秘として語っているのだろう。

すでに考察したように、初版自伝と改訂版自伝とのあいだで行われた複雑な改稿の経緯は、生涯を通じて鱗翅学の研究に没頭したナボコフの、まさに少年期における蝶との決定的な出遭いのシーンにも影を落としている。自伝初版の第六章において描かれた、彼の自覚的な意味での「蝶」の最初の発見の鮮やかな光景を見てみよう。

六歳の頃からずっと、窓から差し込む長方形のかたちをした陽光によってうながされた気分はすべて、ただひとつの情熱にかられてのことだった。私にとっての朝の最初の一瞥が太陽の光にむけてのものだったとすれば、そのときの最初の考えは、太陽が出れば蝶が出てくる、というものだった。はじめての体験はごくありふれていた。ある日、たまたまヴェランダの近くのスイカズラに一羽のキアゲハが――黒い斑紋とさざ波のような青い飾り模様をもち、後翅のクローム色に縁どられた黒い尾のつけねにそれぞれ朱色の目が一つずつ入っている、薄黄色の輝くばかりのキアゲハが――とまっているのに気がついたのだ。蝶は、茎から下向きにたれさがった花を長い口吻でさぐりながら、大きな羽を休みなくぱたぱたと動かしていた。（前掲書、九四頁）

キアゲハというどこにでもいる普通種でありながら、昂揚とともにその色や形態を克明に脳裏に焼き付ける少年ナボコフ。そのみずみずしい陶酔のなかで、記憶なるもののもっとも崇高で聖なる働きがこうして胎動しはじめるのだ。自伝はさらにつづける。

私は無性に捕まえたくなった。そこで動きのすばしこい召使いに頼んで、私の帽子で捕ってもらって、帽子ごと衣装だんすに放り込んだ。一晩たてばナフタリンの匂いで死ぬだろうという甘い期待を抱いたのだ。だが翌朝になって家庭教師の先生がなにかの用でたんすを開けると、蝶は力強く羽ばたいて女先生の顔に飛びかかり、すぐに開いた窓に向かい、やがてときどきひょいと降下したり、ひらりと横に体をかわしたりする黄金色の点になって飛んで行った。そしてさらに飛びつづけて東の森林地帯を越え、ツンドラ地帯を越え、ヴォログダ、ヴィアトカ、ペルムを通り過ぎ、淋しいウラル山脈を越えて、ヤクーツクやヴェルクーネ・コリムスクにしばらく滞在し、ヴェルクーネ・コリムスクで尾を失ったのちに美しいセントローレンス島にむかい、アラスカをよこぎってドーソンに着き、さらにロッキー山脈ぞいに南下して、ついに四〇年間の長旅ののち、ボウルダーの町の北にある新緑の沼沢地に咲き乱れるあざやかな黄色のタンポポの上で私に追いつかれ、捕まったのだった。
（前掲書、九四―九五頁）

蝶の捕獲もままならず、ましてや捕まえた個体の始末の仕方も知らなかった少年の失敗の顚末が、彼の周囲にいた懐かしい人物たちの挙動とともに回顧されている。かとおもえば、回想は一気に時間と空間を飛び越えて自伝が書かれた現在へと飛翔し、亡命先アメリカの遠く離れた場所に、同じキアゲハを出現させる奇想のなかで挿話が閉じられる。蝶を捕獲することと、遠いむかしの記憶を捕獲することが、ここでは同じ行為としてとらえられている。この自伝が、通常の「自伝」を超えた、批評的な自己記述の行為であることがこんな一節からも窺えるであろう。

さて、この同じ重要な部分を、改訂版『記憶よ、語れ――自伝再訪』はどのように描いているのだろうか？　文章に異同が生じる途中の部分から、引用してみよう。

はじめての体験はごくありふれていた。玄関の向かいの庭にあったベンチの湾曲した背に垂れ下がるように咲いていたスイカズラの花の上に、稀なる訪問者がとまっているのを、わが守護天使が知らせてくれたのだ。それは、黒い斑紋とさざ波のような青い飾り模様をもち、後翅のクローム色に縁どられた黒い尾のつけねにそれぞれ朱色の目が一つずつ入っている、薄黄色の輝くばかりの生き物だった。(……)
(Vladimir Nabokov, *Speak, Memory: An Autobiography Revisited.* p.120. 私訳)

発見された場所の細部の描写は、ロシア語を一度経由した改訂版ではより克明である。そして初版との大きな違いは、キアゲハ Swallowtail という種名が消えていることだろうか。改訂版でナボコフはあえてキアゲハという種名に言及せずに、守護天使が彼に引き合わせた稀なる訪問者という暗示的な言い方で、最初の「遭遇」の瞬間を強く神話化しているのだ。改訂版は、さらにこうつづいてゆく。

私はこれまでないほどの強い欲望とともに、それを無性に捕まえたくなった。すばしこいことで知られるウスティン——町の別邸の門番だったが、おかしな理由でこの夏は私たちと一緒にいなかの家にいた——がなんとかうまく私の帽子を使って捕獲に成功し、帽子ごと衣装だんすに放り込んだ。私の女家庭教師《マドモアゼル》は、一晩たてばナフタリンの家庭的な匂いにすっかり参って死ぬだろうという甘い期待を抱いたのだ。だが翌朝になって先生がなにかの用でたんすを開けると、蝶は力強く羽ばたいて彼女の顔に飛びかかり、すぐに開いた窓に向かい、やがてときどきひょいと降下したり、ひらりと横に体をかわしたりする黄金色の点になって飛んで行った。そしてさらに飛びつづけて東の森林地帯を越え、ツンドラ地帯を越え、ヴォログダ、ヴィアトカ、ペルムを通り過ぎ、淋しいウラル山脈を越えて、ヤクーツクやヴェルクーネ・コリムスクにしばらく滞在し、ヴェルクーネ・コリムスクで尾を失ったのちに美しいセントローレンス島にむかい、アラスカをよこぎってドーソンに着き、さらにロッキー山脈ぞいに南下して、ついに四〇年間の長旅ののち、ボウルダーの町外れにある固有種のアスペンの野原に咲く一株の外来タンポポの上で私に追いつかれ、捕まったのだった。（前掲書、p.120. 私訳）

ここにあるように、改訂版の記述では、家庭的（定着的）なるものと異邦的（移動的）なるものの対比の意識がはっきりと明示される。捕獲した蝶を帽子ごとタンスに入れてナフタリン（家庭的《ドメスティック》なものの象徴）で始末しようとしたにもかかわらず、飛翔を得意とするキアゲハは翌朝タンスから見事に脱出して空に消えてしまったこと。そして、このキアゲハが奇想による遥かな旅を終えてナボコフの「現在」によって自伝的記述の網に捕獲される場所は、アメリカの土着植物であるアスペン（ホワイトポプラ）の野原に咲く一株の外来タンポポの花の上である。固有種 endemic ／外来種 immigrant という唐突な表現をあえてここで使用することで、ナボコフは彼の流亡の境涯、脱領土的な移動の過去を、植物における故郷／移住の対比のなかで再考しようとしている。その、故郷への思いと亡命の境遇とが交錯するアナクロニックな時空間に、ナボコフの蝶＝ムネモシュネはまっすぐ引き寄せられるのである。

こうしてナボコフは、蝶の変容と飛翔の膂力を借り受けるようにして、自らの自伝を蝶になぞらえながら生みだそうとした。したがって彼の自伝の本質は、変身と飛翔である。そもそも第三者によって書かれる体系的・客観的「伝記」の記述とは異なり、「自伝」とはあくまで著者の「記憶」の混淆と不透明さの記録である。それは、書かれる「自分の過去」と、書く「自分の現在」とのあいだのたえざる交渉と紛争の物語にほかならない。ナボコフの自伝も例外なく、この「自伝」の興味深い政治学を反映している。彼自身が書くように、それは「地理的にはサンクト・ペテルブルクからサン・ナゼールにおよぶ個人的な記憶を相互に関連づけながら組み合わせたものであり、一九〇三年八月から一九四〇年五月にわたる三七年間を反映しつつ、そこに後の時空間がもたらした閃きや機知がわずかに紛れ込んでいる」(改訂版『記憶よ、語れ』序文)ようなものであった。

ナボコフはこの、自伝執筆時の記憶(過去)への即興的介入(現在)を「わずか」な例外であるかのように書いているが、現実の『記憶よ、語れ』は、自らの過去の記憶の不確かさに向かって、何度も繰り返し「現在時」の混濁した声をあげさせようとする、興味深い批評的な試みにほかならなかった。それはナボコフ自身のフィクション(小説)が生まれ出る記憶の母胎にたいする、別の視点からの精査であり、作家ナボコフの創造の秘密がすべて明るみに出される特別のエクリチュールでもあったというべきだろう。
記憶を創作の素材として活用することの功罪についても、ナボコフはきわめて自覚的だった。自伝のなかには、こんな考察がある。

かねがね大事にしてきた想い出を、たとえば、小説のなかの人物に与えたりすると、突然人工の世界に放り込まれるためか、それがだんだん衰弱して影のうすい存在になってしまうということは、なんども経験している。想い出が心のなかから消えてしまうわけではないが、それが個人的な暖かみや過去に誘い込む引力を失ってしまうのだ。そしてやがて私のものというより小説のものになってしまう――それまでは芸術家など近よれないように大事にしまってきたのに。だから私の記憶のなかでは何軒もの家が当時の無声映画のなかでのように音もなく崩れていった。あのなつかしいフランス人の女家庭教師の先生も、いちど小説のなかである少年に与えてしまったため、別の少年の幼年時代の先生になってしまい、彼女の面影は急速に薄らいでいった。だが私のなかの人間が私のなかの小説家に反逆する。そこで、あのかわいそうなマドモアゼルの想い出を救い出すために、ここで絶望的な努力をしてみよう。(『ナボコフ自伝――記憶よ、語れ』七〇―七一頁)

作家ナボコフにとって、記憶はたしかに小説を創造するためのかけがえのない原資だった。だが、書物のなかで仮構された現実のなかに移住してしまった記憶は、どこか他人事でよそよそしいものになってしまう。たとえば『賜物』（ロシア語で書いた最後の長編小説、一九五二）のなかの、著者自身の分身のような少年に与えてしまった女家庭教師の想い出は、ナボコフには淡い記憶の靄の彼方にかすんでゆくようにさえ思えた。そこで彼は自伝『記憶よ、語れ』を書くことで、マドモアゼルにまつわる記憶を蘇生させようとする。それがどれほど絶望的な試みであるとしても。

作家における個人的記憶というもののこうしたディレンマに、ナボコフは人一倍敏感だった。だがナボコフにおいて、蝶を通じた世代＝記憶の継承については、なによりも小説『賜物』において深く描き尽くされていることもまた事実である。この物語における主人公の父親は、少年に昆虫学の手ほどきをする中央アジア探検家という設定になっているが、そこには、フィクションの力を通じたナボコフ自身の父への愛情と感覚的記憶が、いかなる作品よりも見事に描き尽くされているように思われる。

父といっしょに森や野や泥炭の沼地を歩き回ることのこの上ない幸せや、父が旅に出たとき夏中ずっと抱き続けた父への思いや、何か発見をしたい、その発見で父を出迎えたいという果てしない夢を、どうしたら言葉で説明できるだろうか。父は子供の頃あれこれのものを捕った場所をすべて――そして一八七一年にクジャクチョウを捕まえた、腐りかかった橋の丸太も、またあるとき、ひざまずいて（しまった、逃げられた！　もう二度と捕まえられない）泣きながら祈った、川へ降りていく斜面も見せてくれたが、そういったときぼくが味わった感情を、どうしたら描写することができるだろうか。(『賜物』沼野充義訳、河出書房新社、二〇一〇、一七二頁)

父が自分の研究対象としての蝶について語るときの口調の、滑らかで均整のとれた語り口に、少年は魅了された。父が展翅板のうえで見事に蝶の標本を作り、顕微鏡のネジを回して鱗粉の形状を調べたりするときの優雅で正確な指の動きは、息子にとって魔法の実現のようにさえ感じられた。こんな描写をつうじて、ナボコフは実の父親と蝶をめぐるかけがえのない記憶の多くを、彼の小説作品に惜しみなく捧げた。『賜物』における父が長年かけて蒐集・分類した蝶の標本は、何列も並んだ細いオークの戸棚のガラス張りの引き出しのなかにひしめいていて、それはさながら妖しい魅力を発散する「家庭博物館」の様相を呈していた。「この家庭博物館こそはいわば神秘的な炉心であって、内側からペテルブルクのわが家全体を照らし出していたのだ」とナボコフは書いている。これは現実の記憶そのもののありようでもあっただろう。そして、展翅されて整然と並んだ蝶たちは、父が存在する限りにおいて存在する、ある種の人格的属性のようなものにすらナボコフには思えたのだった。こうして、蝶は記憶の化身であるばかりか、小説そのものの比喩ともなる。すなわち、作者が存在する限りにおいて存在するもの、それこそが小説の創造の根源的な秘儀であるとすれば、ナボコフは父親の蝶の属性について語ることで、彼の小説の出生の秘密をも私たちに告げようとしていたのである。

3

「昆虫学はわが家では一種の日常的な幻影と化していた。それはいわば、毎晩暖炉の前に腰をおろしても誰も驚かせることのない、家に住みついた無害な幽霊のようなものだった。」(『賜物』)こんな風に小説のなかで語られた昆虫、とりわけ蝶の世界に、ナボコフは科学者の精神を持って向き合った。父親の蔵書にあった鱗翅学の古典的著作や豪華な図鑑類を少年ナボコフは貪り読み、すでに九歳の時には自分の採集した蝶の形態を詳細に分析したのち、それが新種の発見ではないかと問う手紙を当時のロシア鱗翅学の権威ニコライ・クズネツォフに送ったりしている。以後、鱗翅学から彼の関心が離れたことは一度もなかった。ロシアでも、ヨーロッパでも、アメリカでも、そして晩年の住処スイスでも、作家ナボコフはつねに片手に捕虫網を持ち、珍しい蝶を探し求めつづけた。アメリカ移住直後、まだロシア文学を教える職に就けなかったあいだ、彼はハーヴァード大学の比較動物学博物館に研究員として所属して、中南米の特異なヒメシジミ属の形態と分類にかんする独創的な研究に没頭している。彼はあるインタヴューでこう語っている。

率直に言って、わたしは文学を自分の仕事だと考えたことはありません。書くことは、わたしにとって意気消沈と昂揚とがないまぜになったもの、いいかえれば拷問と気晴らしの混合体であり、それによって糊口を凌ごうとは少しも考えてはいませんでした。一方で、わたしがしょっちゅう夢見てきたのは、大きな博物館の片隅で人知れず鱗翅学を研究する研究員の、刺戟にみちたたゆまぬ仕事ぶりです。
(Vladimir Nabokov. *Strong Opinions*. New York: Vintage International, 1990. 私訳)

そんなナボコフにとって、彼の書物的世界と鱗翅学との関係は、作中に登場する蝶をめぐる微細な叙述だけにはもちろんとどまらない。ナボコフは自著が刊行されると、かならずその一冊を妻ヴェーラに献辞とともに捧げたが、その献辞に添えて彼はそのつど同じページに空想上の蝶の美しいデッサンを描き加えるのが常だった。たとえばある英語版の『賜物』初版の冒頭ページには、ナボコフとヴェーラの四三回目の結婚記念日を祝う献辞に添えて、架空の蝶の絵が優美なタッチで描かれている［▶図 p.166］。だがこれは単なる芸術的機知と即興の産物ではなく、深い鱗翅学的な想像力が込められた図像なのだ。蝶の画の下にある学名に注目してみよう。そこにはこうある。

Charaxes verae Nabokov ♂（カラクセス・ウェラエ・ナボコフ ♂）
Montreux, Vaud 15・IV・68（ヴォー州モントルー 一九六八年四月一五日）

これだけですでに、蝶の研究者や愛好家は静かに興奮するであろう。上段はラテン語による正式な学名、下段は採集地と採集日を示しているが、スイスのヴォー州モントルーは当時のナボコフ夫妻の居住地であり日付は二人の結婚記念日であることはすぐに了解できる。問題は上段にある学名である。鱗翅学において、学名は通常「属名（イタリック）、種名（イタリック）、命名者（ローマン体）」の順で記載される。その慣例に従えば、この架空の蝶の属名は“*Charaxes*”であり、これは実在する「フタオチョウ亜科アフリカフタオチョウ属」の正しい属名にほかならない。次の種名として記載された“*verae*”は妻ヴェーラ Vera に由来するラテン語所有格で、この種名の記載によって架空のフタオチョウがここで独立種として同定されることになる。最後の“Nabokov”はいうまでもなくこの「ヴェーラフタオチョウ」（とでも名づけられるだろうか）の命名者であり、想像力が生み出した一つの優美な蝶（＝書物）を妻に贈る夫ナボコフのことである。

フタオチョウは、蝶のなかでもきわめて種の数の多いタテハチョウ科のなかにあって、フタオチョウ亜科に属する大型で頑丈な軀体の蝶である。その下部分類としてアフリカおよび東南アジアを中心に棲息する二つの細い尾状突起を持つ色彩豊かなものが「アフリカフタオチョウ属」と呼ばれる。ナボコフの絵は、たしかに空想の蝶の姿を創造しているものでありながら、フタオチョウ属の三つの異なったグループにおけるそれぞれの形態的特徴――（1）アーチ状の二本の尾、（2）青い翅の色調、（3）黄色い縁の帯――を一つの個体のなかに合体させた、いわば「理想のフタオチョウ」の姿となっている。ロシア語で書かれた献辞には「これこそ蝶のなかのもっとも優美な種、私たちの記念日にふさわしい」とあって、まさにこの空想のフタオチョウがナボコフのひとつの至高の蝶の形態を描いたものであることを物語っている。

もうひとつの例を挙げてみよう。ナボコフ最後の長編小説となった『道化師をごらん！』*Look at the Harlequins!* は、自伝『記憶よ、語れ』のパロディーとしても読むことのできるメタフィクショナルな快作であるが、この本が一九七四年に刊行されたとき、扉にヴェーラへの献辞とともに不思議なツギハギ模様の蝶が描かれているのだ［▼図p.166］。学名には"*Arlequinus arlequinus* ♂"（アルレクイヌス・アルレクイヌス）とあるのが読みとれるだろう。

この、英語的に呼べば「ハーレクィン・ハーレクィン」という蝶はなにものだろうか？　あえて結論から先にいえば、それはこの「反-自伝」としての書物の道化的本質であり、また同時にウラジーミル・ナボコフなる作家のアルター・エゴである。この蝶の絵柄はきわめて様式化されているので、それが属する科学的な分類を割り出すことは難しい。無論"*Arlequinus*"なる名の蝶の属はない。ただし、ナボコフの分類形態学のフィールドでもあったカリブ海島嶼地帯には一般に「ハーレクィン・バタフライ」と呼ばれるヒョウモンモドキの一種が棲息しており、これは絶滅危惧種となって久しい。ナボコフはおそらくそのことも示唆しながら、ここでは『道化師をごらん！』という自著のなかで変奏される「道化師《ハーレクイン》」という言葉の多義的な含意を、ヴェーラへの献辞において蝶のかたちに造型しているというべきだろう。

この小説で「道化師」の名はときにアイリス、アネット、ベル、ルイーズら、主人公が遍歴する恋愛の相手に与えられもするが、その言葉の出現はきわめて変幻自在である。

「道化師たちをごらん」

「道化師？　どこにいるのさ？」

「どこにだっているでしょ。あなたの周囲一面に。樹が道化師なのよ。言葉が道化師なのよ。それに社会情勢も算数も。それにジョークとイメージという二つのものを一緒にしてご覧なさい、三重の道化師ができあがるでしょ。さあ、さあ、ふさいでないで、遊ぶのよ！　世界を発明しなさい！　真実を発明しなさい！」
（『道化師をごらん！』筒井正明訳、立風書房、一九八〇、一〇頁）

ここでは道化師とは、世界を構成するすべての事物に備わる深遠な属性のようなものとして語られている。道化的な遊戯として世界を創造すること、それが作家の使命だ、とでもいうように。そして別の箇所では、ついに蝶が、ムネモシュネ（記憶）にかわって、ハーレクィン（道化師）の名を与えられてよみがえる場面がある。

「あの道化師をごらん」私は慎重に指さしながらつぶやいた。
郊外の庭園の白い壁に平たく、左右対称に羽をひろげた蝶が一羽、一幅の絵をなす背景の地平線にたいしかすかに斜めの角度にとまって、陽を浴びていた。黒の斑点の合間に黄色の混ざった朗らかな赤色で、のこぎり歯状の羽の縁に沿って青い三日月形が一列に走っている。（前掲書、九四頁。一部改訳）

タテハチョウ科のコヒオドシにまちがいない精確な蝶の描写を通じて、ナボコフはこのパロディックな小説においても、蝶は実体を持った真の蝶として、現実と物語世界とを鋭利に結んでいることを示唆している。ヴェーラに捧げられた「ハーレクィン・ハーレクィン」なる架空の蝶は、道化役者アルレッキーノ特有のツギハギ服をまといながら、ナボコフの信じる機知に富む世界の複雑で深遠な道理を、こうしてみごとに指し示すのである。

4

鱗翅学者としてのナボコフへの評価は、文学の世界とは離れたところで興味深い書物的副産物を生み出してもいる。すでに述べたように、鱗翅学上のナボコフの業績の中心は、ハーヴァード大学比較動物学博物館所属時代におこなわれた、アメリカ大陸とりわけ中南米のヒメシジミ亜科 *Polyommatinae* の形態と分類に関する新説の提示であり、この業績は現在にいたるまで先駆的な仕事として高く評価されている。論文としては「新熱帯区のヒメシジミ亜科にかんするノート」(『サイキ』[アメリカの伝統ある昆虫学専門誌] Vol.52、一九四五)が有名だが、ナボコフの研究は、これまで蓄積されてきた標本個体の識別から、その分布、形態と差異、生態(卵から成虫までの全生活史)を総合して、ヒメシジミ諸属の「属」Genus の分類、「種」full species の同定、さらに「亜種」subspecies の提案も含めた詳細なものだった。こうした研究を通じて、新種としてナボコフが命名した蝶も多い。たとえば、ヨーロッパのコリドンヒメシジミはウェルギリウスの詩篇にあらわれる牧人コリドンを学名にとりいれたものであり、また小型の青いメリッサミヤマシジミは、ナボコフが単独種として命名分類してから半世紀後に、DNAによる詳細な形態分類学がその正しさを証明したものであった[▼図 p.166]。ナボコフは、北米で絶滅の危機に瀕するこのメリッサミヤマシジミをとりわけ愛し、つねにその消息に心を寄せ、小説『プニン』のなかでさりげなく言及した。

だが、ここでさらに強調したいのは、ナボコフ没後に単独種として認定された南米の二十数種類の新種のヒメシジミが、ナボコフによる中南米のヒメシジミ研究を顕彰して、ナボコフ作品にちなんだ学名を与えられている、という事実である。そうして名づけられたもののいくつかの学名と、私自身による試みの翻訳和名を挙げてみよう。

Itylos mashenka　マーシェンカチチカカヒメシジミ
Itylos pnin　プニンチチカカヒメシジミ
Madeleinea lolita　ロリータヒメシジミ
Nabokovia ada　アーダナボコフヒメシジミ
Pseudolucia sirin　シリンチリシジミ
Pseudolucia tamara　タマーラチリシジミ
Pseudolucia vera　ヴェーラチリシジミ

『マーシェンカ』『プニン』『ロリータ』『アーダ』はそれぞれナボコフの小説の作品名であり、「シリン」はロシア語で書きはじめたナボコフの最初のペンネーム、「タマーラ」はキベリタテハの想い出とともに『記憶よ、語れ』に描かれたもっとも美しい恋人タマーラから、そしていうまでもなく妻ヴェーラの名もまたチリに棲息するオスが青、メスがオレンジ色の美しいヒメシジミの一種［▼図 p.167］のなかに永遠に刻まれている。

ナボコフの書物は、こうして著者が死した後も、蝶の学名のなかに思いもかけない記憶の発火点として、静謐に、そして優雅に生きのびたのである。

蝶のように変容する記憶を生涯にわたって探求し変奏しながら、ナボコフは、ムネモシュネの結晶体たるみずからの書物の変転と宿命について、たえず考えつづけた。『賜物』の末尾にあらわれる、いわゆるオネーギン・スタンザと呼ばれるプーシキンの韻文小説『エヴゲニー・オネーギン』にもとづく韻を踏んで書かれた詩のような一節で、ナボコフはこう書いて長編小説を結んでいる。

さらば、わが本よ！　死すべき生身の目と同じく、想像に遊んだ目もまた、いつかは閉じられねばならない。ひざまずいていたエヴゲニーが起きあがっても、その作者は立ち去ってゆくだろう。（……）だが知者にとっては、私が終止符を打ったところにも境界はない。わが万象の幻のような影はページの地平線の彼方へと伸び、明日の朝にたなびく青い靄のように広がってゆく。そしてこの行も終わることはない。(Vladimir Nabokov, *The Gift.* Penguin Books, 2001, p.364. 私訳)

さらば、わが本よ、と言いつつ、ナボコフはここで、書物という存在の永遠を夢想する。死を免れない人間の生に何らかの意味を与えられるのは、作者が消え、その想像力の源泉たる視線や意識が消えても、なお書物のなかにはエヴゲニーが、すなわち作家の創造したすべての主人公たちが生きつづけ、動きつづけるからにほかならない。そして一度この書物の永続性を信じるならば、作家がどのようにピリオドを打ち、「終わり《ジ・エンド》」と書きつけようとも、すでに創造されてしまった森羅万象をかき消すことは不可能なのだ。だからこそ、『賜物』は「そしてこの行も終わることはない」という一行によって、永遠を指向することができたのである。

同じことは、生前のナボコフ最後の小説となった『道化師をごらん！』においてもいえる。この作品の末尾で、ナボコフ自身が「この自伝」を締めくくるために、といいつつこんな「古来からの陳腐な規則」をあえて引用する部分がある。

本のなかの〈私〉は
本のなかでは死なない。

「自伝」という形式の限界を模索するようにして書かれたこの生涯最後の「本」において、ナボコフは〈私〉なるものの複雑な層に深い眼差しを注ぎながら、書物の永遠に仮託するようにして、死を免れ得ない人間の自我を作品のなかで永続させようと夢想した。〈私〉という意識を媒介とする、〈この世界〉と〈他の世界〉との存在様式の複雑な連関の究明こそ、哲学的な意味で、ナボコフのすべての作品の根底にある深遠で神秘的とさえ言える主題でもあったからである。

もはや蝶を採集しに野山を駆け回ることがかなわなくなった最晩年、スイスの病床にあってナボコフは次の小説作品をインデックスカードに書きつけることに没頭していた。それが、『ローラのオリジナル』と題されるはずだった未完の、そして永遠の〈前-書物〉である。一三八枚の手書きのインデックスカードとして遺されたこのテクストは、作者の死後三二年経った二〇〇九年、カード状の原形を保持したまま印刷され、一冊の書物として編まれて奇蹟のようにこの世に生を享けた。一ページごとに実寸大のインデックスカードがそのまま印刷され、しかもカードの縁に沿ってミシン目までも刻まれて、読者は気が向けばすべてのカードを切り取って束にし、ゴムで止めて、ナボコフがそうしていたように、未完の作品を手のなかで愛でながら夢想することもできるようになっている［▶図 p.167］。

『ローラのオリジナル』の主人公フローラは、『ロリータ』におけるロリータのいわば妹のような分身であり、ロリータには不可能だった生をここで生きようとする。そしてそのなかで、『わがローラ』という題の小説内小説をめぐって見えない語り手（=作家）とフローラ（ローラのモデル）の機知に富んだやり取りが描かれてゆく。しかも物語では、すでにこの未完成に終わるはずの書物『ローラのオリジナル』が本棚の薄暗がりにもう「存在している」のだ。ちょうど「死」がすでに人間の生の傍らにつねに存在するようにして……。死期を意識しながら書かれたこの未完の本の複雑な企みのなかで、ナボコフが繋がろうとしていたのは、まちがいなく、あの〈書物の永遠〉以外の何物でもなかった。

だが、最後に書き加えておこう。ナボコフにはもう一つの未完の、すなわち永遠の本があることを。それが『ヨーロッパの蝶』*The Butterflies of Europe* である。ナボコフが手紙でたえず「私の蝶の本」My butterfly book と呼んでいたこの夢の書物は、スイスのモントルー・パレスホテルの自室で一九六三年九月から一九六五年八月にかけて集中的に書かれた未定稿として遺された〔▼図 p.167〕。彼の構想では、そこにはヨーロッパの約三〇〇種の蝶を網羅し、その重要な亜種や雌雄の違いを写真で明示し、さらに同定に必要な場合には翅の裏面の写真も掲載して、最終的には約三〇〇〇種の標本図版を擁する大冊として計画されていた。出版社への手紙で、ナボコフはこの図鑑がどれほど厚くとも、かならず開いたページできちんと落ち着くこと、図版ページには薄紙を乗せないこと、標本一つ一つに番号だけではなく学名を精確に記載すること、などじつに細かい指示をしている。書物としての感触、使い勝手、そこから蝶を媒介として彼の「世界」のすべてが立ち上がっていったこと。そのムネモシュネの記憶を、ナボコフはこの永遠の本のなかで存在せしめようとしたのにちがいなかった。

ある意味で、「私の蝶の本」は実現されてもいるのだろうか？　ロリータヒメシジミという現実の種と、ヴェーラフタオチョウという架空の種とのはざまに広がる、故郷にして異邦の草原で私が想像上の網を振り回すとき、そんなあざやかな書物の幻影が風のように私をかすめてゆく。「さらば、わが本よ！」というしわがれた歓喜の声がそこに響きわたる。

上―ナボコフの自伝の初版（左）と改訂版（中）、および『賜物』のペンギン・ブックス版（右）。背景は日本産ウスバシロチョウ *Parnassius citrinarius* の標本（著者蔵）。著者撮影。［→本文P.141］

左―スイス、モントルー付近の山野で蝶を採集するナボコフ。使い込まれた捕虫網に、ナボコフの少年時代からの持続的な情熱がうかがえる。1971年秋。©Horst Tappe Foundation

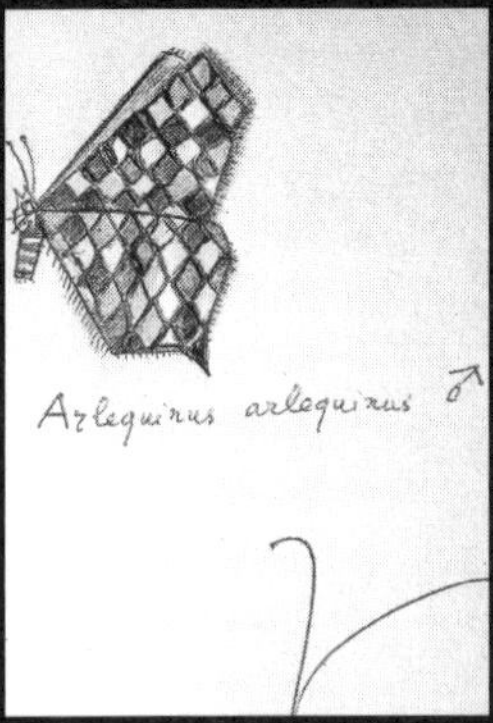

右上―ナボコフ『賜物』英語版(1963)見返しに描かれた架空の蝶の絵と献辞。結婚記念日に妻ヴェーラに捧げられた一冊。この架空の蝶の学名は「ヴェーラフタオチョウ」と訳せる。[→本文P.155]

左上―ナボコフ『道化師をごらん!』(1974)の扉に描かれた架空の蝶の絵。「アルレクイヌス・アルレクイヌス」という機知に富んだ学名が与えられている。これも妻ヴェーラに捧げられた一冊。[→本文P.157]

右下―英語版短編集『ナボコフの一ダース』(1958)の扉に描かれた架空のコヒョウモン。学名の*dozenita*は題名の「一ダース」(dozen)に「ロリータ」を思わせる縮小辞"-ita"を付けたものだが、同時にロシア語の"do zenita"(=絶頂へ)を掛けたものか。この年『ロリータ』の成功により彼の文名は絶頂にあった。

左下―自筆による修正が入った『ロリータ』刊本の扉に描かれた蝶の絵。学名による特定はないが、トケイソウヒョウモン、アパラチアジャノメ、シジミタテハなどいずれも北米に棲息する種の形態的特徴が顕著で、全米を蝶を採集しながら移動しつつこの作品を書きつづけたナボコフの記憶が反映していると考えられる。

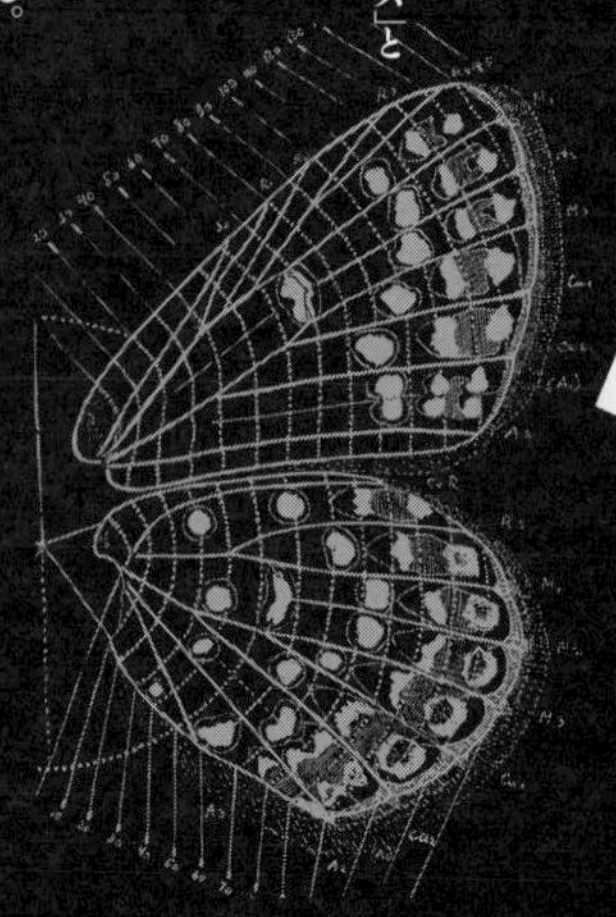

左―ナボコフによるメリッサミヤマシジミ *Lycaeides melissa* の斑紋を詳細に分析した手書き図版。鱗片の階層ごとに斑紋の形態と色を分類し、その変異を記述してゆくナボコフの手法は画期的だった。[→本文P.159]

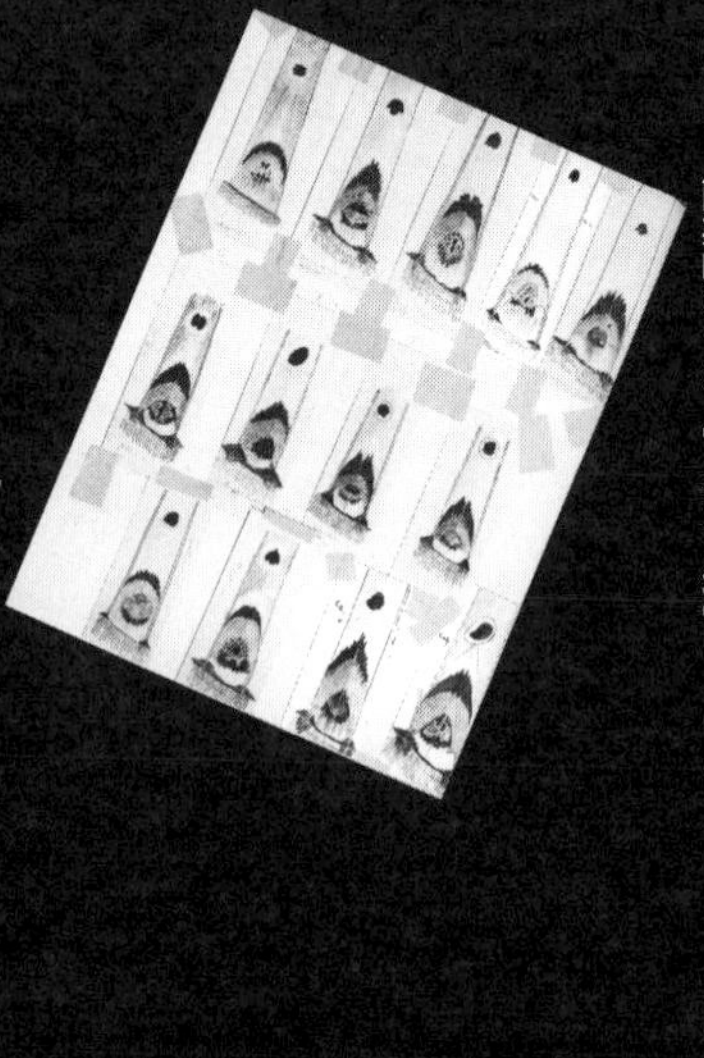

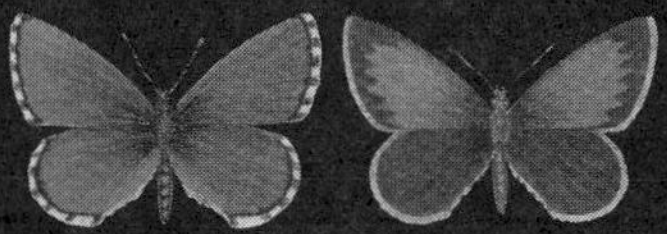

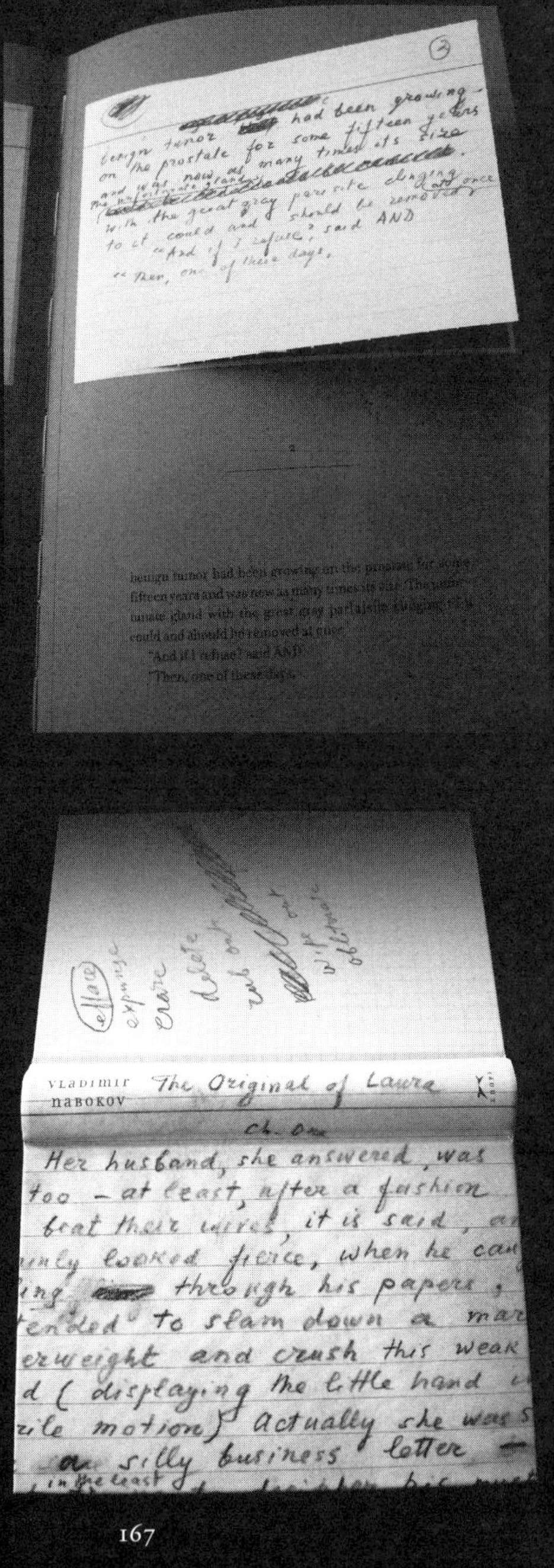

上―ヴェーラチリシジミ *Pseudolucia vera* の♂(左)と♀(右)。チリの高原地帯に棲息するヒメシジミの一種。[→本文P.161]

下―モントルー・パレスホテルの自室で『ヨーロッパの蝶』を執筆するナボコフ(1964年頃)。[→本文P.164] ©Horst Tappe Foundation

左―ナボコフの未完の遺著を刊行した『ローラのオリジナル』(2009)の原著。刊本の本文ページはナボコフ手書きのインデックスカードをそのまま印刷し、カードの縁にミシン目を入れて切り取ることができるように工夫されている。書籍が、その著者が書きつけたままの形態に戻ってゆく画期的な造本。Vladimir Nabokov. *The Original of Laura*. New York: Alfred A. Knopf, 2009. [→本文P.163]

上―フランツ・カフカ『流刑地にて』（右、インゼル刊、1999）とチェコ語訳による『カフカ短編集』（左、オデオン刊、1990）。

右―ドイツ語版『流刑地にて』（インゼル刊、1999）に収められたKarl-Georg Hirsch による挿画。「寝台」の部分の暗い孤絶感が強調された挿画。［→本文p.187］

下―チェコ語版『カフカ短編集』の「流刑地にて」のページに収められたJiří Anderle による挿画。「耙」（まぐわ）の部分の身体への刻印の苦痛が強調された挿画。
［→本文p.187］

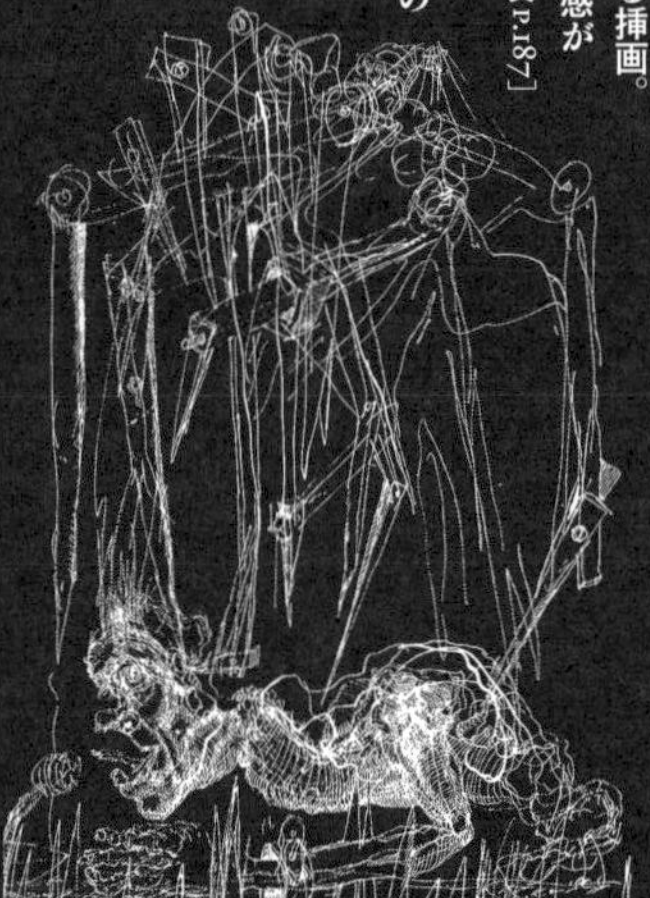

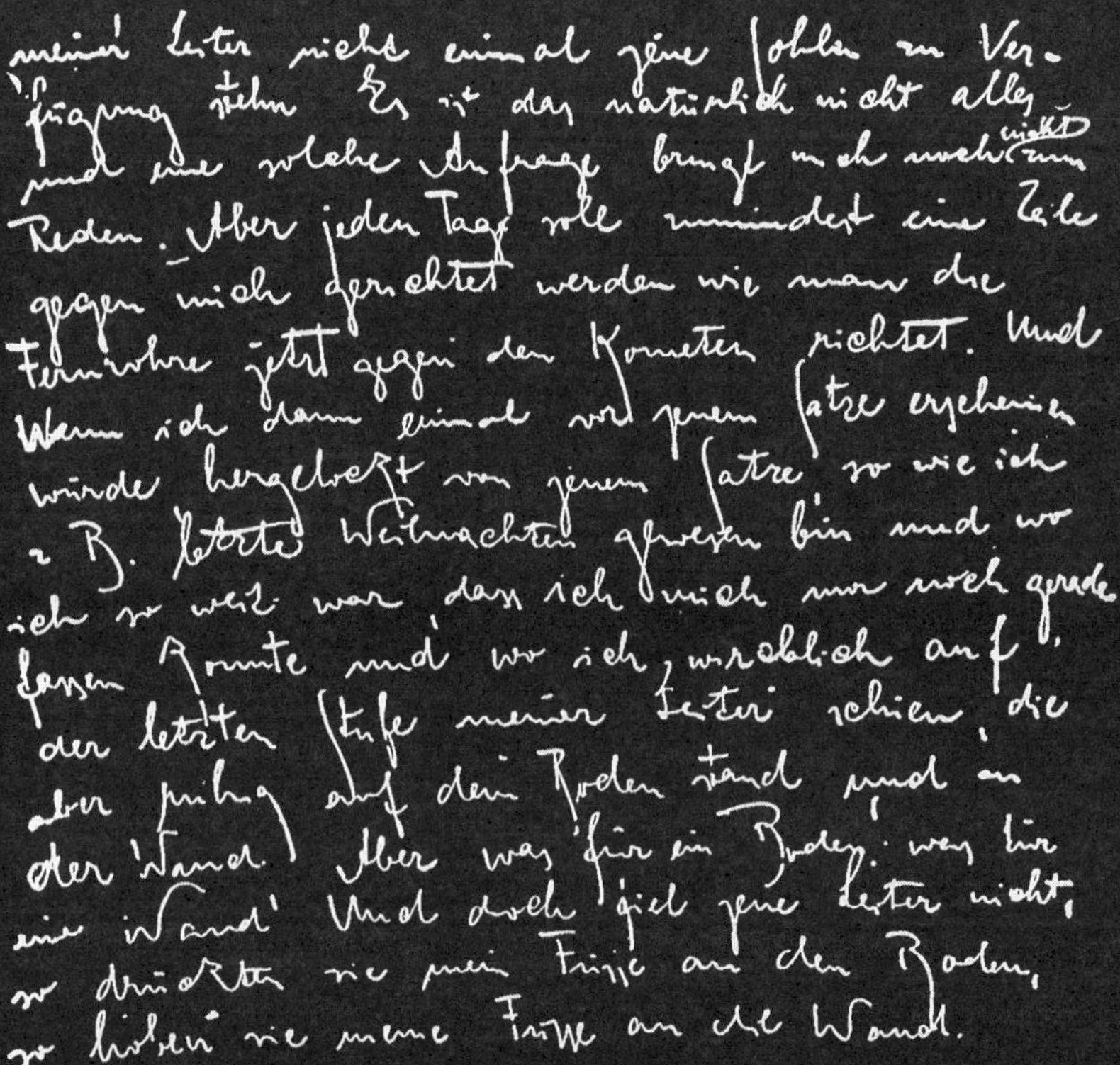
meiner Leiter nicht einmal jene Sohlen zur Ver-
fügung stehn. Es ist das natürlich nicht alles
und eine solche Anfrage bringt mich noch nicht zum
Reden. Aber jeden Tag soll zumindest eine Zeile
gegen mich gerichtet werden wie man die
Fernrohre jetzt gegen den Kometen richtet. Und
wenn ich dann einmal vor jenem Satze erscheinen
würde hergelockt von jenem Satze, so wie ich
z. B. letzte Weihnachten gewesen bin und wo
ich so weit war, dass ich mich nur noch gerade
fassen konnte und wo ich wirklich auf
der letzten Stufe meiner Leiter schien, die
aber ruhig auf dem Boden stand und an
der Wand. Aber was für ein Boden! was für
eine Wand! Und doch fiel jene Leiter nicht,
so drückten sie meine Füße an den Boden,
so hoben sie meine Füße an die Wand.

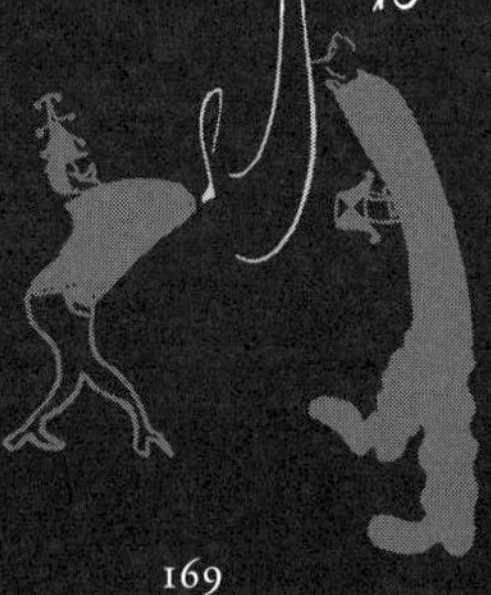

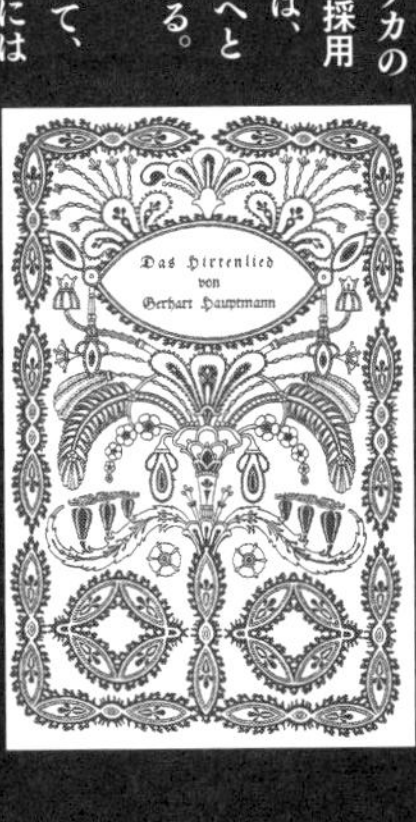

上―1910年のカフカの日記手稿。かつて採用したゴシック文字は、すでにラテン文字へと置き換えられている。この引っ掻き傷のような文字によって、カフカは生前刊本にはならなかった厖大なテクストを、その抹消への予感を込めて生涯書きつづけた。[↓本文P.191]

右―青年時代のカフカが愛読したドイツの文芸誌『新展望』の1904年の号の一ページ。ゴシック活字と装飾模様はユーゲント様式の典型だった。[↓本文P.190]

左上―1906年頃のカフカの素描。ユーゲント様式の影響が顕著に見える。[↓本文P.190]

左下―1915年頃のカフカの素描。ユーゲント様式の痕跡が失われているのがわかる。[↓本文P.191]

本の流刑地にて

長針は書き、
短針は水を噴き出す。
——フランツ・カフカ

1

フランツ・カフカに関する膨大な論考や批評のなかで、カフカを書物論の文脈からとらえる試みはこれまであまり存在しなかったように見える。もちろん、人びとはカフカと書物とのあいだの、愛憎入りまじった、だがおそらくは抜き差しならない関係に気づいてはいた。生きているあいだに、わずか六冊ほどのどれも薄い短編小説か掌篇集しか出版しなかった者が、「書物的な完成」という状況から疎外されるようにして、断片的な手稿ノートの迷宮を死ぬまでさまよっていたこともよく知っていた。

カフカにとってそもそも「書く」ことじたいがいかなる「達成」でもありえず、それはただおのれの不安や苦悩を高めるものでしかなく、しかもその書きつけた言葉が「精霊の手で向きを変えられて、投槍となって書き手に戻ってくる」（死の前年、一九二三年で終わる『日記』の最後の書きつけ）

のであれば、書物を不特定多数の読者の前に、相応の自負を持って差し出そうとする通常の作家的動機も身ぶりも、カフカには無縁だったことになる。

そのうえで、カフカにとっての「書物」なるものの苛烈な存在感、そのほとんど凶暴とでも言うべきありようは、つねに鮮烈なイメージとして彼の前にあった。創作に真剣にとりくみはじめたカフカ二一歳の年（一九〇四年）に書かれた次のようなオスカー・ポラック宛ての手紙の一文は、そのことをみごとに語っている。

ぼくらが必要とする書物とは、ぼくらをこよなく苦しめる不幸のように痛めつけ、打ちのめすものだ。自分自身を愛する以上に愛してやまなかった人の死のように、すべての人から引き離されて森の奥へと追放される時のように、そして自殺のように、それは作用する。書物とは、ぼくらの内部の氷結した海を砕く斧でなければならない。（『決定版カフカ全集9：手紙 1902-1924』吉田仙太郎訳、新潮社、一九八一。一部改訳）

書物が斧であるとしても、それを凍結した無知の内海を打ち砕く啓蒙の斧ではなく、逆にまっとうなる人間的幸福を打ち砕いて疎外と死をもたらすような痛苦の斧として語った者が、ほかにいただろうか。だがそうした破壊的な書物こそ、もっとも力ある書物なのであり、この手紙の断片だけ見ても、カフカが「書物」というものに課した要求は、きわめて厳格なものであったというべきだろう。そしてそうであるならば、そんな凶器としての書物をみずから生み出すことへのカフカの躊躇と畏怖は、また途方もなく大きなものであったと考えられる。

たしかにカフカは本を出さなかった。あるいは出版してもそれらはすべて小冊子とも呼べるほどの薄く目立たないものがほとんどだった。一九一二年、ライプツィヒのローヴォルト書店から刊行された処女作『観察』は大きい活字で一〇〇頁にも満たない一八篇の小品集であり、その後本になった『火夫』（一九一三）『変身』（一九一五）『判決』（一九一六）『流刑地にて』（一九一九）もおなじように薄い数十ページほどの短編または中編にすぎなかった。これらに、短編一四篇を収録した『田舎医者』（一九二〇）と短編四篇の『断食芸人』（一九二四、死の二ヶ月後の出版）を加えても、現在十数巻あるカフカ全集のわずか一巻でそれらの刊行本に収録された作品はすべて収まってしまう程度の量であった。言いかえれば、カフカが生きているあいだ、彼のテクストはほとんどが未完ないし断片の状態のまま、ノートに書きつけられた肉筆文字の翳として、活字にも刊本にもならずに終わったのである。

作品を書くということが本質的に私的な行為であり、そのことによって表向きにはどの作品も「未完」で、日記のように断片的なものとならざるをえないことをカフカは深く自覚していた。それはおのれの孤独と弱点を示す「私的な証拠書類」にすぎなかった。そしてすでに出版された自分の著書にたいしてすら、生前、彼はつぎのように語って、彼にとっての「書くこと」のすべてが本質的に未完成のまま「書きちらす」kritzeln《クリッツェルン》（＝引っ掻く）こと以外のなにものでもなかったという事実を告白している。

ぼくの友人たちはみんなして、ぼくの書いたものをなにかと取りあげてしまい、そのうちいつのまにか、出版契約をむすんできてしまっては、ぼくを驚かすのです。ぼくとしては、その友人たちを不利な立場に追いやりたくない。というわけで、もともと実際は、私的な手記や書きちらしたものばかりが、とどのつまりは出版されてしまうのです。ぼくの人間としての弱点をしめす私的な証拠書類が、印刷され、おまけに売られてもしまうのです。マクス・ブロートを先頭に、ぼくの友人たちが、そうしたものを文学に仕立てあげようと意をそそいだからであり、ぼくのほうにも自分の孤独のこうした証言を破棄するにたるだけの強さがないからです。(G・ヤノーホ『カフカとの対話』吉田仙太郎訳、筑摩叢書、一九六七、三三一頁。ただし、引用はジョージ・スタイナー『言語と沈黙 上』由良君美訳、せりか書房、一九六九、二五七頁)

いうまでもなく、マックス・ブロートは、もっとも親しい友人＝作家としてカフカの遺稿をすべて託され、彼自身による私的な研究が終わったあとの草稿や未定稿のすべての破棄を遺言として依頼された人物である。しかし、すでに二〇世紀の人類文化にとっての一つの僥倖として語られているように、ブロートは友の遺言を裏切り、カフカ死後、『審判(訴訟)』(一九二五)『城』(一九二六)『アメリカ(失踪者)』(一九二七)の未完の長編三作、さらには未発表の短編・小品を集成した『万里の長城の建設に際して』(一九三一)を次々と編集・刊行していった。さらにブロートは、日記の書きつけや手紙をも含む最初の『カフカ全集』(一九三五)を編纂することで、「聖性への途上にある宗教思想家カフカ」という神話を喧伝する端緒を拓くことにも大いに貢献した。

未定稿を破棄することなく公刊したブロート。ここには、カフカののこした遺稿によってまさに「斧」で砕き割られたようになったブロートの微妙な心の動きが感じられる。だがそうしたブロートの事情に配慮することなく、友人の遺言を無視するかのようにカフカの私的テクストを公刊した行為だけをもって、友人への信義と忠誠の欠如として非難する言説がカフカの死後五年ほど経って現れたとき、そうした非難にたいして「紳士のモラル」なる反語的タイトルによって批判的に応答したのがヴァルター・ベンヤミンだった。一九二九年の『世界文芸』誌に掲載されたこの短い文章は、出現した新たなカフカの「書物」が、まさに読者に震撼をあたえるその強度において、作品が公刊されることへのカフカの畏怖をも証明しているという深遠な関係を明らかにしていた。

「自分の作品を公にすることに対するこの作家の怖れは、その作品は未完なものでしかないという確信から発しているのであって、その作品を密かなものにしておきたいという意図に発したものではない」。こうベンヤミンは書き、カフカの真意が手稿の隠蔽にあったのではないことを強調する。


彼［カフカ］は、まだ自分のなかでできあがっていないもののためには、すでにできあがったものを取り下げねばならない、とまず考えた。だがそれだけではない。彼は、友人［ブロート］がそのできあがったものを救ってくれるだろう、そして自分から作品に印刷許可をあたえたり、あるいは作品をみずから破棄したりしなければならないときの良心の重荷から、解放してくれるだろう、ということも知っていたのだ。（ベンヤミン「紳士のモラル」。私訳）

ベンヤミンはここで、カフカが自作の出版への異議と、それが出版されるようにという深い意図とを、同時に隠し持ってブロートにその是非を託したことを、ほとんどカフカの内面に滑り込むようにして確信している。そして、カフカの遺稿を出版した上で、作者がそうしないようにという遺志を持っていたことをも公にすることで、ブロートはもっとも深いところでカフカへの誠実さをまっとうしたのだ、とベンヤミンは断じる。原稿を破棄せよという理由も語らず、書物として出版されるようにという隠された意思をも語らなかったカフカ。このカフカの深遠で畏怖すべき「二重の沈黙」（ベンヤミン）をまえにしたとき、友人の言葉に忠節を誓うというような「紳士のモラル」の正論的主張は、みずからの無理解をさらけだすだけであろう。ベンヤミンはこう結論づけて、カフカのテクストのなかに無数に散布された人間の生にひそむ根源的な畏《おそ》れ、その未生の息づかい、その不穏な視線に深く同化しようとした。

ベンヤミンは、ブロート編の『万里の長城の建設に際して』が出版された年に行われたラジオ放送用の原稿で、この短編集に収録された作品「皇帝の使者」を全文引用するという例外的な手続きとともに、闇から突如出現したカフカの新たな「書物」が彼に与える震撼をたんねんに批評的なことばへと移している。カフカの作品の予言性、そこで語られる現実のほとんど理解しがたい「歪み」、容赦なき「掟」の到来のまえに倒れ伏すだけの人間たち。なにか決定的な忘却の淵に落ち込み、かつて自分が人間だったことも忘れてうごめく奇妙な「糸巻き《オドラデク》」、猫と羊の「雑種」、そしてベッドに横たわる「毒虫」……。それらの歪んだ存在をただ静かに語り、いかなる対処法も示すことなく屹立するだけの書物。だがそのなかにこそ、予言的可能性のすべてが隠されている。ベンヤミンは原稿をこう結んでいる。

［カフカの］新しい物語集は（……）種を播く人の種袋である。そこに入っている種には自然の種の力があって、その種について私たちは、それがいつか数千年ののちに、墓穴から地表に取り出されて実を結ぶのだ、ということを知っている。（ベンヤミン「フランツ・カフカ『万里の長城の建設に際して』」『ベンヤミン・コレクション4：批評の瞬間』浅井健二郎編訳、ちくま学芸文庫、二〇〇七、四二五頁）

書物になる手前で逡巡していた前-書物たちは、まさにその自己放棄の身ぶりと、その内奥に隠された秘密の意図とによって、種播く人の種袋として遠い未来の時間での結実を約束されていたのである。

2

ヴァルター・ベンヤミンは、カフカを自らにたいしてもっとも親和力あるアルターエゴ（分身）

の一人であるとみなしていた。そして彼こそ、カフカ死後一〇年にも満たない時期から、すでに宗教的隠喩と暗示の織物として神話化されつつあったカフカ観の網をくぐり抜けて、もっとも本質的で深い読解をカフカに向けてほどこした最初の批評家であった。

ベンヤミンがみずからをカフカとどれほどまでに同一視していたかを語る一つの興味深い事例がある。それはベンヤミンが、彼のもっとも長く本格的なカフカ論である「フランツ・カフカ」(一九三四)のなかで、「一枚の子供の写真」という表題のもとに語りだす断章においてである。ベンヤミンは、一八八八年ごろにスタジオで撮影されたと思われるカフカの子供時代の一枚の写真[▶図 p.181]を見ながら、おなじユダヤ系商人の家庭に生まれた境遇が儀式のようにして子供に課したであろう写真撮影という不可避の記憶を共有しつつ、子供であるカフカの示す途方もない悲しみに充たされた視線に釘づけにされる。

一枚のカフカの子供のときの写真がある。あの「あわれな束の間の幼年時代」がこれほど感動的に定着されたことはめったにない。それは布飾りや棕櫚《しゅろ》の木、ゴブラン織りや画架でごたごたと飾られ、拷問部屋とも玉座の間ともとれる、十九世紀の写真スタジオのひとつから生まれてきたものである。窮屈な、いわば自尊心を傷つけるような、飾りレースを山ほどつけた子供服を着て、そこには六歳ぐらいの少年が、一種の温室風景のなかに写っている。棕櫚のぎざぎざの葉は背後でそよぎもしない。そしてこの詰め物をした熱帯を、もっと鬱陶しく息の詰まるものにする必要があるかのように、モデルは左手に、スペイン人がかぶるような、広いつばのある不釣り合いに大きな帽子を持っている。はかり知れない悲しみを湛えた目が、この目のためにあらかじめ定められた風景を支配し、この風景の深部にまで、とがった大きな耳が聞き入っている。（ベンヤミン「フランツ・カフカ」、『ベンヤミン・コレクション2：エッセイの思想』浅井健二郎編訳、ちくま学芸文庫、一九九六、一二三頁。一部改訳）

写真スタジオの書き割りと小道具に囲まれ、その疑似的な自己演出の世界から孤立無援となって世界の果てを見つめている悲しげな目。ベンヤミンは、この装置を「拷問部屋」とすら呼びながら、その捏造された熱帯世界というお膳立てのなかで疎外された幼いモデルへの深い共感を示す。よほどこのカフカの写真が印象的だったのであろう、ベンヤミンは『写真小史』（一九三一）においても同じ写真をとりあげながら、測り知れぬほど悲しみを湛えた目が、この目のためにあらかじめ定められた風景を圧倒していなかったならば、モデルは書き割りのなかに完全に埋没してしまうほかなかったであろう、と書いていた。

この写真に奇蹟的に定着された不可解で底なしの悲しみを、まさにまるごと嚥《の》み尽くすことによってのみ書かれ得たカフカの断片的な小品たち。ベンヤミンには、その拷問のような悲嘆を通りぬけた後の世界が透視できるのだった。ベンヤミン自身も、自らの幼年時代を回想しながら「幼年期《インファンティア》」そのものの実存的かつ集団的なありようを探索した未刊の書物『一九〇〇年頃のベルリンの幼年時代』（初版はベンヤミン没後の一九五〇年に刊行された）において、カフカの写真を念頭に置きながら、彼自身がスタジオ撮影で味わったおなじような違和感と悲しみとを回想している。幼年期の子供が、古代的な「模倣《ミメーシス》」の衝動に突き動かされて、自分を家具や扉やカーテンに似せようとしていたとき、写真スタジオは彼にたいしてなんと自分に似たものになるよう要求してきたのだった。そのときの途方にくれる感覚を、ベンヤミンはこう書いている。

> どこに目をやっても私は、撮影用の書き割り、クッションや柱の台座、といったものに取り囲まれていて、それらが、生贄の動物の血に餓《かつ》えた冥界の亡霊のように、私の像を手に入れんものと狙っているのだった。あげくのはて私は、アルプスの風景を粗っぽく描いた書き割りの前に立たされ（……）た。だが、アルプスの小さな牧童の口もとに浮かぶ、この苦しまぎれの微笑《ほほえ》みも、スパルマニア〔棕櫚に似た室内観賞用の木〕の影にいる子供の顔からいま私の内部へと沈み込んでくるあのまなざしほどには、ひとの心を悲しませはしない。このスパルマニアは、腰掛けや三脚、ゴブラン織りや画架が配置されて、婦人化粧室《ブードワール》のようでもあり、拷問室のようにも見える、あの写真スタジオのひとつに由来している。（『ベンヤミン・コレクション3：記憶への旅』浅井健二郎編訳、ちくま学芸文庫、一九九七、五六〇―五六一頁。一部改訳）

ここでベンヤミンは、自分自身のスタジオ写真を前に置きながら幼年期を回想しつつ、そこに、スパルマニアの葉の影にいる子供、すなわちカフカのあのはかり知れない悲しみの眼差しを重ね合わせている。ここにも「拷問室」という過激な表現があらわれることに注目すべきであろう。
ベンヤミンは、自分の写真を見ながらさらにこうつづける。

私は無帽で立っている。左手に大きなソムブレロを持ち、それを、教え込まれた通りの優美な手つきで垂らしている。右手はといえば、杖を一本持たされていて、斜めに曲がったその握りの部分が手前に見え、これに対してその先のほうはガーデンテーブルからあふれ落ちた駝鳥《だちょう》の羽飾りのなかに隠れている。(……)私自身は、身のまわりに置かれたあれやこれやに似させられて、すっかり歪められていた。貝殻に棲むやどかりさながら、私は、いまでは主のいなくなった貝殻のように空《うつ》ろな姿を私の前に晒している、十九世紀に棲まっていたのである。(同前、五六一頁)

この文章に対応するスタジオ写真は一九〇二年頃に撮影されたもので、チロル風の服をきたヴァルターは弟ゲオルクとともに、アルプス地方の田園風景の書き割りのまえでポーズをとっている［▼図 p.181］。ゲオルクが帽子を被っているのにたいしヴァルターはたしかに無帽だが、この文章の細部には不思議な錯誤がある。というのも、ヴァルターの左手には大きなソンブレロ帽などないからであり、左手を教え込まれたような手つきで垂らしてつばの大きな帽子をもっているのはカフカの写真の方だからである。意図的にか、あるいは無意識からか、ここでベンヤミンはスタジオのなかで孤立していた自分自身の幼年期を、カフカの写真の少年の目が宿す深い悲嘆と

上——一八八八年、カフカ五歳の頃に撮影されたと思われるスタジオ写真。ベンヤミンはエッセイ「写真小史」および「フランツ・カフカ」の二度にわたってこの写真に言及し、書き割りのなかに埋没したモデルの悲しみを湛えた目に深い共感を寄せている。［→本文p.177］

左——一九〇二年頃に撮影されたベンヤミンのスタジオ写真。アルプスの高原で休む二人の登山者の恰好でポーズするヴァルターと弟ゲオルク。ベンヤミンはこの写真をめぐる記述の中に、カフカの写真についての記憶を滑り込ませていた。この一体化された二人のイメージの中に、一九世紀と二〇世紀を切断する集団的な悲しみが懐胎されている。［→本文p.180］

混同するかのように一体化してとらえた。

自分の写真について回想する文章が、その細部まで精確で緻密に描かれているからこそ、逆にこの一つの大きな錯誤はひときわ目立ち、私たちに何かを伝えようとする。カフカにもベンヤミンにもともに到来することになった、二〇世紀という精神のなかに孕まれていたある切断と、ある願望とを、この一体化された二人の写真は沈黙のなかで語ろうとする。

街路、庭、家屋、家具、はては引き出しにそっと仕舞われた温もりのある手袋まで。ユダヤ系のブルジョア家庭において、そんな社会的・家族的に「生きられた」身体空間のなかの事物たちをいわば「第二の自然」として受け止め、それらのなかに擬態し、至福とともに融合していた幼年期の自己意識が、スタジオでは死んだ置物と模擬的な風景によって包囲され、窒息させられる。その状況を「拷問」と呼んだベンヤミンは、カフカにおいても、また彼自身においても、「書くこと」がそうした拷問に遠い眼差しを持って耐えることのうちから生まれる痛苦の行為でもあることを暗示していた。

3

カフカを書物論の視点から問い直す決定的な手がかりとして私にあるとき迫ってきた短編『流刑地にて』は、外在的な機械として描かれた拷問装置＝処刑装置をめぐる物語である。父親によって水死を命じられた男の、橋の欄干からの投身自殺の物語『判決』(一九一六［執筆は一九一二］)の出版から三年後に刊行された『流刑地にて』は、前作からの主題的連続性を隠し持ちながらも、主人公の行動や心理ではなく、異様な機械の運動と性能のみをひたすら冷徹に物語ることをつうじて世界の歪みの実体へと迫った異色の作品であった。
『流刑地にて』に登場するのは、処刑を執行する責任を負う一人の将校とそれを視察する旅行者、そして囚人と彼を処刑へと引立てる兵士の四人である。舞台は、熱帯地方にあるらしい孤島のなかの乾燥した不毛な谷あい。冒頭でいきなり、将校は、視察旅行者に、彼の前に置かれた精巧な装置、すなわちこの流刑地における罪人の処刑機械の細部をことこまかに説明してゆく。機械は三つの特徴的な部分からできていて、それぞれのパーツにはいつのまにか俗称がうまれている。すなわち下部は「寝台」、上部は「図案箱」、そしてもっとも奇怪な、垂れ下がった刃のような真ん中の部分は「耙《まぐわ》」と呼ばれているのだ。

「まぐわ？」（……）「そうです」と将校は言い、「うまい名前です。ほんとうの耙と同じように歯が配列してあって、操作も耙そのままです。が、動く場所が限られているのと、構造がはるかに精密な点が、ちがうのです。（……）で、この寝台のうえに犯人が横たわります。（……）この敷物のうえに、犯人が腹這いになるのです、もちろん、裸体です、それから、この革紐《かわひも》は両手、これは両足、これは頸を、それぞれしっかり締めつけます。（……）寝台と図案箱には、それぞれ電池の設備がありまず。寝台の電池は寝台用ですが、図案箱の電池は耙を動かすためです。犯人を縛りつけると同時に、寝台は運動を開始します。小きざみに、目にもとまらぬ速さで、上下左右に、振動します。（……）この寝台は、あらゆる動きが厳密に測定されている、それは、耙の動きとこまかな点に至るまで調和を保たねばならないからで、刑の執行は、ほかでもないこの耙の役目なのです」（カフカ「ある流刑地の話」『ある流刑地の話』本野亨一訳、角川文庫、一九六三、一四〇―一四二頁）

処刑装置の描写は、いかなる感情的な表現も拒みながら、即物的に淡々と進んでゆく。古くからの処刑方式に固執する将校は、この装置と処刑制度に全幅の信頼と誇りを抱いているようなのだ。そしていよいよ、耙なるものの用途が明かされる。

「われわれの判決はさほど苛酷なものではありません。この耙を使って、犯人の身体に犯行を書きつけるのです。たとえばこの犯人に例をとれば〈上官ニ服従スベシ〉と身体に彫り込むのです」（……）「自分で自分の判決を知らないのですね？」「そうです（……）知らせてもしょうがないでしょう。自分の身体に書いてあればわかることです。（……）二種の針がいろんなふうに配置してありますが、長い針にはかならず短い針が一本付属しています。長いのが字を書き、短いのは水を噴き出して血を洗い取り、刻んだ字をいっそう鮮明にします。血のまじった水はこの小さな溝に導かれ、最後にこの主溝にはいると主溝の放出管から穴に排出されるのです」（同前、一四三―一四四頁、一四七頁。一部改訳）

凄惨な拷問と処刑のありさまを淡々と、誇らしげに述べる将校の様子に耐えられなくなった旅行者は「よくわかりました」といって説明をさえぎろうとするが、将校は中断を許さない。

「まだいちばんたいせつなことが残っています」と将校は言い、旅行者の腕をつかみ、高いところを示して、「あの図案箱のなかに歯車があって、耙の運動をつかさどっています。この歯車は、判決の言葉に応じて調節されるのです。私は現在も前の閣下の言葉を使用しておりますが」（……）「お読みになってください」「わかりませんな」（……）「あなたもそのうちにきっとおわかりのことでしょうが、これが簡単な文字ではいけないわけがあるのです、つまり、文字が即座にひとを殺してしまうのではなく、平均十二時間たってはじめて殺害を行なうのでなくてはならない、しかも、六時間目にはひとつの転機が現われるよう考慮されています。それゆえ、おびただしい模様でほんとうの文字をかこむ必要ができてくるのです。（……）この六時間目という時の、なんという静かな犯人の状態！　それは、最も愚かしい犯人ですら、理性に目覚める時なのです、眼のまわりからそれがはじまり、やがて、全身にひろがっていきます。自分も一緒に耙の下に身体を横たえてみたい、そんな気持にも誘われる光景です。（……）男は、自分の傷で謎を解くのです。もっとも、終るまでには六時間もかかる大仕事ですが。それから、耙が男を串刺しにして、穴のなかへほうりこむと、男は、血だらけの水と布屑のうえへどさりと落ち、こうして裁判が終り、われわれ、つまりこの私と兵隊が、穴を埋めにかかるのです」(同前、一四八―一五一頁)

こうした精緻な描写を追いながら、私はこの処刑機械の細部が、古代奴隷制の時代から中世の宗教裁判や魔女狩りの経験をへて発達してきた西欧のさまざまな拷問器具に対応していることを発見する。カフカの描く処刑機械の姿は、たしかにその全体像を描こうとすると漠然としてはいるものの、細部においては、無数の針に覆われた「拷問椅子」、鉄のハンドルで身体を変形させる「引き伸ばし拷問台」、鉤状の金属で皮膚を引っ掻く「猫の足」、ネジで締めつけてゆく「頭蓋骨粉砕器」といった実在の歴史的拷問器具とみごとに対応している。拷問によってえられた供述に証拠能力を与えるという仕組みは、すでにローマ時代の奴隷裁判において規範化されたもので、言葉に法的な根拠を与える正規の手続きこそが拷問なのであった。倒錯的な法の権力のなかにこうしてあらかじめ組み込まれた拷問の古くからの道具立てを、カフカがここで、判決をみずから死刑囚の身体に刻みつける「耙《まぐわ》」として描き出したことには、そうした司法制度の歴史にたいする深い寓意が込められているだろう。

この奇異な処刑機械に不思議に惹きつけられ、カフカの記述に依りながらこれまで多くの画家たちがその姿を実際に描きだそうと試みてきた。『流刑地にて』の刊行本に添えられた挿画をさまざまな版からいくつか抜きだしてみるだけでも、そこには千差万別の処刑機械の姿が、微妙に異なった解釈と想像力の結果として描き出されている［▼図 p.168］。そうした想像画を見ているうちに、私はこの処刑機械が、判決の「文字」を囚人の背中に針で「刻印」してゆくという意味において、まぎれもなく一つの「印刷機」にほかならないことを実感していった。実際、挿画でさまざまに描き出されたその架空の姿は、どれも一九世紀ごろにもっとも活用されたアルビオン式手引き印刷機《ハンドプレス》や、さらに電動化されて精密化したハイデルベルク印刷機の外見に、うり二つなのだった。

『流刑地にて』はこうして、文字の印刷というかたちで受け継がれてきた一つの装置の伝統が、処刑という政治司法的な権力行為の歴史と交差する界面を示唆する、特異な小説として位置づけられることになる。このカフカの拷問＝処刑機械が、印刷機にほかならないこと、そしてその文字刻印の権能が、政治的ホロコーストの悲劇へと連続していることを、すでに批評家ジョージ・スタイナーが『言語と沈黙』のなかでこうはっきりと書きつけていた。

『流刑地にて』の拷問道具はまた印刷機である。ようするにカフカは birchwood という言葉の中にブッヘンヴァルトという名前を聞いたのである。彼はその林が彼のためにまた燃えたかのように、はなはだしい非人間性がヨーロッパ人を待ち受けているということ、そして言語の部分はその非人間性に奉仕しその過程において卑しいものにされるであろうということを理解したのである。（ジョージ・スタイナー「沈黙と詩人」『言語と沈黙　上』一一四頁。一部改訳）

ここで論じられる"birchwood"とはカバの木のことである。それは、日本語で「カバ」が「カミ」（＝紙）の語源となったという説もあるように、古来から樹皮が文字や図形を描く素材として用いられることで、古代文字文化の生成に大きな役割を果たした樹木であった。同時にカバの木は、その材が固くしなやかなために古くから鞭にも利用され、そのこともあって"birchwood"は「鞭打ちの刑」という意味をも持つようになった。スタイナーは、文字文化と刑罰文化が交差する両義的な意味を持った"birchwood"の寓意をここで示しつつ、その同じ意味連関が、「ブッヘンヴァルト」、すなわち「ブナの森」であり同時にナチスの強制収容所でもある名辞のなかにも隠されていることを喝破する。ブナ（＝"bōk"）はいうまでもなく、古ゲルマン諸語のもっとも初期的な語彙体系を形成する重要な語根となった音であり、現代ドイツ語の"Buch"や英語の"book"、すなわち「本」という語の語源となる決定的な樹木であったが、その名が、同時にナチス強制収容所の名として固有名詞化されてしまった二〇世紀の歴史を、スタイナーはここでカフカの作品の予言的な寓意として受け止めているのである。

文字の生成と刻印が、非人間性へと奉仕するある観念機構。スタイナーは、破壊的な力、抽象的な悪の力として政治産業機構をとらえる感覚がカフカにはたえずつきまとっている、と述べる。とりわけ『流刑地にて』では、そのことがぞっとするほど見事に具現化されている。司法の官僚的な流れ作業にみられるサディスティックな匿名性、殺人者の顔のない倦怠感、そして加害者と犠牲者とのあいだのおぞましい交換可能性……。スタイナーは、カフカ的予言性の真実についてこう書いている。

カフカが書いてからのち、夜の世界が数えきれないほどのドアに手をかけ、「犬のように！」死ぬために引きずられていった人びとの数はかぞえきれないほどになった。（……）グレゴール・ザムザの変身、この話をはじめて耳にした人びとは怪物的な夢として理解したものであったが、何百万もの人間に襲いかかった文字通りの運命となった。「毒虫《ウンゲツィーファー》」というこの語こそ、悲劇的透視力のなせる一言であり、かくしてナチスがあのガス攻めにする人びとを指名するところとなったのだ。『流刑地にて』は、死の工場の技術工学を予言しているばかりではない、現代の全体主義的体制にみられる、あの特殊なパラドクス――犠牲者と拷問者とのあいだに介在する微妙で淫猥な共犯関係――をも仄めかしている。ナチズムの内面にひそむ根について書かれたもので、拷問機の歯車のなかに自殺的に身を投じる拷問者というカフカのイメージと比較したとき、その精密な認識という点で、カフカにまさる書きものはない。（ジョージ・スタイナー「K」『言語と沈黙　上』二六一―二六二頁。一部改訳）

スタイナーが読みとった政治的寓意はその後の苛烈な歴史的真実をたしかに指し示していた。だがここで、彼が触れていないもう一つの謎めいた要素にも光をあててみるべきだろう。耙によって身体を刻まれつつ、六時間かけて判決文として書き込まれ、さらに六時間かけてその意味を吟味される「文字」は、囚人に処刑の理由を告げるとともに、彼の「理性」を目覚めさせ、啓蒙の光を全身で浴びる最後にして生涯唯一の機会をあたえる装置でもあった。だがそのためには、将校が説明するように、文字はただちには判読できないよう「おびただしい模様でほんとうの文字をかこむ必要ができてくる」のだった。すなわち耙は、文字を書く以上に、模様を描くための尖端なのでもあった。ここでいう「模様」とは"Zierat"すなわち飾り文字・花文字のことである。そしてそれは、カフカが青春時代にどっぷりと浸かった世紀末ハプスブルク帝国時代の装飾美学であるユーゲントシュティール様式のもっとも代表的な意匠でもあった。

青少年時代のカフカは、時代の必然としてユーゲントシュティール美学の強い影響下にあった。マックス・ブロートもカフカ伝のなかで書いているように、二三歳ごろまでのカフカは手紙においても創作の手稿においても、丸みを帯びた装飾的なゴシック書体を使用することによってこの装飾美学への帰依を表明していた。一八九〇年にベルリンで創刊された『新展望《ノイエ・ルントシャウ》』はカフカが定期購読する文芸誌だったが、その誌面にも装飾文字や花文字が氾濫していた［▼図 p.169］。若いカフカが耽読し、のちに『流刑地にて』を書くときに下敷きにしたと考えられているフランスの世紀末作家オクターヴ・ミルボーの『責苦の庭』（一八九九）は、美しい草花で飾られた拷問装置や絞首台が陰惨な物語の主人公のようにして登場する、アールヌーヴォー的装飾美学の精華のような過激な小説だった。

だがカフカは一九〇七年頃から自覚的にこの美学に背を向ける。手書き原稿からゴシック体の文字が消え、いまの私たちがよく知る簡素で飾り気のないあのラテン書体の文字が字間を広くとって原稿を支配するようになる［▼図p.169］。それはいかなる変化だったのだろうか？　カフカの作品におけるアールヌーヴォーやユーゲントシュティールの装飾美学の残存と変容を刺激的に論じたドイツ文学者マーク・M・アンダーソンは、著書『カフカの衣装』*Kafka's Clothes*（一九九二、オックスフォード大学出版）のなかで、『流刑地にて』における処刑機械がうみだす「模様《ツィーラート》」の秘密に精神史の文脈から迫ろうとする。アンダーソンがそこで指摘するように、装飾主義を排するモダニズムの造形思想の一つの重要な源泉となって後期カフカに大きな影響をあたえたのはオーストリアの建築家アドルフ・ロースの著書『装飾と犯罪』（一九〇八）であった。ロースはそこで、イタリアの犯罪人類学者ロンブローゾの『犯罪人論』（一八七六）における生来的犯罪人説――生まれつきの犯罪者はなべて筆跡狂《グラフォマニア》＝図形狂であり、刺青《タトゥー》はその典型として犯罪者ないし犯罪者予備軍を特徴づける、といった議論――を援用しながら、タトゥーのような装飾は文化の退廃を意味し、日常生活からそうした装飾性を取りのぞくことが人間の進化を保証すると論じたのだった。いうまでもなくロースの本意は犯罪者じたいを類型化して糾弾することではなく、むしろ世紀末を席巻した、生における虚飾を芸術と混同する装飾主義的なダンディズムや退廃的貴族主義への批判であり、カフカが反応したのもそうした側面であったことはいうまでもない。

　ロース流の装飾主義批判が、小説に本格的に取り組むなかで乾いた文体を模索していたカフカの関心をとらえたであろうことは想像に難くない。「書くこと」から文学的な装飾性を可能なかぎり取り払うことで、現実の不条理な歪みの実相とじかに対峙しようとしたカフカであれば、言葉の簡潔な物質性をごく機能的に活用することこそがなにより重要だったからである。文学におけるそうした即物的なエコノミーの採用は、ある意味で、過度に思弁化されてしまっていた刑法学を、ふたたび実証主義的な装いを持った生物学＝人類学へと差し戻そうとしたロンブローゾ流の疑似科学と、皮肉な連関を抱えていたのだともいえる。

『流刑地にて』における奇妙な処刑機械が判決の文言とともに罪人の皮膚に刺青のように刻みつける花文字の秘密も、こうした精神史的な思想闘争のかたわらで生きたカフカの、両義的かつ批評的な反応としてとらえねばならないだろう。たしかに判決の文字の掟は、人間の自由に最後の審判を下すものとして決定的だった。だが同時に、処刑機械＝印刷機が描き出す装飾模様は文字の掟の権能を突き破って、文字や言語の意味論の外部にある闇の領域を照らし出す。装飾によって文字の即効的な権力から離れ、図像とともに意味がゆっくりと滲みだしてくる一二時間の痛苦にして法悦の時間は、囚人にとって、処刑者である将校にとって、そして書き手であるカフカにとって、いったいなにを意味していたのだろうか？　カフカはあるときこう言っている。

人は書物のなかに人生を、まるで小鳥を籠に捕えるように、閉じ込めようとする。が、そうはいかない。逆に、人間は書物の抽象作用のなかから、自己自身を閉じ込める体系の檻を作り上げるにすぎません。（ヤノーホ『カフカとの対話』三〇頁。傍点原文）

印刷機が書物を言語装置として捕獲するように、カフカの処刑機械もまた、書物という檻にからめ捕られた人間の姿の比喩かもしれない。だからこそ、作家にとって書物は危険な器である。

そこに誰かの人生を閉じ込めて美しい歌を歌わせようと思う幻想は、逆に自分自身を幽閉する拷問装置としての書物を生産しているとも言えなくはないからである。処刑執行者が、ついには受刑者のかわりになって印刷機でもある耙の犠牲となる『流刑地にて』の結末は、書物的自閉の隠喩としても暗示的であった。そしてだからこそ、カフカは作品が書物になる直前で、つねに躊躇い、手を止め、完成を遅らせ、逡巡した。文字の掟にとらえられる前に。装飾の美への反-言語的陶酔を振り切って。そうした状況を予感しつつ、ベンヤミンはこう論じている。

長篇小説は己れ自身で事足りている。カフカのもろもろの本は、決してそうではない。それらの本は、なんらかの道徳＝教訓を、およそこの世に生みだすことなく懐胎している、そういった物語なのだ。（……）カフカの作品が未完のままにとどまったこと――そのことが、それらの本の内部で恩寵が本来的に支配しているということなのだ。カフカにあっては掟それ自体がみずからを語りだすところはどこにもないということ、まさにこのことこそが、断片［＝未完成作品］の摂理、恩寵を湛えた摂理なのである。（ベンヤミン「フランツ・カフカ『万里の長城の建設に際して』」、前掲書、四一六―四一七頁。一部改訳）

ここでベンヤミンが透視しているように、書物を、小説作品を、未完のままにとどめようとするカフカの意志は、意識的な禁止の行為というよりは、むしろ創造という行為の深い部分に沈んだまま未来のどこかを指し示している、文字以前のある種の「摂理」なのであった。それを、幼年期の非言語的な知覚を呼ぶときに使った「恩寵《グナーデ》」という同じ言葉を使ってここでベンヤミンが論じていることは、けっして偶然ではなかったのである。

4

現代の私たちの文字文化に立脚した一般的な「リテラシー」とは、「書く」行為を教会や司法制度が専門性を持った行為として独占していた中世的状況が一般人に開かれることで獲得された、近代社会に特有なひとつの大衆文化である。「文」(＝センテンス)が「判決」(＝センテンス)という意味を引きずり、本のなかの本である「聖書」(＝テスタメント)が「誓約書・遺言書」(＝テスタメント)をも意味しているのは、教会の聖職者や法廷の書記が専門的なリテラシーを独占していた時代精神が、大衆化されたリテラシーの文化のなかにも尾を引いているからにほかならない。「レイ・リテラシー」とも呼ばれるこの世俗化されたリテラシーは、たんに「文字の読み書きにつうじた能力」のことを素朴に意味しているのではない。それはむしろ、文字の存在と流通をすべての前提とした多分に権力的・搾取的な文化制度の謂でもある。イヴァン・イリイチが、言語の皮相な記号化の流れを加速するレイ・リテラシーの末路として論じているように、そこでは次のようなことが疑いもなく信じられるようになる。いかなることばも文字として固定できること(＝視角の優位)。記憶は文字としてたくわえられること(＝歴史の支配)。いかなる命令も口に出さなくとも良心のなかに文字として刻まれうること(＝暗黙の法の支配)。リテラシーの支配とは、文字文化の興隆や発展のことであるどころか、むしろ生きた日常言語の生命を文字記号へと、そしてさらには文字すら不要となった、読み書きの規律概念だけが支配する記号情報帝国へと推し進める不穏な動きかもしれないのだ。

たしかにいまや「書くこと」(＝文字)は一般大衆に開かれた。そのことによる自由と解放をただちに否定するのはニヒリズムにすぎるだろう。だが大衆に開かれたことによって、逆に文字言語は収奪され、新たに権威化され、社会資源化されて支配の道具へと利用されることにもなった。カフカの小説の暴力的な印刷機械が寓意するように、私たちは書字文化の、印刷文化《プリント・カルチュア》の果てにひろがる暗い地平もはっきりと見定めてゆかねばならない。なぜならば、もう私たちは「書いて」すらいないかもしれないからである。カフカのかたわらで、いまあらためて「書く」ことはいかなる可能性を孕んでいるのだろうか?

作曲家＝ピアニストの高橋悠治は、「音楽」の発生を手と音響媒体(＝楽器)とのあいだの始原的な「接触」の瞬間における相互的・即興的・非完結的な出来事としてとらえながら、音楽行為を、民衆と社会のなかでそのつど生起する豊かな一回性の関係としてさまざまに試行してきた。そこでの思考や実践は、また「書くこと」の発生の議論にもまっすぐつながりうる。事実、高橋悠治はカフカの手稿に早くから注目し、カフカの日記や断章をテクストとした音楽作品《カフカノート》などを創作してきた。その高橋悠治が、著書『カフカ/夜の時間』(一九八九)のなかでこう示唆的に書いている。

カフカは自分が書くことをKritzelnと称していた。ひっかくこと。文字通り紙をペンでひっかくこと。このことば自体、もう文字通りにうけとる以外にない。(……)ひっかくことは単語と、それを紙にきざみこむプロセス、さらに単語に対応する世界内の事柄のあいだのバランスを身体でとりながらすすむ。(……)センテンスではなく、単語の内部にはいりこむこと。たとえや慣用語としての単語の表面をすべりぬけてフレーズから状況をよみとろうとするのではなく、単語を抽象としてうけとるのでもなく、むしろ単語の起原にさかのぼり、その構成要素それぞれを、音色とリズムをもった具体的な運動としてとらえ、それらの組み合わせを文字通りにうけとること。(高橋悠治『カフカ/夜の時間』晶文社、一九八九、二三―二四頁。改行省略)

カフカの、書物にならなかった手稿の文字たちを眺めるうちに、この〝kritzeln《クリッツェルン》〟、すなわち「尖ったもので引っ掻く」、という人類文化にとっての原初的な運動が甦るのを感じる。それはいまや大衆化されたリテラシーがコンピュータや携帯端末の表層的なインターフェースによってほとんど完全に失ってしまった、手を通した書字運動としての「書く」＝「掻く」＝「欠く」ことの日常的な真実である。情報加算的な「書く」ではなく、むしろ引っ掻き、傷をつけ、掻き取り、削り、なにかを欠いてゆく動きのなかに、人間にとっての「かく」ことの深い消息がすべて凝縮されていたはずなのだ。カフカの処刑機械もまた、皮膚を刻み取りながら、痛みとともにその真実を私たちに定着させる、深い記憶装置なのであった。

引っ搔くことに立ち戻った文字は、記号から脱し、身体性を甦らせ、生命に音色とリズムをもった具体的な運動を与え直す。それはたとえばカフカのこんなささやかな、願いならざる願いのなかに予感されていたものかもしれない。

ひとことだけ。願いだけ。空気のうごきだけ。きみがまだ生きて、待っているしるしだけ。願いはいらない、呼吸だけ、呼吸はいらない身振りだけ、身振りはいらない思うだけ、思いもなく静かに眠るだけ。（カフカ「ノートⅡ 9」（一九二〇）、高橋悠治訳。高橋悠治『カフカノート』みすず書房、二〇一一、一三九頁）

ベンヤミンもまた、この願いを「希望」と言い換えながら、友人ショーレムあての手書きの書簡のうえを走るペンの引っ搔き音を静かに響かせるように、こう書いていた。

カフカにとって、次のことだけは疑いもなく確かなことだった——まず第一に、ひとは誰かを助けるためには愚か者でなければならない、ということ、第二に、愚か者の助けだけが本当に助けである、ということ。確かでないのは、ただ、その助けがまだ人間の役に立つのか、という点だけだ。（……）カフカが言っているように、無限に多くの希望があるのだが、ただ、われわれにとってではない。この命題には、本当に、カフカの希望が含まれている。これが彼の輝かしい晴れやかさの源なのだ。

（ベンヤミン「カフカについての手紙」『ベンヤミン・コレクション4：批評の瞬間』。一部改訳）

マックス・ブロートがカフカ伝のなかで紹介したカフカのなにげないひとこと──「われわれとは、神の頭のなかに湧いてくる虚無的な考え、自殺でもしようという思いつきなんだ」「［世界の外には］無限に多くの希望がある、ただわれわれにとって、ではないんだ」──このことばは、ベンヤミンのなかで、そしてそれを反芻する私たちのなかで、人間が自らの現実を安易に囲い込んだのちに独占し、そこで「われわれ」の希望や幸福をややもすれば偽善的に語り合う自閉世界を、鋭く現前化させる。われわれにとってではない希望にこそ、真の希望がある。外部世界に放擲された者や事物にとっての、空気の動きだけのような、呼吸だけのような、思うことすらない静かな眠りだけのような希望、願い。それはまた、愚者たちの希望のことでもあった。

未熟で不器用な者たち。幼年時代だけがその存在を感知できる、誰の前にも現われたはずの「せむしの小人」たち。『観察』におさめられた「国道の子供たち」における、森の向こうの都会に住む疲れを知らない（＝たゆみなく生きる）愚か者たち、つまり掟の重圧を知の真空のなかでやりすごすことのできる者たち。『流刑地にて』で、文字と模様の刻印を免れて釈放される囚人と、その分身のような愚かな兵士……。カフカが、ペンの先で紙を「引っ掻き」ながら書くとき、その文字以前の記憶を宿す文字は、こうした愚者たちの希望へとどこかでむすばれてゆく。けっして、われわれのものではない希望へと。

そんな希望は、どのような文字で刻まれるのだろうか？『流刑地にて』の分身のようなカフカ作品は数多い。唐突な死の命令を自己に下す「判決」。いかなる掟かも知らずにその門前で息絶えるまで過ごす「掟の門」。印刷機か拷問台の一部であるかのような糸巻きをカラカラ回転させるオドラデクの物語「父の心配」。背中に歩行者のステッキによる掻き傷を負いながら振り向きざまに落下してゆく「橋」。そして幻想的な小品「夢」では、ヨーゼフ・Kが訳も知らず自分の墓穴のなかに墜落する瞬間、自分の名が墓石にみごとな花文字として刻まれて完成するのをうっとりと見届けるのだ。ここにもまた、引っ掻かれてあらわれる「飾り文字《ツィーラート》」が出現している。だがそれを刻んだのは、ここでは残忍な処刑機械ではなく、ベレー帽をかぶった下着姿の一人の「芸術家」だった。字画の正しい、整った文字が深く石をえぐり、純金で巧みに刻まれてゆく。

Kという字は不快で、ほとんど吐き気がしそうなくらいだ。それでも、ぼくはそれを書く。それはいかにもぼくらしい特徴にちがいない。
（カフカの一九一四年のことば。ジョージ・スタイナー「K」、前掲書、二七三頁）

カフカはこうも言っていた。この「夢」の情景は、書物の手前で立ちどまったままのカフカの名を、永遠の未来にむけて種のように散布する。数千年ののちに、墓穴から地表に取り出されて実を結ぶ、あの希望の「種」である。

想像の氷山へ

氷山よ、氷山よ、
閉ざされた、はるか彼方の、
毒虫のいない国々の、
欲求なき隠者よ。
――アンリ・ミショー

0

書物とともに極地への探検行に出よう。いや、書物を脇において、書物なき辺土へと思いきって旅立とう。

おそらく、どちらでもおなじことだ。なぜなら、これから私たちが向かう先は、現実の、そして想像力の両方の領土において、書物からおそらくもっとも遠い世界だからだ。人跡未踏の、生命の存在の痕跡すら消滅した、蒼く白い極地。見えているものの海面下に、不可視の鋭い闇を隠した沈黙の巨人。本という文明のイデアは、そこで存在を抹消され、おそらくは無と化すほかないだろう。私が本を携えていても、携えていなくとも。その辺境こそ、氷山である。

書物の変容可能性を探求し、そのメタモルフォーゼの広がりと限界とを画定しようとしてきたいま、私の想像力はひとたび、〈書物〉なる形態=思想《イデア》からもっとも遠いものとしての〈氷山〉に突きあたる。書物というもののなかに凝縮された歴史と思想と身体の厚みある堆積を一方の極においたとき、絶海に聳える孤高の氷山はおそらく書物という存在の対極にある反対物かもしれない。書物と氷山とのあいだのはてしない距離を縮めることは原理的に不可能であり、その両極のあいだに、まさに「世界」のすべてが横たわっている。

　そのとき、〈氷山〉とはいったい何をさすのだろうか?


　二〇一二年二月、南極大陸西部にあるパイン島氷河の氷舌に大きな亀裂が生じたことが報じられた。NASAの地球観測衛星テラが撮影した画像で、その数十キロにわたる亀裂はだれの目にもはっきりと認められた。この氷塊が氷河から分離して浮遊をはじめれば、およそ九〇〇平方キロという巨大氷山が誕生することになるのだった。それは、ニューヨーク市全体よりも大きく、東京二三区の一・四倍にも相当する途方もない大きさの氷山が、海へと流れ出ることを意味していた。

　海洋学者や氷雪物理学者たちの考えでは、氷河の流れの先端部分でこれほど大きな氷山が分離するのは、氷河が海に流れ込む速度に変化が生じていることのあらわれである。一年に三キロほどのペースで海にむかって流れていた従来のパイン島氷河の速度が、一気に加速したと考えられるのだ。地球温暖化現象との関連も指摘されている。物理学的に見れば、氷河の氷舌の部分から大きな氷山が分離することは、大幅な海面上昇につながる要因となる。大陸の内陸部から氷河の末端に新たな氷が大量に流入してくるからで、もともと陸上にあった氷が海に流れ込むことは、最終的に海水面の上昇を招く。氷が流れ込む隙間をつくることになる分離氷山が大きければ大きいほど、その懸念は大きくなるというわけだ。

海面上昇という科学的なテーマを脇におくとしても、この出来事は、氷山、というときに私たちがイメージする、極寒の海に漂流する比較的小規模の氷塊という姿をはるかに超える、途方もないスケールの現象である。大きさばかりではない。およそ三〇〇〇年ほど前に降った雪が万年雪となって堆積して氷河の一部となり、それが数千年かけてゆっくりと下流へ移動しながら最後に氷山として分離して海に漂う。すなわち、私たちがいま見ている氷山の氷には、三〇〇〇年という長大な時間が封印されているのだ。しかも、海の上に浮かんで見えている部分は、氷と海水とのわずかな比重の違いにより、氷塊全体の一割程度にすぎない。氷山の九〇パーセントは、海中に沈んだ不可視の部分であり、それは人間の視覚的記憶や想像力の埒外にある。そしてこの水面下に隠れた氷は頑丈でかつ途方もない重量を持ち、衝突した船の板金をたやすく損傷させ、破壊する力を持つ危険なものであった。

この世で、もっとも巨大でかつ重量をもった可動物体。氷山は、おそらく人間の感覚や知性をことごとく凌駕する、ほとんど超自然的・神話的な実体としてすら見なしうるものにちがいない。その意味で、氷山は私たちの言語意識の涯てにある、想像力の極北の海に浮かぶ神秘の存在でもあった。

1

パイン島氷河末端での巨大氷山の分離のニュースからちょうど一〇〇年さかのぼった一九一二年四月、北大西洋の洋上で、人類史上もっともよく知られた、氷山と船の衝突による海難事故が起こっている。いうまでもなく、イギリスの豪華客船タイタニック号の沈没である。当時の科学技術の粋を結集して設計・建造され、世界でもっとも豪華な設備を有するとされたこの四万六〇〇〇余トンの客船は、二重底の船底をもった特別の安全対策をほどこされ、完成時には「不沈船」Unsinkableという呼称をもって喧伝された船であったが、沈没事故はその処女航海において起こった。イギリスのサウサンプトン港を出航して五日目の四月一四日深夜、北大西洋のイギリス領（現在カナダ）ニューファンドランド島沖の海域で、濃い海霧のため見えなかった巨大氷山に船体を衝突させ、船体は二つに折れてわずか三時間ほどで海底に没した。乗員乗客二二二四名のうちの約七割にあたる一五〇〇余名が水温零下二度の夜の海に投げ出され命を落としたのだった。

戦後ドイツを代表する社会派詩人ハンス・マグヌス・エンツェンスベルガーの『タイタニック沈没』*Der Untergang der Titanic*（一九七八）は、この人類の航海史上もっとも悲劇的・象徴的な災禍の一つを素材にしながら、近代の歴史過程そのものへの批判的考察を詩人みずからの苦悩や煩悶の経験にかさねあわせるかたちで語られた、壮大かつ深遠な長編叙事詩である。

一から三三までの番号が付された詩篇（＝「歌」Gesang）のあいだに、それぞれ個別の表題をもつ一六篇の短詩がはさまれた、この複雑に絡み合いながら螺旋状に展開する長編詩は、いうまでもなく、総序をのぞいて地獄・煉獄・天国篇それぞれ三三歌で構成されているダンテの叙事詩『神曲』を形式的には踏まえている。しかも本書の副題には「ある喜劇」Eine Komödie とあり、直訳すれば「神聖喜劇」La Divina Commedia となる『神曲』の表題を意識していることはあきらかだ。内容的にもダンテへの言及は登場する。例えば第二三歌と二四歌のあいだにはさまれた「鑑識課的処理」という短詩は、「それはダンテではない」という一行にはじまり「それはダンテである」という行で終わる、ダンテでありダンテでないものの虚実皮膜を語る（騙る）パロディックな戯詩となっている。

一四世紀はじめのイタリアの政治的党派抗争を背景にベアトリーチェへの個人的な至上の愛を人間の道徳的な宇宙原理へと昇華させながら歌ったダンテを踏まえながらも、エンツェンスベルガーがここで試みたことは古典叙事詩の現代的再演でも、その単なる換骨奪胎でもない。客船タイタニックが象徴する人類史におけるひとつの歴史過程、すなわち「進歩」なる概念として語られてきたものの悲喜劇的顚末を、エンツェンスベルガーはここで現実への苦渋にみちた諷刺として、多彩に変奏しながら語ろうとする。

冒頭「第一の歌」において、タイタニック号沈没の情景はこう描写される。

きしむ音。こすれる音。裂ける音。／これだ。氷でできた指の爪か何かが／ドアのあたりをひっかき、停止する。／／何かが裂ける。／涯知れず長く伸びる麻布が、／雪白の細長いカンヴァスが、／はじめはゆっくりと／しだいに速度を加えて／ぐゎあと、まっぷたつに裂けてゆく。／（……）／これが始まりだった。／終りの始まりは／いつだって目立たない。／／十一時四十分だ／船内は。吃水線の下で／鋼鉄の皮膚がぱっくりと／／二百メートルにわたって口をひらく、／想像もつかない／ナイフに切り裂かれて。／水がなだれこむ、船室から船室へ。／灯火きらめく船体のそばを／音もなく、海抜三十メートルの高さの／／暗黒の氷山が滑り／去ってゆき、ふたたび／闇のなかに戻ってゆく。（「第一の歌」『タイタニック沈没』野村修訳、晶文社、一九八三、一三―一六頁。原文改行は／で示した。以下同）

ここまでは、ある意味で歴史的出来事の再話であると読めるかもしれない。たしかにタイタニック号をめぐる史実はきちんと踏まえられている。引用される時刻や数値データも正確だ。が、だからこそ、そうした即物的なリアリズムの装いが、逆に私たちを寓意の渦のなかに一気にのみ込んでゆく。なぜなら、この屈折した長編詩がタイタニック号の事件じたいを再話するものではありえないことを知っているからだ。なんのために、エンツェンスベルガーはこの本のなかに、氷山に衝突して沈没する豪華客船の比喩をマスタートロープとして注入したのだろうか？　読者の読みの照準は、ただ一点、ここを目指しながら、言葉とイメージの螺旋のなかを彷徨してゆく。するとと詩篇はすぐさま史実から去って、エンツェンスベルガーの記憶と内的幻影を万華鏡のように反映しはじめる。詩人がこの作品の執筆を最初に思い立ち、完成させたのは、ハバナに滞在していた一九六九年のことであった。

あのころのハバナを想いだす、建物の壁は剝げ落ち／すえたにおいが港にはよどんでいた。／花盛りだった昔はなまめかしく萎れてゆき／いまや懐かしき十ヵ年計画を／窮乏が日に日に蝕んでいた。／そしてぼくは書いていた、『タイタニック沈没』を。／（……）／当時は沈没について考える者などいなかった、／ベルリンでさえ。ベルリンはとっくに自分の沈没を／やり過ごしていたというのに。／キューバの島は、ぼくの足下で揺れてはいなかった。／ぼくらは感じていた、近い将来に希望がやってくると、／何かがぼくらの手で生みだされるはずだと。（「第三の歌」。スペイン語版 Hans Magnus Enzensberger, *El hundimiento del Titanic.* Traducción de Heberto Padilla. Barcelona: Anagrama, 1986, pp.14-15. 私訳）

世界中が民衆革命の期待に沸いたキューバ革命からちょうど一〇年。一九六九年のハバナは、ふくれあがる自由と解放への期待が、革命イデオロギーの非寛容を露呈させることになる新たな言論弾圧の現実のなかであえなく萎んでゆくことになる、まさに転回点にあった。政治的・文化的祝祭への期待は高まっていたが、政治的昂揚は臨界を超え、理念だけが暴走しながら矛盾をさらけだそうとしていた。祭はついにやって来なかった。

そうした状況を象徴的に示したのが、キューバの詩人エベルト・パディーリャの逮捕と自己批判の強要、そしてその投獄をめぐる出来事だった。純粋な文学的・芸術的探究者を、革命へ奉仕することのない徒食者として断罪する端緒となった一九七一年の「パディーリャ事件」こそ、キューバの、そしておそらくは世界全体にひろがる政治的・思想的不穏の始まりを告げる予兆であった。「エベルト・パディーリャがタバコを吸っていた／彼はまだシャバにいたのだ／だがもう誰も彼を覚えてはいない／消えてしまったのだ／わが友、救いがたい友」（「第三の歌」私訳）。こうエンツェンスベルガーが書いたように、一九六九年においてパディーリャは彼の日々の友であり、『タイタニック沈没』の初稿が失われてそれを八年後にベルリンで一種の「偽作」として書き直すことになった一九七七年においては、すでに投獄されて世間から消えてしまった友であった。そしてパディーリャが一九八〇年にアメリカへと亡命した後、パディーリャは『タイタニック沈没』をみずからスペイン語へと翻訳することを通じて、おのれの亡霊のような存在を書きとめてくれていたドイツ人の旧友にたいする痛苦の返礼を果たすことになる（そうした関係性を深く受けとめるため、ここではとりわけハバナにかかわる叙述が登場する部分にかんしては、適宜パディーリャ訳――エンツェンスベルガー自身もスペイン語への翻訳に協力している――の『タイタニック沈没』も参照しながら私訳してみることにする）。

詩人のハバナにおける過去の回想はつづく。この熱帯の島で、彼らは何かを探しながら、決定的な何かをなくしてしまっていた。アメリカ消費文明の象徴だった大型車キャディラックのスクラップの上には、雑草が生い茂るだけだった。もうラム酒も、バナナすらも、ふんだんにはなかった。いや、そんなものを求めていたのではない。人びとは解放のこと、電球があり乳牛がいて真新しい機械がある未来のことを語りつづけていた。だがそんな幻影がハバナの港にたちこめる霧のなかに消えていったとき、詩人は驚くべき氷山の姿を水平線に幻視することになる。

ぼくはぼんやりと外を眺めた／カリブ海につきだした桟橋の向こうを／そのときぼくは見たのだ、すべての白いものよりも／ずっとずっと大きく白いものを、はるか遠くに。／それを見たのはぼくだけで、ほかの誰も見はしなかった、／湾内はまっくらだった、夜空に雲はなく／黒い海は鏡のようになめらかだった、／そこにぼくは見たのだ、氷山を。途方もなく高く／冷たく、さながら凍った蜃気楼のよう／それはゆっくり動いていた、取り消しようもなく／白く、ぼくに向かって。（「第三の歌」『タイタニック沈没』前掲書、三〇頁。スペイン語版に依り訳を一部変更）

こうしてふたたび、詩人の想像力は氷山に向かって対峙する。けれど、この氷山はタイタニックが衝突することになったあの氷山ではもはやない。それによく似た、だがそれよりもはるかに巨大で、途方もなく荒々しい凶器を海面下に隠し、時代の先端を切り裂こうと身構える、隠喩としての不穏な氷山である。

氷山がぼくらに迫ってくる／さからいようもなく。／／見よ、それは身を切り離す／氷河の絶端から、／氷河の足もとから。／そう、それは白い、／それは動く、／

そう、それはずっと大きい／海上で／空中で／あるいは地上で／動くすべてのものよりも。／（……）／氷山は未来をもたぬ。／それは流されてゆくだけだ。／氷山をぼくらは／利用できない。／それは疑いを知らない。／換金できない。／情趣なんてものは／得手じゃない。／それはぼくらより大きい。／ぼくらに見えるのはいつだって／そのはしっこだけ。／（……）／それはぼくらなど関知しない、／寡黙にただよいつづけ、／何も必要とせず／繁殖もせずに、／溶解する。／あとに何も残さない。／それは完全に消える。／そう、そういわざるをえぬ——／完全に。

（「氷山」前掲書、四八—五二頁）

氷山を前に詩人の無力はきわだつ。いつのまにか、タイタニックの船内から丸窓を通して、詩人は外の景色を見ている。そこには、国籍や場所が混沌となった万華鏡のような世界のなかでうごめく群像が見える。はらんだ妻を連れたアジア人たちがカザン駅やオムスク駅で毛布をかぶって野営している。ハバナ市街が熱帯の夜をしたがえて眼下にきらめき、ビルのエレベーターから失業者がぞろぞろと出てくる。靴墨を食べて口を黒くしたノルウェー人が操舵室の横にしゃがみ込んでいる。戸外で野営していたアラブ人たちが古新聞に火をつけ、煙のなかに姿を消した。ろばの肉をむさぼり食らう敗残のリーダーたち。狂ったヴァイオリニスト。椰子の繊維の使い古した敷物。夜間用照明。廊下の消火ホース。そんな幻影たちがめくるめくばかりに脳裏を去来するなかで、不吉な泥まじりの雪がひっきりなしに窓ガラスを叩きつづけている。詩人は孤独を感じる。すべての消えゆく者たちが見える。彼の前、彼と同時に、そして彼の後に沈むすべての人が互いに交信しあっている。公称トン数四万六〇〇〇トンの彼の頭脳のなかで。

依然として残るものはある——／瓶、船板、デッキチェアー、松葉杖、／寸断されたマスト。／漂流する木片が残っている、／ことばの渦巻きが。／歌声、嘘、遺言の断片が／踊っている、ぼくらの後方の水面に／コルクのように浮きつ沈みつしている。（「第二十九の歌」前掲書、一七七頁）

終末の予兆が彼の頭をかけめぐる。破壊の衝撃は時代の権力の歯車が回転してゆくときの凶暴な音のようにも聞こえたであろう。沈没のあとに漂流する船の残骸や言葉の切れ端が、ひとつの時代精神の廃墟の姿を詩人に突きつける。

幾年もまえからぼくらはなじんでいた、／災厄がぼくらに／迫っていることに。／残存危険率とか、水漏れとか、あのころはそんな／ことばがあった、容認可能な最大限の事故とか。／やれやれ、とぼくらはいった。なんという時代だったのか！
（「第三十の歌」前掲書、一八六頁。一部改訳）

詩は驚くべきアクチュアリティをもって、私たちの「いま」へと寓意を繰り出す。「残存危険率」とは、対策がほどこされ二重三重の安全性が保証されている装置であるにもかかわらず、なおも残る危険性の確率のこと。氷山はどの時代にも、私たちの未来の水面下で凶暴な氷の刃先をこちらに向けて屹立しているのだ。

沈没へと至る最後の時間にむけて詩人は想像力をはたらかせる。船酔いにかかった者たちがいただろう。酔っていない者たちは泣き、闇のなかで愛しあっただろう。絶望した者たちは、友であれ敵であれ、無言で打ちひしがれたまま互いに寄りすがっていただろう。詩人が目を閉じて幻影のデッキチェアに腰を沈めると、くるぶしのあたりにピシャピシャと水が触れた。必然が、偶然のような顔をして、人びとをここに漂着させたのだ。残った者たちは、最後の呼吸をしていた、おなじ運命のデッキの上で。熱帯の夜、くるぶしをぬらす海の水は温かかったのだろうか？ こうして最後の歌が書きつけられる。

ぼくは、肌までずぶぬれで、ぬれたトランクをもつ人物たちになっている。／見ればかれらは傾斜面の上に、風にさからい、／斜めに降る雨を受け、茫と立っている、断崖のふちに。／（……）どこから来たのだろう、／幾千幾万とも知れぬこれらのびしょぬれのトランクは？／からっぽで、持主なしで水に浮いていて？ 泣きながらぼくは泳ぐ。／何もかも、とぼくはわめく、昔のままで、横揺れしていて、／統制されていて、流れていて。ひとびとはたぶん溺れたろう、／斜めに降る雨のなか。つらい、かまわぬ、泣きたい、でもいい、／茫と、はっきりしない、なぜ。そう泣

きわめきつつ、ぼくは泳ぎつづける。（「第三十三の歌」前掲書、二〇五―二〇八頁）

生還者か、溺死者か、あるいはすでに亡霊でもあるのか。いまやタイタニックは幽霊船のような恐ろしい姿となってイマジネーションの海へと再浮上し、私たちの過去と未来を結ぶ歴史のあらゆる瞬間に介入する。この幽霊船がただよう暗い海に浮かぶ氷山は、そのときいったいなにものの比喩となりうるのだろうか？　エンツェンスベルガーが私たちの想像力へと召喚することになった氷山は、「進歩」や「自由」といった理念の海で座礁してしまった人類の姿を冷酷に映し出しながら、無言のまま、白い巨魁として立ち尽くし、やがて溶解し、完全に消えてゆく。それは、証言不可能な現在そのものの隠喩なのだ、と詩人は言おうとしているのだろうか。

2

私たちの歴史意識への警鐘としてではなく、自己の究極の内面へと潜航することで、意識と物質の臨界を超えて氷山という存在に近づこうとしたもうひとつの書物が、J・M・G・ル・クレジオの『氷山へ』*Vers les icebergs*（一九七八）である。凜とした簡素な造本も含めて、氷山へのこの直截で思弁的な接近が、エンツェンスベルガーの歴史哲学的な叙事詩『タイタニック沈没』と同年に刊行されていることは、単なる偶然ではない。世界の無意識のなかで、このとき氷山を呼び出すなにかの欲動が、書物の形をとりながらうごめいていたにちがいない。書物が、歴史と自己意識の深淵から、書物からもっとも遠いなにかを想像することをそのときたしかに渇望していたのである。
ル・クレジオの『氷山へ』は、ひとつの凝縮された、観念の旅の記録である。だがこの旅には異形の先人がいた。夜鳥の叫びのような声をもって語り、薄墨を吐き出しながら微細な足跡模様をのこす蝸牛のように描く、詩人＝画家アンリ・ミショー。この、旅の偉大な先人のくりだす言語にたいするル・クレジオの憧憬と没入は特別のものだった。ミショーの初期の詩集『夜動く』*La nuit remue*（一九三五）におさめられた一七行の詩「氷山」を、「フランス語が生み出したもっとも美しく、もっとも純粋で、もっとも真実な詩のうちでも究極の」一篇であると呼びながら、この詩を旅の駆動装置として、ル・クレジオは自己の言語意識のもっとも深部にある秘儀的な場へ接近しようとした。

ワシの視線、コヨーテの耳、ヘビの鱗、巨大なサメのすばやい動き、宙を飛ぶハエの敏捷さ、あるいはクラゲのゆったりとした浮遊。これらの生き生きとした秘密はすべてミショーの言葉のなかにある。なぜなら、彼の言葉は論理的思考からではなく、リズムから、運動から生まれているのだから。（……）これらの特徴の一つだけでもその果てまで追い求めようとすれば、われわれは多くの日々を必要とするだろう。詩人がすでにおのれの住処と定めたあの誰も知らない領土の海域を思いきって見ようとすれば、われわれは全生涯をかけねばならないだろう。（J.M.G.Le Clézio, *Vers les icebergs.* Fata Morgana, 1978, p. 8. 私訳、以下同）

ル・クレジオを、そして私たち読者を、論理ではなくリズムと運動からできた言語意識の生誕地へといざなうミショーの声は、〈北〉の海域から響いてきた。もっとも鋭い光、もっとも清冽な空気、もっとも丸い空、もっとも透明で暗い海のひろがる〈北〉の涯てから。北の海の始原のリズムと運動に共振する生まれたての言葉が、そこではふるえていた。


〈氷山〉よ、〈氷山〉よ、永遠の冬にそびえる宗教なきカテドラルよ。惑星地球の氷帽につつまれたものよ。

冷気によって生まれたお前の稜線はなんと高く、なんと純粋であることか。

〈氷山〉よ、〈氷山〉よ、北大西洋の背、瞑想不可能な海の上で凍りつく崇高な〈仏陀〉よ、出口なき〈死〉のきらめく〈灯台〉よ、幾世紀もつづく沈黙の狂おしい叫びよ。

(Henri Michaux, "Icebergs", *La nuit remue.* Gallimard, 1935, p.93.私訳)


このような〈北〉からの、冷気をつんざくようなミショーの熱した声を聞きながら、ル・クレジオは確信する。「そう、われわれが赴くのは北方なのだ」(Le Clézio.前掲書 p.22)と。そこで人びとはかぎりなく純度の高い冷気を感じとり、どこよりも鋭利な光を目撃する。旅人は、内陸から海岸の縁へとゆっくり移動してくる氷河の流れに触れ、その永遠の運動性に震撼する。そこから巨大な白い神々が、海中へと身を投げながら立ち上がる。原初の言葉はこの神々のなかで生まれ、神々の声として不可視の王国を永遠に治めているのだ、とル・クレジオは直感する。

われわれが探し求め、待望していたのはこの神々だ。神々は一挙に現われた。氷河から荒々しく引き抜かれ、海が解放した流氷の破片であるグリーンランドやスピッツベルゲン島から切断されて。神々は、さらなる北から、誰も知らない断崖を離れ、名も知れぬ島々からやって来る。神々は沈黙のなかに君臨する。けっして人間の言葉に耳を傾けることのない神々の彫像。むかし神々は、恐るべき氷河の地割れから誕生し、生まれてすぐに前方に身を投じ、黒い水のなかに潜ったのだ。(Le Clézio. 前掲書 p.28)

言語意識のもっとも深部にある、原初のことばの神秘は、この氷山の誕生の場所を古い極地の名前として刻んでいる。ル・クレジオはそうした魔術的な音、野性があげる静謐な唸り声を列挙してゆく。アングマグサリック。ナノルタリック。デゾラシオン岬。チューレ。ウペルニヴィック。カンガチャック。ロモノーソフ海嶺……。意識の砕氷船にのった言葉が、危険な氷山を回避しながら、温度計が世界でもっとも低い目盛りをさす場所場所を巡航してゆくかのように。そしてミショーに導かれてたどりついた言語の生誕地には、もはやたったひとつの単語しか存在しなかった。その、北極星のように孤独に輝く、不動の語のまわりには、沈黙の夜がひろがるばかりである。言語の消失点、すなわち書物の消失点。ミショーがパステルや墨をつかってもっともミニマルな形態を画家として創造したとき、それらもまたたったひとつの単語へと還元された極地の文字形象の姿なのかもしれなかった。

ル・クレジオはそこに辿りつくことを欲した。その究極の一語が、たったひとつの文字形象としての白い尖塔が、強度ある物質《マチエール》として君臨する場から、長い航海を経てふたたび都市へと帰還しようとした。ミショーの詩の極小の声を聴きながら、極北の楽園を抜けて、神々の通り道をつたって。

たしかに神々の声は、いまや私たちの現実の生からはるかに遠ざかった。いや、それはもともと、北の氷海のかなたで静かに揺れていたにすぎないのだ。氷山から遠く離れて温かくなった海の周囲に、たくさんの島、岬、半島、山々、デルタ、そして沖積平野が現われた。都市は、寒気から遠ざかり、オーロラの舞う丸い空から離れ、自らの壁をせっせと煉瓦やコンクリートで塗り固めながら神々の言葉を忘れ、論理と騒音とによって飾り立てられた言語を使って文明の仕事をはじめていった。北からの呼びかけに耳をふさぎ、北極星の控え目な輝きを無視し、蒼い海底を遊泳する鮫や鯨の影を見失ったまま。

ル・クレジオは『氷山へ』に先行する哲学的エセー『物質的恍惚』（一九六七）において、自己をひたすら再生し複製することにかまける言語的暴力にむけて、極限の呪詛のことばを放ちつづけた。言語と書物の洪水のなかで記号が増殖し、それらが自己の存在を肩代わりしてしまう悪夢と格闘しながら。

ぼくがいかに鏡に蔽いをかけようと、いかに本を閉じ、絵を隠そうと、いかに写真とか、ぼくが現にいることとの慣れ親しんだしるしの数々を無に帰してしまおうと甲斐はなく、ぼくはつねにいるのだ。いったいこうやって、ぼくはどんな復讐をぼく自身に対して追い求めているのか？　いったいどんな古い恨み、どんな千年戦争をぼくは自分にしかけているのか、こんなふうに自分を晒しものにし、自分を断罪することによって？　ぼくを容赦なく追求してくる、これらの印刷された本の中には、何があるのか？（ル・クレジオ『物質的恍惚』豊崎光一訳、岩波文庫、二〇一〇、二八八頁。改行省略）

無と永遠のはざまで、誕生と死のあいだに宙づりになりながら、ル・クレジオは本のなかで沸騰しつつ柔らかく茹でられてゆく言葉の悲惨を書きとめた。アパートで生暖かい汗をかく汚れた壁にはりついて振動する冷蔵庫のなかに手を入れて、小さな氷柱に触れることしかできない現代人にむけて、北極星のもとで屹立する白い神々たちの遠い呼びかけに注意をうながすように。『氷山へ』はその意味で、書物の消失点へと差し出された、存在不可能な書物であった。

3

ル・クレジオがミショーを介して言語の生誕地として至上の意味を与えた〈北〉という地勢。

その〈北〉を自らの出生の場所として深く抱きながら、南北に引き裂かれた自己と都市文明との不可能な調停をめぐって詩作した詩人、エリザベス・ビショップの特異な形而上詩「想像の氷山」The Imaginary Iceberg に最後に触れておこう。北米マサチューセッツに生まれ、父母から離れて幼少から北大西洋につきだした荒涼たる半島ノヴァ・スコシアで育ち、六七年の生涯にわずか九〇篇ほどの詩を発表しただけのビショップは、アメリカの二〇世紀の詩人のなかでももっとも寡黙な、そして一語のなかにもっとも豊饒かつ苦渋に満ちた意味と経験を凝縮しながら書いた孤高の詩人であった。

彼女の第一詩集『北と南』*North & South* は一九四六年に刊行されたが、その冒頭を飾る佳篇「地図」The Map につづく二番目の作品「想像の氷山」はビショップの大学卒業後の最初の刊行作品として彼女の二四歳の年である一九三五年に書かれ、雑誌に発表されている。ニューファンドランド島にほど近い同じ北の海を臨むノヴァ・スコシアを魂の故郷とする「孤児」ビショップにとって、彼女が生まれた翌年に起こったタイタニックの海難事故は、後の人生のどこかで、存在論的な孤愁をかきたてる彼女の秘められた個人伝説として、体内の海のどこかで浮沈を繰り返す出来事となったのかも知れない。「想像の氷山」はこう印象的に始まる。

船よりも氷山がほしかった
たとえそれが旅の終わりを意味するとしても。
まわりの海がいちめん大理石の清冷に揺れるなかで

氷山だけが暗い岩のようにじっと立ち尽くしているとしても。
船よりも氷山がほしかった
雪が解けぬまま海の上に降り積もり
船の帆が海面に触れんばかりに傾いても
この呼吸する氷雪の平原をわがものとする方がよかった。
おお、浮遊する荘厳な雪原よ、おまえは知っているのか
氷山がおまえの傍らで眠っていることを
目覚めればそれがおまえの雪を
牧草のように食べながら立ち去ってゆくことを。

二四歳にして、ビショップにしかありえない詩語の怜悧な彫琢と、具体と観念のあいだの機敏な修辞的移動が、すでに技法としてははっきりと顔をもたげている。だがなにより、「船よりも氷山がほしかった」という印象的な繰り返しが、ビショップの痛苦の憧憬のありかを指し示す。凍りついた体内の氷海を打ち砕く衝撃の斧になることこそが書物の使命だ、と決然と宣言した若いカフカのちょうど反対側から、ビショップは北極海の凍りついた地勢が胚胎する自律的運動のほうに深く魅惑されている。なぜなら、その運動は、氷山という、不可侵で危険な量塊《マッス》、人間の魂の内部にある瞠目すべき富となるべきものを生成するからである。人生の長旅に疲れてゆく未来をすでに透視するように、彼女はここで旅客であることを拒み、船から氷山に乗り換えようとす

る。ビショップの詩はこうつづく。

この光景に水夫たちは視線を釘づけにされた。
船のことはもう頭に入らない。氷山は浮きあがり
ふたたび海に沈み込む。ガラスのように透明な尖塔の連なりが
中空によどんだ省略語法《エリプティクス》を正す。
そしてこの光景を舞台にして一歩踏み出した役者は、
知らぬまに雄弁な言葉の使い手となる。
風に舞う雪片の渦が細いロープとなって
舞台の幕を軽々とひき上げる。
白い峰々の才知が
太陽と言い争いをする。
氷山はみずからの重さをものともせず
揺れる舞台の上に駆けのぼり
仁王立ちになってあたりをにらみつける。

詩とともに戯曲をも愛したビショップの演劇的感性が、ここではオペラティックな舞台芸術のイメージを借りて、氷山の魅惑的な振舞いを描写している。白く透明で不可侵の巨人が、あいま

いな省略語法《エリプティクス》を排して簡素で優雅な修辞学《レトリック》を役者（＝詩人）に授けるという一節は、この詩がビショップの実存をめぐる夢であると同時に、詩作の方法論をめぐるメタポエトリーの実践でもあることを語っている。まさに氷山は、それが通常の言語的構築物として描写しえないからこそ、言語のもっとも彫琢された極限の美学を厳しく要求するのである。「想像の氷山」の最後の一連はこう結ばれる。

この氷山は内部から多様な面《ファセット》を切り出す。
墓から掘り出された宝石のように
それはみずからを永遠に保存し
おのれの美しさだけを引き立てる。
おそらくは海に横たわった雪の
私たちを真に驚嘆させる塊として。
さよなら、さよなら、私たちは別れを告げる
船は舵をきり去ってゆく
波が別の波とぶつかりあう地点まで
雲が暖かい空に流れる場所まで。
氷山は人間の魂にむけてこう叫ぶ
（もっとも不可視のエレメントからおのれを創りだすもの同士として）

見てくれ、この肉体を、この汚れなさを、この不可分の塊としての立ち姿を。
（ここに私訳した三連すべて、Elizabeth Bishop, *North & South.* Boston: Houghton Mifflin, 1946, p.2. 私訳）

氷山への憧憬を彼女はふり切ろうとしているのだろうか？　たしかに船よりも氷山を持つことは、あるいはより不幸な選択かも知れない。親との別離、孤独な少女期、レズビアニズムとその悲劇的な結末、失くした三つの家……。まっとうな幸せを心のままに享受するという人並みの幸福からどんどん離れていったビショップの生涯が、そのことを示している。おそらく、難破し、座礁し、沈没する危険をたとえ万が一にもひきうけたとしても、人間は頼るべき船を所有することにこそ憧れ、危険な氷山に対してはそれを敵視しつづけるだろう。氷山を持つことの存在論的な不幸を予感して、無意識にその道を回避することだろう。

だが、不動だった波が融けてぶつかり合い、暖かい風が海流に乗って吹き抜ける海域に逃れ出た船は、どこかで白い神々のこだまのような声を聴く。ビショップが言うように、氷山と人間の魂とは、どちらも不可視の元素からおのれを創りだした存在として、互いに呼びあうからである。ビショップは欲しかったのだ。汚れなき公正な肉体を、そして分離しえない確固たる実存を。

氷山は、詩という言語芸術の背後で生きるもっとも深い言語意識の臨界の地点で、私たちが飾られた言葉の豪華客船を放逐することができるのか、その決断を静かに問いかけているのである。

4

宮澤賢治による父親宛ての手紙によれば、賢治は一六歳の年である一九一二年五月に、石巻の港から松島をまわる船に乗って、生まれて初めて海を見た。景勝地松島は、彼の心にさほどの印象をあたえるものではなかったようだが、塩釜あたりに点在する黒い屋根のならぶ漁夫町で聴いた波の音や、烈しい潮の香りは、彼に強い印象をのこした。一夜を過ごすことになった海辺の漁村の部屋で、人びとの会話の一語一語のなかに入り込んでことばを遮る「濤の音風」のざわめきの鮮烈な感覚を、賢治は手紙のなかに深い心象として記している。

いうまでもなく、賢治がこの「初めての海」を経験した一九一二年こそ、タイタニック沈没の年でもあった。三陸沖の水平線から太平洋なるものの存在を賢治が初めて生身の体験としてうけとめたとき、もう一つの別の大洋である大西洋の氷海で、巨大な客船が氷山に激突していたのである。その衝突の重い響きを、三陸海岸の賢治は幻聴として聴いただろうか？

それはありえたかもしれない。賢治がのちに書いた『銀河鉄道の夜』の後半部分に、突然、どこからやってきたのかわからない一人の青年と、彼の連れている姉弟が、銀河鉄道の車両に乗ってくる場面が登場する。彼らは異様な風体で、小さな男の子は濡れた髪をして、がたがたふるえながら裸足で立っていた。「だけど僕、船に乗らなけぁよかったなあ。」そんな仲間うちでの会話がジョバンニやカムパネルラにきこえてくる。訳を訊ねると青年はこう答える。

「いえ、氷山にぶっつかって船が沈みましてね（……）月のあかりはどこかぼんやりありましたが、霧が非常に深かったのです（……）」（宮沢賢治「銀河鉄道の夜」『宮沢賢

治全集　7』ちくま文庫、二七二―二七三頁）

青年や子供たちの存在感の薄さは、もはや彼らが死者であることを直感させた。ジョバンニは聞いているうちに涙が流れ、いままで忘れていたさまざまなことを不意に思い出す。ジョバンニの独白に託して、賢治はこう書いている。

（あゝ、その大きな海はパシフィックといふのではなかったらうか。その氷山の流れる北のはての海で、小さな船に乗って、風や凍りつく潮水や、烈しい寒さとたたかって、たれかが一生けんめいはたらいてゐる。ぼくはそのひとにほんたうに気の毒でそしてすまないやうな気がする。ぼくはそのひとのさいはひのためにいったいどうしたらいゝのだらう）（同前、二七四頁）

賢治はまちがいなく、ここで一六歳の年に初めて見た荒れる三陸の夜の海の轟きを、畏怖とともに思い出している。しかも驚くべきことに、賢治の奇想はタイタニック沈没の海を、アトランティック（大西洋）からパシフィック（太平洋）へと大胆にも移動させる。賢治の伸縮自在の歴史地理学においては、それはまったく正当な変更であり、変更というよりは、ありえた歴史の一つの苛烈なヴァージョンなのであった。

こうした想像力によって、北大西洋のずぶぬれの溺死者たち、あれらの厖大な濡れたトランクは、特定の歴史から抜け出して、すべての人びとの共有すべき記憶として世界に向けて漂流をはじめる。氷山は、実証科学ではありえないとしても、私たちの想像力において、すでに太平洋の北の海にも流れ出しているのである。こうしていくつかの書物が、不思議な連鎖と共振をともないながら、想像力のなかの極北に聳える氷山へと接近していった。氷山を主題とした書物の系譜を可視化することは、氷山という不可視の魂の根拠を、その海面下に隠れた巨大な塊ごと、認識の舞台に引き上げる行為だといえるかも知れない。

人間の想像力の極地である氷山とは、まさに書物的存在の極地でもあった。私は本を措いて、氷山が浮かび漂う極地の海に赴いた。だがそこで私は、いわば本の極北が存在することを発見したのだ。その本の極北、あるいは極北の本は、エンツェンスベルガーがハバナで失った長編詩の幻の手稿のように、あるいはミショーやル・クレジオが探求した不可能な書物のように、そしてビショップが魂のなかで希求した永遠の宝石のように、存在と非在のはざまを揺れながら、ことばとして結晶する瞬間を永遠に夢見ている。

『銀河鉄道の夜』もまた、書物と氷山の途方もない距離のあいだに奇蹟のようにして像を結ぶ、ひとつの非在の本の一冊なのかも知れなかった。

パリンプセストとしての洞窟

「今度は何に乾杯しましょうか?」彼は言った。
やはりいつもながらのかすかな
皮肉のこもった口調だった。
「〈思考警察〉の混乱を祈って?
〈ビッグ・ブラザー〉の死に? 人類に? 未来に?」
「過去に」ウィンストンが言った。
――ジョージ・オーウェル

1

書物を、人類の知性と精神性が統合された記憶媒体であると考えたとき、そのおおもとの考古学的な起源はどこに求められるだろうか? なんらかの媒体＝支持体《シュポール》の上に書きつけられた、人類のもっとも古い記憶のアーカイヴ。人間の頭脳と手の連動によって生み出された、ある意味を宿したはじまりの〈刻印《スクリプト》〉の小宇宙が、消滅や破壊をまぬがれ、閉ざされた暗闇のなかで今に至るまで保存されてきた究極の事例。そんなものがあるとすれば、それは後期旧石器時代に始まる洞窟壁画のほかにはないかもしれない。

ヴェルナー・ヘルツォーク監督のドキュメンタリー映画『世界最古の洞窟壁画――忘れられた夢の記憶』（原題 *Cave of Forgotten Dreams*, 2010）は、現存する人類最古の壁画が発見されたショーヴェ洞窟の全貌をはじめて映像がとらえた、注目すべき作品である［▼図 p.253］。フランス南部、ローヌ川の支流アルデーシュ川の、切り立った壁を穿って蛇行する峡谷の花崗岩の断崖がまず映し出される。アルデーシュ峡谷の奇岩怪石の景観そのものが、すでにどことなく神秘的な気配を分泌している。この断崖の一角に、約三万二千年前に遡ることのできる、鮮やかな動物壁画を擁するショーヴェ洞窟が隠れているのだ。

二万年以上前、洞窟の入口に大きな岩が落下し、進入路が塞がれてすべては闇のなかに封印された。そのまま、記憶のタイムカプセルとしてヨーロッパ最後の氷河期を沈黙のなかで生き抜いたのち、一九九四年になって、畳み重なる花崗岩の壁から漏れだす空気のため、洞窟は三人の考古学者によって数万年の封印を解かれて姿をあらわしたのである。ショーヴェという洞窟の呼称は、発見者の一人ジャン＝マリー・ショーヴェの名前からつけられることになった。広大な内部空間のあちこちに鮮明で躍動的な動物壁画をつぎつぎと発見した探検者たちは、洞窟画の開始時期を従来の説から一万年以上も遡らせることになったこの大発見の驚きを、科学的な驚異を凌駕する、どこか神秘的で神々しい、霊的《スピリチュアル》な驚きの経験としてとらえている自分たちに気がついた。科学者であるはずの自分たちに、合理的な認識を超えた、予期せぬ不思議な知覚が体内を貫くようにいま降りてくる――そんな生々しくも鮮烈な感覚である。旧石器時代芸術研究の第一人者であるデヴィッド・ルイス＝ウィリアムズは、そのときの発見者たちの天啓のような直感を、こう描写している。

そのとき「時間は消滅した」のだ。厖大な時間のギャップが存在していたにもかかわらず、ショーヴェとその友人たちは、自分たちのまわりに古代の芸術家の「霊魂」が取り巻いているように感じたという。洞窟に隠されたイメージは、彼らに「科学的な驚異」の感覚を与えたが、それればかりではなく畏怖の感覚や、「霊的な」雰囲気も感じさせたのだった。（……）彼らは自分たちの遠く離れた祖先とみなした人々と自分たちが同じであると考えた。そして共有された意識によって、祖先と彼ら自身との間に架け橋がかけられるのだと、彼らは信じていた。（デヴィッド・ルイス＝ウィリアムズ『洞窟のなかの心』港千尋訳、講談社、二〇一二、二八—二九頁）

ヘルツォークの映像は、鉱物性の顔料や炭によって描かれた動物画を、壁画保護の観点からあらかじめ制限された数少ない照明の光によってほの暗く映し出しながら、その霊的な空気を、その匂いから皮膚感覚までが想像されるほど、みごとに私たちに伝えてゆく。懐中電灯や撮影用の照明の光が壁面を滑り、暗闇から不意に馬やバイソンや犀のイメージが出現したとき、私たちは一つの新しい理解を啓示のように受けとめていることに気づく。それは、「彼ら」の視線が、時を超えて「私たち」の視線へと乗り移ってくるような、憑依に似た感覚だ。固定的な光源によって常時照らされているわけではない動物たちの像は、光の揺れや移動とともにまるで動いているように見える。よく考えてみれば、洞窟に降りてきた彼ら旧石器時代人たちもまた、獣脂の小さなランプか松明の灯を振りかざしながら、この揺らめくイメージをそのままに描き、動的な像として見ていたのである。八本の足のある牡牛や、幾本もの角が重なり合うように描かれた犀の姿は、いわばこの「光の戯れ」のなかで発見された動物たちの霊的なヴィジョンなのであり、その幻視的な姿を、内的な意識を通じて精緻に写しとったものにほかならないのである。

遺物をつうじて過去に向き合うときの驚異も昂揚もこうした内的景観《インナー・ランドスケープ》の思いがけない発見にかかわっている。三万数千年前に洞窟内で死んだホラアナグマの頭蓋骨が散乱する内部空間は、その後に積もった方解石のコーティングを経て、彫刻のようになめらかな質感のなかで押し黙っている。それは、時間の皮膜に蔽われて凍結化したはるか彼方の過去のようにも見える。だが壁画がうながす新たな視覚によって、この三万数千年という時間が「消滅した」かのように、不意に古代人の内的ヴィジョンが私たちを襲う。視覚的な刺戟だけではない。動物たちが、洞窟の沈黙のなかで声をあげ、騒ぎはじめる。描かれた馬のわずかに開いた口から嘶きの声がもれ、争い合う犀たちの荒い息づかいが響きわたり、ライオンの唸り声、クマやマンモスが地響きをたてて通り過ぎてゆく喧騒が、幻聴のように聞こえてくる。時間を飛び越えているのは、発見者たちばかりではない。壁画のなかには、五千年ほどへだてて同じ壁に描かれたと思われる二つの動物画が、寄り添うように対話している。三万二千年前につけられた、曲がった小指を持つ人物の手形の傍らの窪みに、その手形を鑑賞した人物が持っていたのであろう二万八千年前の松明の炭のかけらが残っている。こうして古代人たちは、歴史から自由になり、洞窟のなかで時をへだてて動物や人間たちのスピリットと触れ合うことができた。むしろ、後戻りできない時という概念に囚われていたのは、現代の私たちの方であったことが深く了解されてくるのだ。

このとき、私たちはただ壁に描かれた「絵」を見ているのではない。壁画を感覚的交点にして記憶と身体とヴィジョンとが触れ合う、時を超越した空間、記憶媒体そのものとしての小宇宙に、私たちは包み込まれているのである。人類の感覚、知性、感情のもっとも古く凝縮されたアーカイヴが、この闇のなかに眠っていた。それは同時に、私たちの身体のもっとも深い場所にあって意識をつかさどる、臓器のような存在であった。ルイス゠ウィリアムズは『洞窟のなかの心』において、洞窟が、人類にとっての深層意識をかたちづくる「地下世界」の、まさに「内臓」となっていることをこう指摘している。

地下の通路と部屋は地下世界の「内臓」であった。それらのなかに入ることは、地下世界へと物理的かつ心理的に入ることであった。「霊的」経験はこうして地形学的な物質性を与えられたのである。洞窟内に立ち入ることは、後期旧石器時代の人々にとっては、霊的世界の一部に入り込むことであった。装飾的なイメージはこの未知なるものへの道標（おそらくはかなり字義どおりの意味で）に他ならなかったのである。（同前、二七〇頁）

壁画を擁する洞窟が「内臓」に喩えられているのは興味深い。いや、それはたんなる比喩ではなく、文字通り、ヒトの内臓の役割に匹敵する記憶の貯蔵庫として理解されているのである。解剖学者の三木成夫は、脳が人間の「体壁系」の器官の代表として理性を統率するのに対し、心臓などの「内臓系」の器官は人間の生命記憶の根源をつかさどるものであることを説いていた（『内臓とこころ』河出文庫、二〇一三）。生命記憶をすべて凝縮したアーカイヴである内臓感覚をつうじた深いスピリチュアルな経験が、まさに人類にとっての集団的な「内臓」である洞窟という空間において生起するのである。洞窟に降りるとは、自らの内臓のなかへと降りてゆく行為でもあった。スピリチュアルな意識の尖端となった人間の身体は、洞窟においてまさに自らの内臓に触れるという奇蹟を達成したのである。洞窟が持つ触覚的なリアリティが、強烈なヴィジョンを生み出す源泉にあることの重要性を、ルイス゠ウィリアムズはこう書いている。

霊的な地下世界はそこにあり、触知可能で物質的なものであった――ある者は、洞窟内に入り、共同体のシャーマンたちに力を授けてくれる精霊動物の「固定された」ヴィジョンをじかに目撃することによって、そしてさらに、おそらくはこうした地下空間にあっても経験されるヴィジョンを通じて、この地下世界の存在を確認することができたのである。（同前、三七一頁）

こうした知見に支えられたとき、人類にとってもっとも原初的な書物が洞窟であり、書物に書かれた（＝刻印された）文様＝文字の原形が動物壁画の像であったことを、私たちは身体意識の深部で了解することができるのではないだろうか。動物を象った絵は、たんに洞窟の壁の表面に「描かれて」いるだけではない。それらはむしろ洞窟という空間＝身体そのものの一部と化し、地下世界の一部となっていることが重要なのである。ヘルツォークのキャメラは、洞窟壁画に可能なかぎり接近しながら、その絵が、壁面の凹凸や亀裂や突起などを利用した立体的な造形でもあることをみごとに伝えてゆく。それを描いた人間も、またその図像を介してヴィジョン・クエストを体験した人間たちも、ともに壁に体を寄せ、その凹凸に手足を巻きつけるようにして、まさにこの内臓的な造形を身体にまるごと取り込もうとするように接したのである。映画の映像を介しているにもかかわらず、私はこの洞窟が自分の体内に穴を穿つようにして生まれ、そこに石筍や鍾乳石が成長し、ホラアナグマが徘徊し、ついには絵具を抱えたシャーマンがやってきて手だけでなく息や舌も使いながら精霊としての動物を描いてゆく気配を、たしかに感じとっていた。最古の記憶のアーカイヴを、私は自分の内臓のなかに感知した。

ヘルツォークによるドキュメンタリー映像は、最後に、一人の興味深い人物を映し出す。フランスで香水を長年調合してきた、年老いた調香師である。彼はまるで嗅覚が発達したホラアナグマのように、洞窟のありかを嗅ぎ分ける特異な鼻をもっていた。その老人は、峡谷の花崗岩質の岩場を歩き回り、岩の割れ目があるとそこに鼻を突っ込んで何かを吟味する。木々や、灌木の茂みや、蔦などによって構成される外気の植物的な匂いのなかに、数万年の時間を封じ込めて沈殿する洞窟の異様な空気が、かすかにもれ出している場所がないかどうかを、彼は自分の嗅覚だけをたよりに探査している。ここで古い記憶は、嗅ぎ分けられることで姿をあらわすのだ。

このような人物の様子を見ると、私は、人類が自己の生命記憶のアーカイヴに参入する行為が、視覚を超越した全身体的な、五感を全面的に動員する行為であることをあらためて確信する。口唇や舌や鼻腔の粘膜こそ、精巧無比な内臓の触覚であることを、三木成夫は喝破してもいた。私たちの内臓感覚に直結する、内臓が外化した身体器官こそが唇や舌や鼻なのである。調香師が洞窟のありかを嗅ぎ当てる特殊な能力とは、内臓が隠し持った触覚的知覚であった。同じように、洞窟壁画を生み出す技法もまた、目と手による描画法だけではなかったことがさまざまな考古学的調査研究によって明らかにされはじめた。

オーストラリアのアボリジニによる洞窟壁画や岩絵などの研究でよく知られる実験考古学者ミシェル・ロールブランシェは、フランス南部にあるペッシュ・メルル洞窟の二頭の馬の壁画とネガティヴ・ハンドの手形とが、「スピット・ペインティング」と呼ばれる「吹きつけ画法」によって描かれているという仮説を、一九九〇年代のはじめに、壁画のレプリカを自ら制作する実験をつうじて検証しようとした。ロールブランシェは、炭や顔料の粉を口に入れてそれを嚙みつぶし、唾液で薄めたのちに壁面に吹きつけるやり方で壁画を再現しようとしたのである。ペッシュ・メルル洞窟の「まだら模様の馬」の絵の複製を口と息を使って制作するうちに、考古学者は、口唇をつぼませながら唾液に溶けた墨を息によって吹きつけるという行為自体が、かぎりなく触覚的で、ほとんど「内臓感覚」的な意識を呼びだす象徴的な動作であることを実感してゆく。ロールブランシェはこう書いている。

吹きつけ《スピット》ペインティングの手法は、それ自体が初期の人間たちにとって格別の象徴的意味を持っていたように見える。人間の息、この人間のもっとも深い表現形式が、洞窟の壁に生命を文字通り吹き込むのである。画家は自らの存在を岩の上に投影し、自ら馬に変化する。作品とその作り手との間にこれ以上密接で直接的なコミュニケーションはあり得なかっただろう。（ルイス＝ウィリアムズ、前掲書、三八八頁）

古代人が洞窟の壁に向けて身体を投げ出し、その質感や臭いを全身で浴び、ついには壁に息をふきかけながら動物の絵を描いていった時空間の経験。それが、現代の考古学者の五感を包み込んだ瞬間の発見として、ここには書きつけられている。息《プネウマ》とはそれ自体精霊である。後期旧石器時代の人々は、洞窟のなかで精霊が遊動する世界を体感するために、あらゆる身体感覚を動員していった。この内臓の乱舞とでもいうべき経験は、壁を手で舐めるように触れ（フィンガー・フルーティングと呼ばれる、指で柔らかい壁の表面に溝をつけるだけの行為が盛んに行われていたことの意味もここにある）、匂いを嗅ぎ、息を吹きかける、という動作の連続のなかで体感されていたのであろう。このとき洞窟の壁とは、たんに絵が描かれるためのマテリアルな支持体であることをやめる。洞窟という記憶のアーカイヴは、それ自体の身体的な組成を主張しながら、その内奥＝内臓へと降りてくる人々の肉体的存在と、まさに合体しようとしていたのである。人間にとっての意識も、智慧も、おそらくは言葉も、そうした合体の結果として生み出されていったのにちがいない。

2

ここで、聴覚をめぐる主題へと移行してみよう。ショーヴェ洞窟を撮ったヘルツォークの映像作品の背後で流れる、エルンスト・レイスグルによる印象深い音楽に、私は深くとらえられたのである。それはまるで、地下の内臓空間である洞窟において私たちが聴くことになる豊饒な沈黙、すなわち旧石器時代の暗闇のしじまのなかに響くかすかなノイズ、氷河期の氷の軋みや動物たちの吐息、人々の囁く声や風の音や水流の谺を、遠い時をへだてて静かに伝えてくるように、感じられたからである。

オランダの前衛的なチェロ奏者にして作曲家エルンスト・レイスグルは、ジャズ・即興音楽・クラシックの領域をまたいで自在に活動する、どことなくシャーマニスティックで思索的な風貌と雰囲気をたたえた注目すべきミュージシャンである。ヘルツォークの映画『世界最古の洞窟壁画』にたいするレイスグルによるサウンドトラックの制作は、西欧近代におけるもう一つの洞窟ともいうべき空間、すなわち西欧文明における宗教と信仰の記憶をまるごと保存する「教会」という胎内空間で行われた。場所は、オランダ、ハーレムにある一七世紀初頭に建てられた福音ルーテル教会である。

レイスグルは、ヘルツォークの映像を体内の奥深くで消化し、洞窟のなかに封じ込められていた人類の生命記憶のアーカイヴを発掘するという刺戟的な作業に、音楽の立場から鋭く反応していった。「洞窟」「子供の足跡」「忘却された夢」「炭素年代測定」「ホモ・スピリチュアリス」

「影」といった、想像力を喚起させるタイトルが与えられた断片的・偶発的な音楽は、洞窟内のそれぞれのシーンにゆるやかに対応しながら流れてゆくが、その音響はまるで洞窟のなかに記憶されていた人類知のアーカイヴを音として取り出すような、みごとな手技によって生みだされている。オランダの小都市ハーレムにある四〇〇年ほどの歴史を持った古い教会のなかでアナログ録音された音楽は、ショーヴェ洞窟のなかに静かに響く音の饗宴を教会空間に移して再現しようとする、非常に興味深い音楽的移転＝翻訳の試みであったともいえるだろう。

　レイスグルはこの録音のためにまず、息の合った長年の共演者でもあるジャズピアニストのハーメン・フラーニェに声をかけた。瞑想的なフラーニェが演奏する年代物のベッツ製オルガンは、教会という一つの聖なる胎内空間をまるごと振動させ、その場に蓄積されてきた無数の祈りの記憶をいまに呼び覚ますかのようである。そこにレイスグルによる即興チェロの憑依的な演奏が重なる。彼の弾く特製のチェロは、低音弦が一本追加された五弦チェロで、それによって音程《ピッチ》をほとんど欠いた深い心音のような重低音が、神秘的な響きをつむぎだしてゆく。アムステルダムの音楽学校でルネサンスからバロック期にかけてのチェロ音楽を学んだレイスグルにとって、今の彼自身がどれほど即興的で前衛的な音づくりに魅かれていようとも、チェロという生態楽器に歴史的にそなわる音響と手技の厚みある伝承を無視することは不可能である。彼のチェロは、音楽における「楽器」がたんなる演奏道具ではなく、集合的な記憶を今という時空間に呼びだす、思想と手技のアーカイヴであることも教えてくれる。

　同じことは、もう一人の参加者であるジャズ・サキソフォニストのショーン・バーギンの演奏についてもいえる。この南アフリカ生まれの前衛演奏家は、ここではアイルランド起源の真鍮の竪笛であるファドーグを自在に操り、その巨体をゆらしながら、竪笛の管のなかに驚くべき息の塊を吹き込んでゆく。紀元三世紀に遡るともいわれるファドーグのアルカイックな音色は、ケルト人の神秘的な伝承世界の響きを残しつつ、そうした固有文化の領土を越えて、いつのまにかショーヴェ洞窟の内奥へ、そして現代を生きる私たちの内臓の空洞へと浸透してくる。人が筒のなかに息をふきかけて生み出す始原の音が、すべての場所の記憶を呼びさますからである。

ハーレムのルーテル教会内には、さらにネーデルラント室内合唱団から八人の歌い手の男女が集い、声というもっとも古い生体楽器をとおして、洞窟の闇に谺を送り返した。こうしたすべての要素を取り込んだ即興的録音セッションが、どれほど挑戦的かつ啓示的なものであったかは、その結果として生まれた音の驚くべき重層性と生々しい偶有性とがおのずから物語っている。教会という古い伝承と記憶のアーカイヴ空間のなかで、ショーヴェ洞窟は聴覚によって追体験されたのだ。民衆的信仰によって生きられてきた生態空間において、電気的増幅や電子的複製技術を通すことのない生のアコースティックな楽器が、人々の生の息を伝える声と共鳴した。それが、デジタル装置を極力介在させないアナログ方式によって録音され、映画の音響となって劇場空間を震わせたのである。レイスグルの音楽は、そんな奇蹟的な共鳴現象を伝えるドキュメントでもあった。

レイスグルの長年の盟友にしてこの録音セッションのプロデューサー、シュテファン・ヴィンターは、レイスグルの最新作アルバム《*Down Deep*》（二〇一三、ヴィニールLP盤）のライナーノートに、彼の録音をめぐる思想について、興味深い文章を記している。

ヴィンターはまず「信条」と記し、そこに「あらゆるデジタルな特殊効果、デジタルなデータ転送、デジタルな制作過程を拒否すること。この作品の中心にあるのは音楽セッションじたいが示す生の時間であり、それは一切のデジタル操作を排した純粋にアナログな音響空間として実現される」と大胆に書きつける。レイスグルの『世界最古の洞窟壁画――忘れられた夢の記憶』の音楽制作において、すでにアナログ録音の可能性を追求していたヴィンターは、レイスグルの新作においてさらにこの手法を徹底させ、録音・編集からマスタリング、そして最後のヴィニール・レコード盤制作までに至るすべてのプロセスを、デジタル装置を介在させない、純粋にアナログな制作過程によって行うことを決意したのである。ヴィンターはつづけてこう書いている。

音楽作品のデジタルな制作とは、文章を書くのにコンピュータを使用することに等しい。キーボードで文字を打ち込んでいるとき、私たちは書くこととすべてが変換可能で修正可能であると信じこんでいる。あとでいくらでも操作したり入れ替えたりできるという思い込みが、私たちの思考法を縛り、書く内容に影響をおよぼす。アナログによる録音プロセスが大切なのは、テクストを書く時にペンとインクが大切であるのと同じだ。ペン先から滲み出すインクは、作品の流れをつくりだすだけでなく、作者個人の手の流動的な動きをも映し出している。この特性によって、アナログ制作は作品の創造性やその純度を高めてくれるだけでなく、二つとない独自の音のあり方を授けてくれるのだ。純粋にアナログな音は、人間の肉体と五感とにまっすぐ訴えかけることができる。聴くという経験はそこですっかり変わる。ちょうど本物の絵画作品にじかに接したときのように、生の現場から直接立ち上がった音を聴くことは唯一無二の感覚をひらき、芸術を身体ごと受けとめる無比の経験をもたらすのだ。(Stefan Winter, "Introduction." Ernst Reijseger, Harmen Fraanje & Mola Sylla, *Down Deep*. LP. München: Winter & Winter, 2013. 私訳)

さまざまなジャンルにわたって、長いあいだ意欲的な音楽制作をつづけてきた一人のプロデューサーによるこの言明は、素朴に過ぎるほど簡潔でありながら、示唆的な論点に触れている。というのも、デジタルな音楽生産への疑念をデジタルな書字表現の欠陥に重ね合わせながら語ることで、ここでは音楽の世界に限定されない、アナログな生産=表現プロセスのより深い思想的可能性があらためて再考されようとしているからである。

ここでいうアナログ、すなわち連続的な出来事を変化する物理量で示す方法は、その実行プロセスが後戻りできないことに一つの大きな特徴がある。アコースティックな音を創りだす行為も、文字を手書きで書きつけてゆく行為も、それらは本来事後的に修正(抹消)不可能な、一度きりの出来事である。楽器に触れる身体や、インクが染みだしてくるペンという、これら「表現の尖端」が創りだす出来事が、行為者自身がこの世界を生きる生身の時空間と唯一無二のかたちで結ばれているからこそ、この行為の一回性は、修正が不可能であるという欠陥としてみなされることなく、生そのものの充足と瞬間の快楽を生みだすことができる。このようにして生みだされた、後戻りできない表現こそが、これまで人類の記憶のアーカイヴを構成してきた本体である。書物は、それが書き手の指先から生み出された端緒に戻って考えれば、この揺らぎにみちたアナログな文化プロセスのもっとも豊饒で統合的な成果物としてみなすことができるだろう。

一方でデジタルとは、ものごとの連続性を区切って離散的な(とびとびの)数値で示す解析法にもとづくメカニズム一般を指す。そこでは、アナログとは対極的に、一度生起した出来事や伝達された入力信号は、事後的にいくらでも抹消し、修正することが原理的に可能となる。そしてこの原理的な抹消・修正・置換可能性を大前提とすることによって、デジタルな表現には、はじめからアナログ表現の即興性や偶有性、一回性や単独性といった属性が排除されていることになる。いくらでも後で修正し、上書きし、そのうえで先に進めることができれば、表現の端緒と結果とを結んで、人間は最短の経路を伝って目的へと到達するという線型的な思考のもとに行動することを選ぶ。アナログが必然的に創りだす生の彷徨、迷い、揺らぎ、交差、錯誤、失敗といった事態はノイズとして切り捨てられ、生の瞬間瞬間の快楽や意味の源泉となる「さまよい」の軌跡は、そこで否定されることになるのだ。

エルンスト・レイスグルの音楽が私に例外的な強度とともに訴えかけてきた理由は、それが、徹底的に身体的でアコースティックな音として生まれ、アナログ的なプロセスが前提とする一回性・偶有性の原理のもとに創造された音楽だったからである。そしてこのアナログ的な創造プロセスの起源をたどったとき、そこにショーヴェ洞窟の壁に全身を投げ出すようにして動物画・精霊画を描く旧石器時代人たちの存在が透視されてくる。そこから大きな問いが私たちに突きつけられる。書物を、すでに相当程度デジタルな過程をつうじて生産する現代において、「書き」「読む」ことは洞窟壁画が保存しようとした生命知のアーカイヴの総体からどれほど離れてしまったのだろうか、という問いである。

壁に当たる淡い光、むき出しになった凹凸のある表面、湿り気を帯びた鉱物的な輝き、その上に絵を、すなわち未来の一語一語をつむぎだしてゆく指先の震え、逡巡、決意、流れるような筆致の快楽、したたる炭や顔料、書きつけた後の心の揺れ、思いがけない気づき、描かれた形象、その影、それがふたたび闇に蔽われてゆく瞬間……。これらはノスタルジーの対象ではない。人類が、自己の生命が不可逆的なものであるという自覚に立って創造をはじめた時の、おなじように不可逆的な描画と書字をめぐる決定的な条件のいくつかを、列挙してみたものにほかならない。洞窟壁画にはじまった「書物」というアーカイヴの原-イデアは、この不可逆性の原理のもとで、いかなる権力によっても抹消・上書きされ得なかったことによって、数万年の封印を解かれてふたたび私たちの前に出現することができた。一回性の出来事とは、すなわちもっとも奥深い「謎」であり、しかも「腑」（＝内臓）に落ちる謎として、私たちに真実の力を伝えることができたのである。

いまやこの「謎」は風前の灯である。デジタルなデータと化し、電子のゴミ箱へと投げ入れられ、抹消され、上書きされ、複写され、盗用され、捏造され、デジタルの牢獄へと幽閉された言語と書物が社会を蔽いつくしはじめている。一回性の生命原理から離反し、それを忘却することによって、利便性とか合理性とかいった、しょせん経済原理の落とし子でしかない疑似思想に囚われた、言葉と文字と書物の零落した形骸である。いまこそ私たちは、アナログな思考の結晶でしかありえない書物を、ふたたび臓腑のあげる囁きのような「謎」へと突き返してやらねばならない。

ブラジルに亡命したチェコ出身のユダヤ系思想家ヴィレム・フルッサーは、『哲学的フィクション』と題された思考実験の書物のなかで、こう書いていた。

> 人間も、書物も、一種の暗号文のようなものだと考えられる。それは読み、解読することができる。それらは「謎《エニーグマ》」としてある。(……)それにたいして、モノの世界は「謎」をもつことはない。それがもつのは「問題《プロブレーマ》」だけである。その違いはこういうことだ。「問題」は、解決されれば何も残らない。けれど「謎」は、解決されると意味が残る。だからこそ人間は、世界を書物として認識すること、それを書物として「読み」つづけようと努めてきた。私たちが生きるこの世界に意味などないという結論は、とうてい受け入れ難いものだからである。(Vilém Flusser, *Ficções Filosóficas.* São Paulo: edusp, 1998, pp.126-127. 私訳)

この「エニーグマ」は、戦時中にナチス・ドイツが開発したローター式暗号機“Enigma”のような諜報機器のリアリティとは似て非なるものである。むしろ洞窟こそ、そして内臓、書物こそが、ここでフルッサーのいう「謎《エニーグマ》」にほかならない。いや、人間にとって意味を与える源泉となるこの「謎《エニーグマ》」の思考モデルこそ、いま「書物」と呼ばれ、かつては「洞窟壁画」と呼ばれたものだったのかもしれない。それは何者かによって抹消されたり、修正されたり、上書きされたりすることなく、「謎」として自らを主張する。私たちはそれを読み、その謎を解こうとするが、その探究の行為自体から「意味」が生じる。それはかならずしも謎の「解決」、すなわち「答え」によって謎の存在を無に帰すことではなく、意味を生じさせる「謎」の記憶を、私たちの集合的な知の遺産として未来に伝承することである。そのために記憶すべき「過去」の総体こそが、私たちの知と感情の究極のアーカイヴとなる。

洞窟壁画は、もちろんたった一度の時間的所産ではない。ときに数千年の時をへだてて、壁にはさまざまな絵や文様が上書きされてきたことがいまではわかっている。そして狭義の「書物」の歴史においても、古代から中世にかけての西欧の書物世界では、羊皮紙に書かれた以前の文字を削りとって新たな内容を上書きする、いわゆる「パリンプセスト」なる写本が数多く存在したこともよく知られている。だがこうした出来事は、デジタルなイデオロギーのなかで行使される可逆的で過去抹消的な修正とはまったくことなった原理にたつ。石器時代の壁画の上書きにおいても、古代のパリンプセストにおいても、そうした上書きの際に行われていたのは、過去の記憶との豊饒な対話なのである。彼らは、いまみずからが何かを書きつけようとする支持体《シュポール》が、至高の「記憶のアーカイヴ」であることを深く意識していた。そのとき、洞窟の波打つ壁面も、羊皮紙の厚くざらざらした質感も、ともに物を書きつける表層であることをやめ、時間と空間の奥行きをもった、重層的な過去の地層をあらわに見せる対話的メディアに変容したのである。知の伝承は、この対話をつうじて行われた。そして書物の歴史とは、この豊饒な「対話」の歴史にほかならなかった。

3

ショーヴェ洞窟が発見され、その闇のなかに保存されていた手つかずの生命記憶の驚くべきアーカイヴに現代の光があたったのと同じ一九九四年に、偶然にも、一冊の挑発的な本がアメリカで刊行されている。マンハッタン・インスティテュートの政策研究フェローにして、現代アメリカを代表する自由至上主義《リバタリアン》論者である作家ピーター・ヒューバーによる、『オーウェルの復讐——「一九八四年」のパリンプセスト』である。この本は、作家ジョージ・オーウェルの描いた全体主義的ディストピアを換骨奪胎し、現代のテクノロジー世界の達成を礼賛するヴィジョンを示して大衆的な成功をおさめたにもかかわらず、現代におけるデジタルな上書き行為が、かつてのパリンプセストとは似ても似つかない、過去抹消的な権力行為であることを皮肉にもみずから明らかにするものとなった、象徴的な作品であるように私には思われる。

一九四九年に刊行されたオーウェルの寓意小説『一九八四年』は、いうまでもなく、「ビッグ・ブラザー」なる独裁者のもとに徹底して思想と行動を管理・監視された人民が、抑圧的な政治機構とそれを実現するテクノロジーの牢獄のなかでおのれの人間性を自己放棄してゆく物語として、恐ろしいほどの予言性のもとにこれまでさまざまな解読をほどこされてきた。ナチスによるホロコーストの悲劇を歴史として経験し、スターリンの抑圧的独裁政治を目撃しながら書かれたこの作品は、単純な反-ファシズムや反-共産主義の聖典としてイデオロギー的に政治利用され、メディア的に消費されることも多かった。

この寓意的な物語の複雑で巧妙な設定を詳述する必要はないであろう。核戦争によって三つの超大国に分割統治されて戦争が繰り返される世界において、厳しく市民統制された一国家に生きる『一九八四年』の主人公ウィンストン・スミスは、「真理省」の役人として日々、歴史記録や雑誌・書物の際限ない改変と改竄の作業に明け暮れている。それは、国家を独裁支配する党の予言や計画が正しいことを証明し、現下の国家的必要性と矛盾しないために行われる、場当たり的ではあれ徹底的な、過去の「抹消」と「改竄」の作業だった。そうした事態を『一九八四年』はたとえばこう描いている。

それは、書籍、定期刊行物、パンフレット、ポスター、ちらし、映画、サウンドトラック、漫画、写真類から、政治的な或いはイデオロギー上の意味を含んでいるかもしれないと危惧されるあらゆる種類の文献、文書にまで及んでいた。日ごとに、そして分刻みといった具合で、過去は現在の情況に合致するように変えられる。(……)歴史は、書かれた文字を消してその上に別の文を書ける羊皮紙さながら、最初の文をきれいにこそぎ落として重ね書きするという作業が必要なだけ何度でもまできるのだった。一度この作業が済んでしまうと、文書変造が行なわれたことを立証することはどうにも不可能だろう。（ジョージ・オーウェル『一九八四年』高橋和久訳、ハヤカワepi文庫、六四—六五頁）

オーウェルはここで、ウィンストンによる日々の歴史改竄作業が、パリンプセストという書物の厚みある歴史にたいする、一つの越権的濫用行為であることを暗示している。オーウェルが描く改竄作業の道具立ては、今から見ればいかにも素朴で、かつその仕組みは完全なものとは思われない。修正すべき文書は「気送管」pneumatic tube（＝「霊気管」とも訳しうる）と呼ばれる管をつたってウィンストンのデスクに送られ、彼はそれを「口述筆機」speakwrite なる機械によって修正し、修正された文章をもとの書類にクリップ留めして本部に送り返す。不要となった修正指示の書かれた紙や自分のメモは、「記憶穴」memory hole に投げ込まれるが、その穴はそのまま焼却炉へとつづいており、これによって改竄のいかなる証拠も残らないよう仕組まれている。そしてそうした労働作業だけでなく、私生活も含めたウィンストンのすべての行動は「テレスクリーン」telescreen と呼ばれる双方向型の教化＝監視装置によってモニタリングされ、国家反逆の思想や行動の萌芽を未然に防ぐテクノロジーによる人民管理は徹底されている。

コンピュータ文明の楽天的礼賛者にして、科学技術の素朴な民主主義的貢献を主張するイデオローグとして、ビル・ゲイツお気に入りの著者でもあるピーター・ヒューバーは、『一九八四年』の世界において描かれたテクノロジーの未完成や不備こそが、オーウェルの悪夢のようなディストピア観へと繋がっていると確信する。そしてヒューバーは、気送管のかわりにファイバーケーブル、口述筆機のかわりにコンピュータ、記憶穴のかわりに電子ゴミ箱、テレスクリーンのかわりにインターネットを想定すれば、オーウェル的世界は、独裁者が奴隷的人民を管理支配する全体主義ディストピアではありえず、むしろ先進テクノロジーを得た人民が増幅された自由と創造性とをもって表現のユートピアを指向しうる理想社会へと結ばれていると直感してゆく。

こうしてヒューバーは『一九八四年』を、その設定や登場人物や言葉遣いを生かしながら換骨奪胎し、ディストピアの予言をユートピアへの展望へと上書きしてゆく作業へと突き進んでいくことになった。その、確信犯的〝疑似〟パリンプセスト作成の華々しい成果が、著書『オーウェルの復讐』である。

その「改竄」作業のいきさつはこうだ。ある日ヒューバーは、八〇年代後半に人気を博した子供用コンピュータ・ゲーム「おかしなマザーグース」のために六歳の娘に占領されていた自分のコンピュータ・ディスプレイをヒューレット・パッカード製のフラットベッド・スキャナーに接続し、『一九八四年』の初版本を解体してすべてのページをスキャナーにかけ、デジタルデータに変換することを思いたつ。いまでこそ「自炊」などと日本では称されて、市販の安価なスキャナーによって誰でも手軽に行えるようになった刊本のデジタルな読み取り作業であるが、九〇年代初めのヒューバーはその草分けの一人であった。書物の厚みある身体は、理性を失った狂女マイナスによって四肢分断されるオルフェウスのごとく、ここで完全に解体されたのである。

初期の光学文字認識ソフトの開発会社であるカレラ・レコグニション・システムズの基盤を装

着したヒューバーのコンピュータとスキャナーは、オーウェルの『一九八四年』初版本をバラバラに解体した三一四ページの紙片を、五時間かけてのみ込み、電子テクストへと変換していった。彼のコンピュータのハードディスクのなかに、アスキーファイルで五九万バイトの容量を占める『一九八四年』の全文が移され、当時においては最速の、一六メガバイトのＲＡＭを装着したワードプロセッサー「マイライトⅢ＋」のなかで、自由な書き込みや検索が行えるようになったのである。ハードディスクには、さらにオーウェルの他の小説作品やエッセイ、手紙、さらに一九九一年に刊行されたばかりのマイケル・シェルデンによる権威的オーウェル伝の全テクストが、同じようにして移されていった。こうしてすべてのデータと情報はヒューバーのデジタルな手中に占有された。全能となったヒューバーは高らかにこう宣言する。

そこに私は見たのだ。私もまたオーウェルの天才を所持しているという姿を。自分の頭脳のなかにではなく、私の指先に、すなわちコンピュータのなかに。オーウェルの頭脳は、いま私の手元にある。オーウェル自身が彼の一五年にもおよぶ作品構想の時間をアイディアのカット・アンド・ペーストに費やしたのであれば、私も同じことができるはずだ。そして実際、カット・アンド・ペーストに関してなら、私はオーウェルよりはるかに上手にできるはずだ。なぜなら私が所有するカット・アンド・ペーストの機械は、オーウェルのものよりもはるかに優秀だからである。(Peter Huber, *Orwell's Revenge: The 1984 Palimpsest*. New York: Free Press, 1994, p.257. 私訳、

以下同）

こうしてヒューバーは、パロディとしてというよりもはるかに本気で、かつ自己顕示的な野心を持って、オーウェルのテクストを改訂し、盗用し、濫用し、上書きしながら、現代のデジタルな「パリンプセスト」を制作していった。オーウェルの、悪夢を伝える予兆にあふれた書物が、情報資本主義的パリンプセストの技術によって、テクノロジー的な自由と希望にあふれた、コンピュータとインターネットによって約束された人類の未来へと変身するまで。ヒューバーは、自らの盗用と偽造と創作的汚損が一種の知的な犯罪であることを自覚していたが、その罪悪感は、オーウェル自身の物語における犯罪行為の形式を借り受けることで軽減され、しかもその鮮やかな剽窃の主体がコンピュータの潜在能力であると説くことで、書き手の主体的責任を逃れようとするレトリックを含んでいた。ヒューバーはこう書いている。

『一九八四年』において、「真理省」という機構のなかで詩や文学がその過去の評価を否定されて書き換えられてゆく姿を描いたのは、ほかならぬオーウェルだった。だから私は、そのオーウェル自身のアイディアに心理的に支えられながら、自分のコンピュータに『一九八四年』を装塡し、一行一行書き換えていくことができたのである。私の使命は単純なものだった。『一九八四年』を否定しつつも、それを支持すること。オーウェルの間違いを立証するために、オーウェルの正しさを証明すること。私の作業は、オーウェルのいう「二重思考《ダブルシンク》」の行為の、最終的な勝利を宣言するのだ。私はやはりまだ、オーウェルに恩義を感じている。（同前、p.257.）

この偽善的に語られた「恩義」とは何だろう？　それは少なくとも、パリンプセストや重ね書きの書物史における豊かな「対話」への配慮を含むものではありえない。著者は、オーウェルという資本主義的な記号を巧みに操作し、消費し、販売促進の材料にしたに過ぎないからである。ヒューバーの「改竄」が大衆的には支持され、オーウェルの斬新で現代的な解釈としてもてはやされているところに、私は大いなる違和と懐疑を感じざるを得ない。

オーウェルの『一九八四年』のなかで、主人公のウィンストンは、権力者の眼をのがれてこっそり日記をつけ、禁書を読むという息苦しい生活のなか、あるとき静かでさりげない声が夢のなかで彼に予言のように呼びかけるのを聴く。「きっと闇の存在しないところで会うことになるだろう」。その声は、のちに彼を拷問にかけ、不条理な二重思考によって改心させ、生きながらの死へと追いやる高級官吏オブライエンの声の前触れであった。オーウェルは、その声が明白な真理を述べる陳述のように無機質で、ウィンストンに向けられたいかなる個人的な感情も含んでいない、と書き留めている。「闇の存在しないところ」。闇は、この冷徹な機械論的ディストピアには不要なのだ。ヒューバーの著書から聞こえる陰翳を欠いた機械のような声は、しばしば私にこのシーンを思い起こさせる。

闇は、すなわち洞窟のなかの内臓の記憶は、ここですべて抹消されようとしている。ヒューバーのパリンプセストは、コンピュータとインターネットにはいかなる闇も存在しないことを、楽天的に謳歌するだけだ。それは、私たちの過去に蓄積されてきたすべての記憶のアーカイヴの「謎」を、テクノロジーという楽園の光によって白日のもとに感光させ、かけがえのない像を抹消することにほかならないのである。

もしいまオーウェルが生きていたら、私は誰よりも彼を誘って、ショーヴェ洞窟の暗闇へと降りていきたいという衝動にかられる。『一九八四年』刊行の翌年の一九五〇年、四六歳の若さで死んだオーウェルは、全体主義政治の暴力的帰結については深く想像することができた。だが、メディア資本主義と科学テクノロジーへの信仰とが癒着した巧妙な権力が人間の心をもてあそび、人間みずからが機械論的現実の表層へと退行してゆく時代が、わずか半世紀後にも満たない時代にやってくることを、真に予感してはいなかったかもしれない。だからこそ、オーウェルにコンピュータを与える代わりに、私はオーウェルを連れてショーヴェ洞窟に入り、その内臓空間にたちこめる智慧の残香とざわめきのなかで、あの動物たちの不意の躍動を、光と影の乱舞を、書物の可能性としてふたたび問いかけてみたいのだ。彼の悲観主義の早計さを質すとすれば、そうするほかないであろう。そして少なくとも、ショーヴェ洞窟の壁に、彼が絶望的なテレスクリーンの影を透視することだけは、まちがってもありえないであろう。

『一九八四年』のオーウェルは、「書物」という実体に逆説的なかたちで未来への希望を与えることができずに逝った。だが彼の著作としての書物こそが、その寓意的な物語に密かに仕組まれた闇をつうじて、その希望をいまに分泌している。ショーヴェ洞窟の暗がりのなかで、私はそのことを確かめてみたいのだ。馬鹿げた想像かもしれないが、ヒューバーのような現代人がそこに現われれば、すぐにも彼は、この世紀の大発見がなされた洞窟内部の完璧な実物大のレプリカを造り、あらゆる電子装置をも駆使して、考古学的ハイテク・テーマパークの建設を夢想することだろう。いや、ヒューバーでなくとも、すでにそのような計画がフランスにあることをヘルツォークの映画は伝えていた。もはや現代人の誰もが、暗闇を白日のもとに曝そうとするデジタルなパリンプセストの囚われ人となりかけているのだ。

オーウェルがいなくとも、洞窟の闇のなかに持ってゆく書物はある。『一九八四年』。いかなる上書きされた、盗用された『一九八四年』でもなく、オーウェルの洞窟、彼の創造した時間の方解石のなかで眠りながらメッセージを発しつづける、この真の「書物」をこそ、私は洞窟の巡礼へのただ一冊の案内として隠し持ってゆくことだろう。

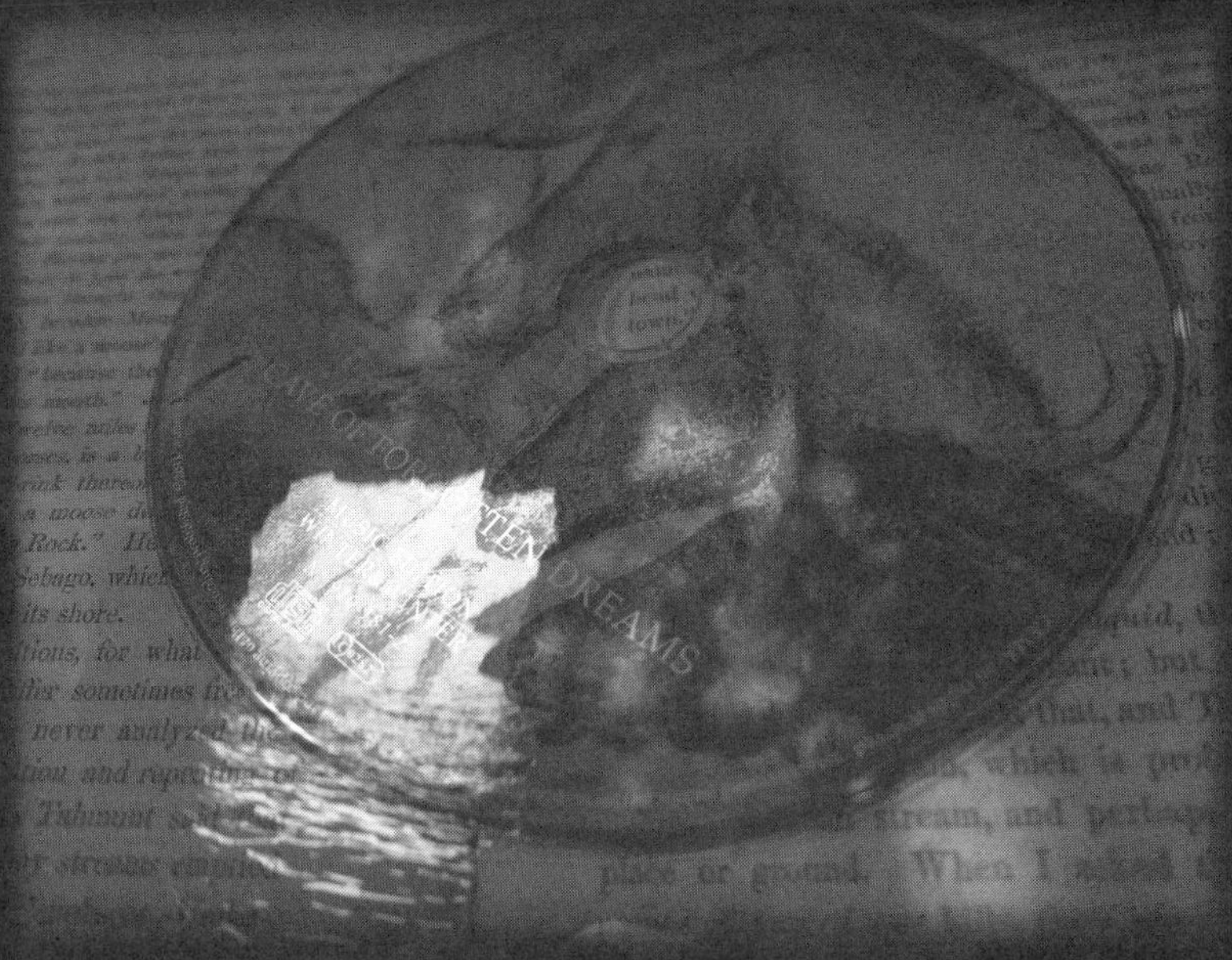

上—エルンスト・レイスグルの音楽による
ヘルツォーク映画『世界最古の洞窟壁画』の
サウンドトラックCD。ショーヴェ洞窟の
馬の絵がデザインされたCD盤に、奄美群島の
枝手久島の聖地である海蝕洞窟の映像が重なる。
背景の文字はH・D・ソロー『メインの森』の初版本(1864)
から著者撮影・合成。［本文p.227］

琥珀のアーカイヴ

妖しい光を放つ宝玉の扉は
閉ざされてしまった。
——ミゲル・アンヘル・アストゥリアス

1

変身譚の最後に、書物の地質学に還ろう。考古学の地層を突き抜け、古生物学の森をくぐり、数千万年の太古の地中や海底に埋もれたまま密かに人間にむけて知の発信を続けてきた、書物の原質へと。それが琥珀である。

琥珀をつくりなすおおもとにある樹脂が、人間の誕生や基本生活にかかわる特別の力や効能を持っていることを、古くから人類は神話や伝承として豊かに語り継いできた。人類学者クロード・レヴィ＝ストロースの浩瀚な研究書『神話論理』全四巻の最終巻『裸の人』（邦訳、みすず書房）は、樹脂に関わるアメリカ大陸先住民のさまざまな神話に言及しながら、具体物に根ざした「野生の思考」における樹脂の広汎な意味の変容を興味深くあとづけている。

たとえばカナダ、ブリティッシュ・コロンビア州フレイザー川流域に住むトンプソン・インディアンの、創世にかかわる複雑な神話はこのようなかたちではじまる。

> （創造主とされる）コヨーテが、時の始まりにあたって、さまざまな物質から息子をつくろうとした。粘土からつくった息子は水に溶けて崩れ、石からつくった息子は川底に沈み、木の樹皮からつくった息子だけが水に浮かんで生き残った。樹脂からつくった息子は太陽の熱に当たって溶けた。（レヴィ＝ストロース前掲書から要約）

このコヨーテは、別の部族の神話ではグリズリーの老婆になったりもするが、多くの神話のヴァージョンにおいて、樹脂から人間がつくられようとしていることは興味深い。樹脂は、粘土（土器の原料）、石（鏃《やじり》やナイフの素材）、樹皮（古くは器の素材でもあり、火をおこす燃料でもある）という始原の有用性をもった基本物質と並んで、創造の原点に位置していることが了解されるからである。

インディオは、いうまでもなく、樹脂の塊が熱によって容易に溶け出すことを知っていた。知っていただけでなく、そのことをつうじて、樹脂と太陽との関連性を想像した。アメリカ北西部ワシントン州に住むクララム族には、樹脂でつくられた弟を強烈な太陽の熱で溶かされてしまった兄たちが太陽を憎んで天界へとたどり着き、キイチゴ（漿果）を太陽に食べさせてその水分で太陽の火の勢いを衰えさせる、という神話がある。樹脂が熱で溶け出すことに注目したインディオは、耐えがたいほど暑かった太陽の熱が和らぎ、大地に季節がもたらされることになった創世の経緯を、樹脂にかかわる物語としてここで語ったのである。

レヴィ＝ストロースの紹介する神話群において、樹脂ははじまりの人間や世界秩序をつくりだす媒介となっているだけでなく、他にもさまざまに異なった物語的文脈において登場する。たとえばそれは、月の女神が樹脂煙をもちいて敵の動物たちをいぶし殺すために使われる。あるいは、コヨーテが樹脂を子供たちの目に入れて盲目にさせるという神話もある。また別の文脈では、カバノキの樹皮からつくった製糖用の容器からカエデ糖の樹液が流れ出さないように、バルサムモミの樹脂で容器を塗り固めるという神話もある。カエデの樹液の採取と加工という製糖技術、すなわち自然から文化への移行の媒介として、樹脂が大きな役割を果たしていることを、こうした物語は説いていると考えられる。

樹脂は不思議な物質である。植物的な起源を持ちながら、それが地中や海底に蓄積される考古学的な年数に応じて揮発成分を失って固化し、鉱物的な存在形態に近づいてゆく。水に溶けたり沈んだりすることはなく、逆に熱には敏感に反応する。レヴィ＝ストロースは、神話が意味の体系をつくりだすときの最小の物語的構造の単位を、言語学が各言語の意味の最小単位を指すときに使う「音素」phonème という用語に倣って、「神話素」mythème と名づけたが、この神話素を構成する物語には、動物、植物、あるいは鉱物的な具体物が登場することが多い。たとえば南アメリカであればナマケモノやオオアリクイ、北アメリカであればコヨーテやオポッサムなどが、しばしば神話の構造を左右する重要な動物として登場するが、レヴィ＝ストロースはこうした、一定の意味機能を備えた動物種が神話的思考の概念操作の形式をある規則性のもとに統率しているとき、その動物とそれをめぐる意味機能を「動物素」zoème と名づけている。これに倣えば、おなじように、神話のなかには植物素も、鉱物素も隠れていることになる。

人類の諸神話が動物、植物、鉱物などの具体の世界をめぐる思考によって構造づけられているとすれば、樹脂や琥珀はどのように位置づけられるのだろうか？　樹脂や琥珀は、いわば植物素と鉱物素の中間にあって、そのどちらとも深い関係をとりむすんだ特別の物質だといえる。しかも、数百万から数千万年の時を経て化石化した樹脂である琥珀のなかに、かつて生存していた昆虫やカエル、トカゲなどの化石がしばしば封じ込められているとすれば、琥珀は動物素とも深い関係を有していることになる。インディオの神話に登場する「樹脂」——レヴィ＝ストロースは一貫してフランス語の“résine”（＝樹脂・松脂）という語を使用しているが、インディオの部族言語の文脈においては、この物質はさまざまな固有の部族語によって呼ばれ、それは樹木が分泌するもっとも素朴な樹脂の塊から、半化石化したコパル、そしてもっとも硬く鉱物状に固化した琥珀に近いものまで、さまざまな樹脂の変成様態を連続的に意味していたにちがいない——は、こうして異なった神話素群を横断するようにしてはたらく、特別の物質でもあることになる。

こうした琥珀の特異性は、人間にとっての「時間」や「記憶」をめぐる神秘と、もっとも深く関連づけられてきたように思われる。マヤ、トルテカ、アステカといったメソアメリカ一帯の古代諸文明においては、とりわけ三種の鉱物的物質が、宗教的・呪術的な意味をかかえた財宝として特別視されてきた。その一つが黒曜石である。黒曜石は、その硬さと、断面の鋭角的な特徴から、しばしば鏃やナイフとして実用的な用途をもっていたが、同時に、そのガラス質がインディオにとっての鏡の代用品となり、その黒い平滑な断面が映し出す「鏡像（＝反転像）」が、人間に

「自己」や「分身」をめぐるさまざまな思惟を誘発し、聖なる呪物として崇拝される条件をうみだしてきた。

さらに、メソアメリカにおいてもう一つの珍重された宝石が翡翠《ひすい》である。翡翠は深緑色の半透明な石であり、マヤ文明の壮大な遺跡パレンケの「碑文の神殿」の地下室で二〇世紀半ばに発見された七世紀の王パカルの遺体に被せられていた翡翠の仮面によって、それが神聖な力の源泉であることがとりわけ知られている。ナワトル語で「美」という抽象概念は、二つの事物が合体した単語として示されるが、それが「イン・チャルチウィトル・イン・ケッツァリ」すなわち「翡翠 - ケッツァル鳥の羽」という合成語（メキシコの学者はこの特異な比喩技法をディフラシスモと呼ぶ）であることからもわかるように、翡翠はインディオにとっての「美」なる概念を凝縮して示す、唯一無二の物質であったことになる。

そして琥珀である。インディオの信仰においては、この、鉱物ではないものの黄褐色の半透明で幻想的な質感をもった宝石のような物質は、過去からやって来た神秘的な呪力を象徴していたようである。いうまでもなく、科学的に見ても、琥珀は松柏類の樹脂がなんらかの原因によって地中に埋没し、長い年月を経て硬化しながら化石化したものである。カリブ海、ドミニカ共和国産の琥珀は二〇〇〇万年ほど、バルト海産のものは三五〇〇〜五五〇〇万年ほど、日本におけるもっともよく知られた産地である久慈産の琥珀は白亜紀に遡る八五〇〇万年ほどの時間が経過したものであると考えられている。琥珀というものが、このような、人類にとっては途方もない地質学的時間を封印した、いわば先史学的時間のアーカイヴであることを、人間は古くから直感していたようである。琥珀の黄褐色のくぐもりと、そのなかに化石化したまま封じ込められた昆虫や蛙の姿を見ながら、太古の人間は、その彼方に自らの与り知らぬ時間が、いわば無意識の生命記憶として揺らいでいることを鋭く感じとっていたのである。

現代のメキシコやグアテマラ、いわゆるメソアメリカのインディオたちの信仰生活においても、とりわけ松柏類の樹脂が半化石化したコパル copal は重要な役割を果たしている。コパルはナワトル語で樹脂を指すコパリ copalli に由来する言葉だが、なによりそれは、燃やしたときの煙と独特の香気によって、インディオの集落における宗教儀礼や聖人祭において香として特別の重要性を与えられてきた。コパルを薫香として使うことで、祭の空間はただちに聖別化された。なかでも、もっとも高度な都市文明と儀礼文化を発達させてきたマヤ＝キチェ族においては、特定の神や精霊を呼び出すためにコパルの匂いを精緻に調合し、状況に応じて香りを演出する調香師＝薬剤師のようなシャーマンが存在していた。メソアメリカの森林全体で四〇種を超える松が自生しているが、シャーマンは嗅覚をつうじて、コパルの香りがどの種類の松の樹脂から生まれたものかを精確に言い当てることもできた。彼らの鼻は、コパルの香りをつうじて、いわばそこに封じ込められた時間の蓄積を、その起源＝出自から感知することができたのである。コパルは人類の嗅覚言語が洗練されていく特別の舞台だった。

インディオの世界における「樹脂＝コパル＝琥珀」は、こうして人間の繊細な五感をつうじて世界を想像する、特権的な媒体となってきた。グアテマラの作家ミゲル・アンヘル・アストゥリアスは、マヤ=キチェ族の夢幻的な神話世界に自らの物語的想像力を同化させながら、つぎのように書いている。

すでに市場の夜になっていた。湖には一面に明りがゆらめいていた。商人たちの船が、星のようにきらめきながら往来していた。果物を売る商人の船。衣類を売る商人の船。翡翠《ひすい》、エメラルド、真珠、金粉、香水をふりかけた羽根ペン、白く磨きあげた竹の腕輪などを売る商人の船。つやつやした緑色の、あるいは粉末の唐辛子、蜂蜜、塩、貴重な樹脂《コパル》を売る商人の船。松脂《まつやに》や、薬用の木の葉や根を売る商人の船。鶏を売る商人の船。竜舌蘭《りゅうぜつらん》の繊維でつくった紐、メキシコ松のたきぎ、大小さまざまの土器、なめし革や未加工の毛皮、お椀《わん》やとんがり口の仮面などを売る商人の船。金剛鸚哥《グワカマーヨ》、鸚鵡《おうむ》、椰子《やし》の実、とりたての樹脂、とても大きな種のかぼちゃなどを売る商人の船……。(M・A・アストゥリアス『グアテマラ伝説集』牛島信明訳、岩波文庫、二〇〇九、八二頁)

族長の権勢によって守られ、繁栄するマヤの民の日常の夜の、絢爛たる色彩と芳香の饗宴のような情景。希少な石、香料、薬草、繊細な工芸品といったものは、それ自体王や族長の権力を誇示する品々だった。一つ一つが日常的意味と儀礼的効用をもった財宝の数々がここには列挙されているが、なかでも樹脂=コパルはこの一節だけで重複するように三回も登場している。コパル自体が、先述したように、もっとも古く完璧に固化した琥珀の状態から、比較的硬度の低いコパル、そしていまだ新しい樹脂（松やに）に至る、さまざまな存在形態のヴァリエーションを示していることの反映であろうか。いずれにしてもここには、「樹脂＝コパル＝琥珀」の連続体への崇拝と深い配慮とが、マヤ人たちの日常にあったことがうかがえる。

　ヨーロッパにおいても、先史時代から琥珀は儀式の道具、お守り、工芸品や装飾品、さらに薫香などさまざまな用途において使用され、取引されてきた。北ヨーロッパにおける琥珀の一大産地であるバルト海沿岸地域からアルプス山脈を越えて地中海や黒海、さらには北アフリカにまで延びる「琥珀の道」（アンバー・ロード）の存在はよく知られている。アフリカの象牙や金、アジアの絹や香辛料と並んで、琥珀は西欧古代から近世に至る長いあいだ通商と交易の中心にあって、ヨーロッパの富と権勢を左右する財宝であり続けた。現代アイルランドの詩人・作家キアラン・カーソンは、ボルヘスやカルヴィーノに匹敵する造話的想像力によって展開する迷宮小説『琥珀捕り』のなかで、琥珀を、物語的奇想をつないでゆく狂言回しの素材として採用しながら、こんな挿話を書きつけている。

> お香として燃やせば、琥珀はポセイドンの松をおもわせる樹脂香を放つ。何百万年もの古さをもつこのつやつやした物質には、昆虫が封じこめられていることがある。琥珀の多くはバルト海海底に位置する斑状火成岩《ブルーアース》の地層の境目から産する。琥珀捕りの男たちは、トリトンのホルンの音が次第に弱くなり強風が凪いでゆく月光の下、

あるいは明け方などに、網と三叉棒で海中に探りを入れる。緑色の琥珀は、この世の始めからある沼沢地《しようたくち》から揚がると信じられている。青や赤の琥珀がまれに揚がるが、その由来は誰にもわからない。（……）ファルネーゼ枢機卿によって保存された壺からは大量の宝石にくわえて「琥珀細工の象一体、水晶玉一顆《か》」が出た。象が記憶を表象し、水晶玉が予見を表象するなら、複数の権威ある文書が特記する稀少な琥珀玉にはもっと強い魔法の力があるはずである。というのも、琥珀には磁力があり、ものを損なわずに保存することができるからである。（キアラン・カーソン『琥珀捕り』栩木伸明訳、東京創元社、二〇〇四、四二一―四三頁。一部改訳）

ローマ教皇パウルス三世の孫で初代パルマ公の長男、一六世紀前半のシチリアで司教にまで昇りつめたファルネーゼ枢機卿が得たゆたかな緑のなかにあった琥珀でできた象の置物。あるいはフェルメールの生地、オランダ随一の工芸都市デルフトのとあるアトリエで旋盤にむかう琥珀職人の姿。こうした琥珀にまつわる情景を幻視するカーソンは、ここで琥珀という物質に神秘的にはりついた人間の記憶への強い欲望を暗示しようとしているかのようである。不死や永遠へのかなえられぬ渇望が、どこかで琥珀という物質にたいする人間の特別の執着を支配していた。

だが海底から時間の結晶体を釣り上げた人間たちは、その掘り出された琥珀の神秘的な美しさの背後に、時間によって滅び去る人生の虚栄をめぐる理《ことわり》をも見出した。琥珀の一大消費地であったオランダの一七世紀の静物画＝ヴァニタス画に描かれた豪奢な装飾品のなかに、琥珀製の宝飾品がまぎれ込んでいるのを私たちは知っている。すべての栄華は、時とともにかならず滅びるのである。琥珀は、樹木から流れ出た無垢の樹脂が、やがてヴァニタス（虚栄）の理念の結晶体として輝き、ついには零落してゆく皮肉な歴史の象徴でもあったことになる。
この豪奢と虚栄の琥珀を現代の政治経験のなかで象徴として呼び出し、琥珀が体現する寓意を誰よりも厳しく批判・糾弾したのが、韓国の詩人金芝河《キム・ジハ》だった。朴正熙《パク・チョンヒ》政権下での激烈な反体制運動によって逮捕・投獄された痛苦の体験のなかでほとばしり出た作品を集めた処女詩集『黄土』（一九七〇）のなかに、「琥珀」なる一篇がある。ここに全篇を引こう。

日向《ひなた》では松葉よ、燃えろ
風の強い日には松毬《まつかさ》よ、鳴れ
くねくね曲った切株も燃え
真赤に燃え、パチパチはぜながら燃え
跨がっているあのお下《さが》りもの、虎皮緞《ホビタン》の袷《マフジャ》の
衽《おくみ》から流れろ
バジのなかに溶けて流れ、女の下着の下に
暑い日には　琥珀よ
琥珀のように固着した民主主義よ、流れよ
カラアオジのような高官夫人の

股ぐらに流れよ、ぬるぬる流れよ
息が詰まるほど、狂わせるほどなみなみと流れよ
小鴉《こがらす》騒ぐ野にも、下水にも。

（金芝河「琥珀」『金芝河詩集』姜舜訳、青木書店、一九七四、一〇二―一〇三頁。表記を一部変更）

いうまでもなく、高価な贅沢品である琥珀は、ここで少数の特権階級によって私物化され形骸化してしまった当時の韓国民主主義に喩えられている。金芝河の故郷である木浦の海岸に、おそらくは無数に自生していたであろう逞しい松の木々から流れ出る松脂の、素朴で甘やかな記憶を想起したとき、琥珀はあまりにもその記憶から遊離し、イデオロギーと現世の欲望によって硬化した権力の象徴であると金芝河には映った。貴族や金持ちは、朝鮮服の胸元の袷の部分に琥珀でつくらせた大きなボタンをわざわざつけ、権威や富を誇示したという。詩人は、そうした虚栄の硬化した塊に向けて、「流れよ」と命ずる。その叫びのなかには、樹脂から琥珀へと至る歴史への深い省察と懐疑とが、自らの民の運命への哀惜と悔恨とが、深々と横たわっていた。

書物のなかで示された、琥珀へのこれほど深く決然たる批判の叫びを、私はこの詩以外に知らない。優美な鳥のように美しく着飾った高官夫人の股ぐらにぬるぬると溶け出してゆく琥珀の幻影は、私を書物とその変身をめぐるもっとも本質的な思索へと、押し出してゆくのである。

2

マラルメやブランショによる「書物」に向けての本質的指針となる思想的ヴィジョンを引き継ぎながら、西欧形而上学におけるロゴス中心主義を批判的に乗り越える作業のなかで、たえず「書物」という〈イデア＝実体〉の輪郭を問い直す思索を精力的につづけたのが、哲学者ジャック・デリダであった（「来るべき書物」『パピエ・マシン　上』中山元訳、ちくま学芸文庫、二〇〇五）。デリダによれば、「書物」という概念の境界を定めることは非常にむずかしい。それは、さまざまな関連語や問題群と相互に隣接し、接続し、同時に分離＝断絶し合う概念だからである。「書物」と「書くこと《エクリチュール》」とのあいだの差異や断絶。「書物」と「印刷物」とのあいだの乖離（印刷術の発明の前にも書物が存在したこと）。「書物」と「作品《ウーヴル》」との違い。「書物」が、文字を書きつける特定の「媒体＝支持体《シュポール》」そのものを指すわけでもないという事実（紙でできた冊子体だけでなく、いまや電子的・遠隔操作的・動的な書物媒体を想定することも可能である）。こうした、書物概念の連続性と非連続性、変容可能性という普遍的条件を深く受けとめながら、デリダは、ではいったい何が書物と呼ばれる権利があるのか、とあらためて根源的な問いを発する。そしてこの「権利」の問題こそ「書物」の問題の核心であり、そこにおいて書物はすでに政治、経済、歴史、形而上学にひろがる全体性の問題であることが示唆される。マラルメは一九世紀末に、たしかに「書物にならんとする世界」を夢想したが、デリダはそれを、未来の書物について考えることこそ未来の世界そのものについて考えることにほかならない、というふうに挑発的に読み直したのだともいえる。

デリダを敷衍すれば、こう考えることができるだろう。書物となるべき（呼ばれるべき）「権利」の問題を問い詰めることによって、おそらく私たちは、人間がこれまで思考してきたこと、その言語化の軌跡、書くこと、美意識、権力、政治にかかわるすべての問題系に出遭わざるをえないだろう、と。書物の変容過程を歴史的に、また哲学的に探究することは、だから世界の変容可能性そのものを本質的に問い直し、展望するための特権的な方法であることになる。この点を、デリダはギリシア語で書物を表わす「ビブリオン」という語を例にとって示そうとする。ビブリオンの語源であるビブロスは、ギリシア語でパピルス、すなわちカヤツリグサの茎髄からつくられた古代エジプトの筆記媒体のことを意味した。そこから書物《ビブリオン》という語が派生し、これは「書かれたもの」全般をも指すようになって書物という固定的輪郭から漂流してゆく。さらにそこから、書物史における最初の書物モデルである「聖書《ビブリア》」なる語も生まれた。ビブリオンは、さらにビブリオテーケー、すなわち「図書館」という概念を派生させ、そこで保管・管理をめぐる制度や権威の問題がはっきりと登場したのである。ここから展望したとき、現在における書物（コンテンツ）の電子化の問題の核心が、この文書・情報の保管・管理・運用をめぐるイデオロギーのなかに存在していることは、いうまでもないだろう。

デリダは、一九九四年にロンドンのフロイト博物館で行われた講演をもとにした著書『アーカイヴの病』*Mal d'archive*（一九九五）のなかで、「書物」における権力関係の問題に焦点をあてて論じる。この講演記録の主題は、アーカイヴという概念の多義性、すなわち文書や情報の維持と保管に関わる歴史と技術と権力をめぐる哲学的な問いかけである。実際に、未公開の文書が夥しく存在するフロイト。その資料の有無がフロイト理論そのものに与える決定的影響を論じながら、デリダは「アーカイヴ」という概念の限界を見定めようとする独創的な議論をここで展開する。

デリダはまず、語源じたいが孕む両義性を問題にする。アーカイヴのギリシア語源〈アルケー〉Arkhēには、「始まり」(起源)と「掟」(支配＝管理)という二つの意味が隠れている。一方に、事実として物事の起源を知りたいという人間の欲望。それにたいして、起源(＝本源性)のありかを維持・管理しようとする権力の存在。デリダはこの二つの対立・関連・錯綜する強迫観念を「アーカイヴの病」と名づけ、人類が歴史的に患っているこの症例を刺激的に解析してゆく。アーカイヴに酔うこの病が、本源的文書に依拠しようとする歴史記述をいかに熱病のような混乱に陥れてきたか。この熱病のために、むしろアーカイヴの本体である事件や事実がどれほど恣意的につくり出されてきたか。そして、昨今の電子メディアによる瞬間的なアーカイヴの生産と書き換えと破壊によって、私たちが知の正統性をめぐる底なし沼のような窮地に、いかに落ち込もうとしているか。デリダは「私は(……)激震の後の、そしてその「余震」という事後的諸効果の後の、このもう一つのアーカイヴの場面を想像」するために本書を書いた(デリダ『アーカイヴの病』福本修訳、法政大学出版局、二〇一〇、二五頁)、と多分に予言的に述べているが、この一節は、電子メディア以後の情報環境のなかで、私たちがいまや文書アーカイヴ形成に関わる歴史をあらたに根底から書き換えるほどの衝撃と、その余震の継続のなかで生きていることを暗示している。この衝撃は、人間の起源への欲望と正統性管理の技術にいかなる「恩恵」と「災厄」とをもたらすのだろうか。

デリダは現代人が病む「アーカイヴの病」、すなわちアーカイヴという概念の混乱と混濁への依存症を、「[アーカイヴは]いつも、公的なものと私的なものの間の、家族、社会、国家の間の、家族と家族以上に私的な親密性の間の、自分自身と自分自身の間の、不安定な限界にある」（前掲書、一五〇—一五一頁）と書いている。この言明は、おそらくそのまま、アーカイヴを構成する主要な本体であり続けてきた書物というあやうい輪郭の〈イデア＝実体〉にたいする言表としても、妥当するであろう。だが私たちは、デリダとともに、このアーカイヴの臨界点、この書物の限界の場から始められるしかない人間の知力の可能性をこそ、最後まで信じ続けねばならないだろう。そしてその信念には、書物の終焉も死も——それが万が一起こったとしても——それが思考そのもの、書くことそのものの終焉や死であってはならない、という決意が裏打ちされていなければならない。

デリダは『アーカイヴの病』の数年後に行われた講演「タイプライターのリボン」において、以前の複雑な論証をよりすっきりと要約しながら、アーカイヴに依存したわれわれの歴史概念がいかに権力と結びあっているかを、アーカイヴなるものの恣意性、その〈不確かさ《トラブル》〉のあらわれとして次のように述べている。

歴史は「認知の言語から、権力の言語が創発される」ことに対応したものです。わたしは以前に、「アーカイヴの病」がこの宿命から生まれるものであることを示したことがあります。アーカイヴとは、つねに有限で、選択的であり、解釈するもの、濾過するものであり、濾過されたものです。検閲するもの、抑圧するものであり、つねに権力の場所であり、権力の審級なのです。「おそかれはやかれ」の仮想性の宿命をもつアーカイヴは、出来事を記録し、記載する以上に、出来事を作りだすものなのです。（デリダ「タイプライターのリボン」、『パピエ・マシン　上』二〇〇五、一二三頁。訳語を一部変更）

こうした議論を展開しながらも、「タイプライターのリボン」におけるデリダは、アーカイヴの観念的な限定性を突き破る、未知の、来るべき可能性のアーカイヴをも透視しようとする。そのときの思考の跳躍台として使われる概念が「琥珀のアーカイヴ」である。デリダはあるとき、フランス北部ピカルディ地方における大規模な考古学的調査において発掘された琥珀に、人間が地上に現れるよりも五四〇〇万年前の昆虫の複数の死体が封じ込められていたことを知って驚く。デリダの驚きは、そのなかの一匹の昆虫が、まさに他の昆虫の血を吸おうとする瞬間において琥珀に閉じこめられ、無傷のままに数千万年を経て偶然に掘り出され、いまに蘇ったという事実にあった。

五千万年前の琥珀に閉じこめられた羽虫。それはまさに別の虫の血を吸おうとした瞬間に、火山の爆発か洪水かわからぬなんらかの災厄によって樹脂のなかに呑み込まれて命を終え、永遠にも匹敵する時間をへて、偶然にも人類の「歴史」的時間へと呼び出された物質的《マテリアル》アーカイヴである。人類が誕生する遥か以前の、恐竜が跋扈する地質学的・古生物学的な地球時間に属する一回きりの出来事。だがそれは、いわば自然が琥珀という支持体《シュポール》に書きつけた原-書物として、私たちの歴史的な書物という存在の前史に立ちはだかり、「書物」という〈イデア＝実体〉の連続性と断絶とを同時に示唆する。ルーン文字や甲骨文字の時代からずっと、人類は自然が書いたものを模倣しながら、ついには書物という文化的媒体を創造したのだ。書物が、地質学的時間と歴史的時間を結んで生じた大いなる「変身《メタモルフォーゼ》」の産物となったのは、こうした遥かな時間の帰結であった。

脆い生命体が、その脆さを超克することも否定することもなく、脆さのままに琥珀的時間の永遠のなかに留まり、出来事の一回性、その空前絶後性を、ひとつのアーカイヴ的な記録＝記憶としていまに伝えようとしていること。デリダは、数千万年の時間を封印した琥珀こそが、物質に委ねられて維持される知の永続的な可能性を象徴的に示していることをここで直観する。彼は書いている。

> このような大きさの尺度を採用しなければ、たとえば人間が地上に登場する五四〇〇万年前という尺度を採用しなければ、知について考え、知り、考えることを知り、知について考えることを知り始めることはないのかもしれません。あるいは昨日のこと、わたしがそこにいないとき、「わたし」が、とくに「わたしは人間だ」と語る「わたし」がそこに存在しないとき、あるいは明日、おそかれはやかれ、もはや存在しなくなるときに。（同前、一九七頁）

このときデリダが傍らに置いて考えているのは、彼が人類の歴史における最初の人間の記録《アーカイヴ》であると考える、ジャン＝ジャック・ルソーの『告白』（一七七〇）という書物である。ルソーの、自己の冷徹な観察と告白を介して、人間という生物の本性とその全体像とを、自叙伝的虚飾を一切取り払った科学者のような眼差しでまざまざと描き出した書物である『告白』。そのよく知られた冒頭には、こうある。

私は、これまでにけっして例がなく、また今後も真似するものもいないような仕事を企てている。自分の同胞たちに、一人の人間を、その自然の真実のままに示したいと思う。そしてその人間というのは、私である。（ルソー『告白　上』小林善彦訳、白水社、一九八六、四頁。訳を一部変更）

自分自身をつうじて、自然のまま、まったく真実のままに精確に描かれた唯一の人間像を提示すること。デリダは、この稀有な「人間のアーカイヴ」化の情熱にたいして、こう感嘆しながら書いている。

あたかも、五四〇〇万年以上もあとで、自然のうちで、自然に従って、人間という名前に値する人間を、その真実において初めてまざまざと描き出したアーカイヴに立ちあっているかのようです。人間の誕生に、少なくとも自然の真実そのものにお

ける人間の露出に立ちあっているかのようです。（デリダ、前掲書、一九九頁、一部改訳）

古第三紀の土からとりだされた琥珀のアーカイヴのなかで、吸血の本能をあからさまに示しながら絶命した羽虫の欲望と意志。それをデリダは、ここでルソーの近代的個人としての傷をさらけだした苛烈な「告白」への意志として、読み直そうとしている。人間性《フマニタス》と中心的自我の優越を拒否して、自然の真実のなかにおかれたヒト《アントロポス》という立場において、諸生命との道徳的連続性を奪還しようとしたルソー。こうしたデリダの議論はまた、ルソーを先駆的な人類学《アントロポロジー》の創始者として讃えるレヴィ＝ストロースのつぎのようなルソー観とも、深いところで響き合っているように私には思われる。

なぜなら、この彼の社会［西欧社会］は、いささかも特権的な形態なのではなく、ただ単に、幾千年ものあいだに生まれては消えた「他の」さまざまな社会の中の一つにすぎないからであり、それら「他の」社会のはかない多様性がまた、人間はその集団的存在においても、おのれが一つの「自我」であると主張するより前に、おのれが一つの「彼」であることを認識すべきであることを、証明しているからなのです。（レヴィ＝ストロース「人類学の創始者ルソー」山口昌男編『未開と文明』所収、塙嘉彦訳、平凡社、一九六九、六四頁）

レヴィ＝ストロースはこう書くことで、人類学者が職業的に書き記すべき書物が、究極的には「告白」以外の何ものでもありえないことを語ろうとしていた。切断された自然と人間、自我と他者。この亀裂を修復する全体性への情熱において、レヴィ＝ストロースはルソーの『告白』のなかに、そして『人間不平等起源論』のなかに、人類の来るべき野生の思考の源泉を見出したのである。そしてそれは、琥珀のなかに私たちが再発見するあの人類の知のアーカイヴへの、限りないオマージュでもあったことになる。

デリダは、『告白』のいわゆる「ジュネーヴ草稿」（第二稿）だけに書かれ、のちに削除された短い前文の冒頭にある、「このような本はかつてなく、また今後もおそらくないであろう。願わくは、この作品を滅ぼさぬように」という意味のルソーの文言に強く惹かれている。そしてそこに、紙に書きつけられたあと破り捨てられたルソーの深い無意識の真実を感知し、そのまざまざとした物質的なありようを「アーカイヴの物質的な身体」と呼んでいる。デリダはこの前文に、『告白』という書物、すなわちこのアーカイヴ、この支持体《シュポール》、この自筆の「草稿」を、破壊しないように、というルソーの嘆願が書きつけられていたことに注目する。デリダは、書物を破壊する権力を持った人間の「アーカイヴの病」に向けての、ルソーの壮絶な訴えの声をそこに聞こうとしたのである。

アーカイヴの物質的身体を守り通すこと。非物質的・情報的・計数処理的《ディジタル》な身体《コーパス》ではなく、琥珀のアーカイヴを、その永遠に匹敵する尺度のなかで偶然刻まれた脆い生命の痕跡を守り抜くこと。デリダの主張も、レヴィ＝ストロースの主張も、私にはそうした知性の謙虚な自己放棄によって入手しうる可能性のアーカイヴを指向しているように思えるのである。

3

琥珀は痛ましい。この時間と記憶の凝集体は、不可避的に死をもっとも深く孕んでいるからだ。災禍によって大地に投げ出され、ふたたび災禍によって海へと流れ出て海底に凝固した樹脂の化石。それは静まりながら数千万年のあいだ、無数の災厄と死とを沈黙のままに目撃してきたのであろう。

琥珀は悲しい。富や虚栄と結びついたその豪奢な過去は、その栄華と光輝の分だけ、没落の悲劇と闇をも知ることになった。それは美しいことの罪を無邪気なままに背負わされ、やがて人間によって汚辱にまみれる運命を共にした。

チリの詩人パブロ・ネルーダが、世界大戦ののちの政治的廃墟のなかで、故国および世界の社会的な歪みと、人心のさ迷いから抜け出る希望を歌った詩集『第三の住処』*Tercera residencia*(一九四七)。そのなかに、「新しい旗のもとでの集い」という詩がある［▼図 p.282］。

だれが欺いたのか？　砕け散った百合
その謎めいた、ほの暗い根元
すべては傷と、闇の疼きに満ちている！
寄せては返す波がきざむ規則

琥珀でできた不透明な墳墓
花穂からこぼれ落ちる苦い水滴も！
そのなかに、わたしは心の礎を築いた
災いの塩に耳をかたむけ
夜にはおのれの根を埋めに出掛けた。
土は苦いものだと知った
すべてがわたしにとっては夜であり稲妻だった
秘められた蜜蠟がわたしの頭にとりつき
わが踏み跡に灰を撒き散らした。

（……）

(Pablo Neruda, "Reunión bajo las nuevas banderas", *Tercera residencia*, 1947. 私訳)

琥珀でできた不透明な墳墓。それは嘘によって汚された社会そのものの帰結としての姿であった。だがその琥珀の古墳のような廃墟のなかに、ネルーダはあらたに彼の心の礎を築くことを決意する。災いの塩にまみれ、権力によって土足で踏みにじられた革命の夢の残照のなかで、詩人はおのれの根を、その陵辱された大地にふたたび埋め、芽吹きを待とうとする。琥珀だけでなく、蜜蠟も、灰も、まるでインディオの創世神話から抜け出してきたかのように、物質的な寓意とともに、ネルーダのもとに集まってくる。痛ましく、悲しい琥珀の現代的な顕れを、ネルーダは人間の新たな宿命のもとに引き受ける。

だが、その次の世代の詩人は、インディオの呪物であった琥珀を、また別の情動と華やぎとともに自らの胸に掲げる。それが、メキシコの現代詩人コラル・ブラーチョである。彼女の詩集『琥珀の意志』*La voluntad del ámbar*（一九九八）は、日常の事物の魔術的な変容と、そのめまいのような新たな顕現のなかで、物と精神がアニミスティックな磁力によって結合する姿を、繊細で官能的なことばによってとらえようとする。少女時代の記憶が鮮明に刻印された作品「時の容貌」の冒頭で、ブラーチョは彼女の父親の甘い記憶とともに、鉱物的な想像力を媒介にして、新たな琥珀の意志を呼びだそうとする。

風と闇のあいだ
わき立つ歓喜と奥深き静寂のはざま
風に揺れるわたしの純白のドレスと
夜の鉱山のうす暗い空洞のあいだ
そこにわたしの父の眼があって
優しく待機している　父の
踊り出すような歓喜に触れようと　わたしは昇ってゆく
それは小さな星々の国　その黄鉄鉱の結晶の上
石英の雲　火打ち石の雲の背後に　陽が沈む

父のまなざし　その包み込むような光のなかにある
琥珀の温もり
父はわたしをその腕で引き上げる　引き寄せる
一つになったわたしたちの影が
鉱床の縁で傾きながら揺れている
（……）
(Coral Bracho, "Trazo del tiempo", *La voluntad del ámbar.* Mexico: ERA, 1998. 私訳)

シモホベルの琥珀玉。メキシコ南部チアパス州、マヤ族を祖先にもつシモホベル一帯の村落は、古くから琥珀の産地として知られ、豪奢な文明を築いたインディオの末裔である人々は、いまでも琥珀交易をなりわいとして生きている。ブラーチョは、自著の表紙に、シモホベル産の鮮烈な黄褐色をした見事な琥珀玉の写真を置き、この時間の結晶体の示す琥珀色の光と影のなかに、彼女の生と死をもたらすすべての予兆を陰翳として感じとろうとしている。金芝河の憤怒の琥珀は消え、ネルーダの痛苦にみちた琥珀の墳墓も、もはやここにはない。透明で穏やかな抒情のなかで、鉱物の清麗さだけが際立ち、琥珀は詩人の生きた時間、家族的な調和の時をさらに超えて、遠い父祖たち、すなわちメキシコ先住民の世界へと飛翔する。そこでは、インディオたちがシモホベルの琥珀玉をアニミスティックな霊感とともに見つめていた過去が、やわらかく彼女を包み込んでいる。

琥珀はまさに石占い《リトマシー》における呪術的な文様のように、時の結晶としてのあらゆる出来事の由来とその陰翳を、私たちに伝える。数千万年を経た時の帰結としての現在の苛烈な真実をも、それは自らの屈折した輝きのなかに映し出す。封じ込められた虫は、死の瞬間の情念を一回性の物語として示しながら、記憶には、そして知には物質的な「身体」が備わっているのだ、と沈黙のなかで語ろうとする。

書物の「身体」が消失し、電脳化されたテクストだけが書物の実体を簒奪し、漂流しようとしているいま、琥珀はなにを告げようとしているのだろう？　樹脂から琥珀へ、という一つの変身《メタモル》物語《フォーシス》をみずから生きながら、琥珀は自然が私たち人間に向けて書きつけた「原-書物」あるいは「前-書物」として、書物なるイデアの生成と変容可能性とを、なによりも純粋なかたちで示していたのではなかっただろうか。琥珀が語るのは、前史と歴史とのあいだにまたがる書物の豊かな変身譚のはじまりの光景である。

ヴェネツィアの先駆的印刷・出版人アルドゥス・マヌティウスが、一五〇一年、世界ではじめて現在の小型冊子体の形態を持った印刷本を制作したとき、最初の公刊物の一冊がオウィディウスの『変身物語』であったことは偶然ではなかった。紙という支持体《シュポール》を得て人知が黒いインクをその上に文字として刻印しようとしたとき、人間が動物界や植物界、鉱物界とのあいだに変身を繰り返す無数の神話素に満ちた一つの古典的物語集が、印刷書籍第一号としてただしく選ばれたのである。書物は、その始めから、自らが変身譚を生きるイデアにして実体であることを知っていたのである。そして書物的な知性とは、この変身譚のたえざる語り直しでもある。ロートレアモンにおいても、カフカにおいても、そして金芝河の、ネルーダの、ブラーチョの琥珀への思いも、無意識に、この人間とその知性の変容可能性への深い信頼に根をもっていた。

私は、手元にあるドミニカ産のちいさな琥珀片を手のひらにのせ、指先で触れてみる。琥珀特有の、ほのかに湿った粘り気のある表面の質感が、樹脂であった太古の記憶を伝えてくる。琥珀には小さな虫が封じ込められ、数千万年前の死に直面したときの羽虫のかすかな振動が、私の記憶の無意識の地層を静かに震わせる。その原初の知の震えが、私の指先にもはるかな波のようにして届いてくる。

この指がことばを刻み、文字を書くこと。「文＝ふみ」とは「踏み」であり、それは鳥か小動物が大地を踏んだ足跡を手でなぞって文字をつくった、人類のはじまりの模倣的知性の発露である。そしてこの「踏《ふ》み」が「史《ふみ》」となって、歴史を刻むという大いなる行為がはじまる。歴史を文字として顕現させてゆく道具が「筆《ふで》」であったが、それは「踏《ふ》み手《て》」から来たといわれている。書きつける手には、そのような物質的記憶が、動物的記憶が、伝承されているのだ。

私たちの「手」は、この「ふみて」の感触を思い出さねばならない。液晶画面に触れるだけですべてが完了すると幻想する皮相な指《デイジタル》に我を忘れることなく、人間にとっての来るべき「筆」が、いかなる物質的根拠を持ち、それがいかなる書字の可能性を、いかなる書物の可能性を拓くかをたえず注視しなければならない。琥珀のアーカイヴに触れることとは、そのような思考の促しへと私たちを導く。

地中に埋もれて揮発性を失って固化するかと思えば、太陽の熱によって沸騰し流れ出しもする琥珀の脆弱な存在形態のなかで、その美も予兆の力も生み出される。アーカイヴという権力にすべての書物情報を取り込むのではなく、電子アーカイヴの完全化によって全知を獲得しようとする傲慢ともいえる欲望からも離れて、書物の身体に自由を与えてやること。書物にそれが本来保持していた変身の可能性をふたたびとりもどしてやること。この、琥珀のアーカイヴへの帰還ともいうべきプロジェクトのなかに、黄褐色に彩られた人類の知性の未来は透視されねばならない。

権勢と管理の欲望によって固化したアーカイヴではなく、物質的な身体のなかに深い記憶とともに宿った自由のアーカイヴを守り抜くこと。その変身譚を目撃し続けること。この物質性のアーカイヴは、また偶然性のアーカイヴでもある。それは生物世界の根源的な原理としてある「偶有性《コンティンジェンシー》」を生きてきたのであり、これからもまたおなじ「偶有性」を無自覚のままに生きていくであろう。私たちの前にもたらされた、その偶然性の発現をこそ、アーカイヴの真実として受けとめること。そのような偶然性に委ねられたとき、私たちのアーカイヴへの偏執的な欲望は消え、なお、惑星とその上で展開された人類を含む全生命の過去の足跡が保存された「琥珀のアーカイヴ」への信頼は深められるであろう。

しかもこの偶然性のアーカイヴは、同時に「沈黙のアーカイヴ」でもある。もっとも充満した静寂。知の豊饒な沈黙空間。震えおののく模様と文字の押し黙った軌跡。変容し、移動しながらなにかを語り続ける不屈の錬金術。

書物的知性は、数千万年にわたって降りやまぬ雨を浴び、自然火災に身を焦がし、重い地圧を背負い、激烈な潮流に肌を打たれながら、自らの変身の自由と、偶然性の原理と、沈黙の美徳を、これからも守り続けるだろう。瑪瑙やヴァリサイト石やターコイズの鉱物的な文様のほとばしりに「書くこと」の原形を見たフランスの作家・思想家ロジェ・カイヨワ。彼は石の断面に記された原-書物のおどろくべき奔放に感嘆しながら、こう書きつけている。

けれども生命の樹は、枝分れすることをやめない。無数の文字が石のしるす文字に加わる。苔のしげみの中にいるかのごとき魚のイマージュが、マンガンの樹枝状結晶の中を泳ぐ。石盤のさなかでは、海の百合が茎の上でゆれている。幻の小えびは、その折れまがった長い触角で、もはや空間を手さぐりすることはできない。羊歯はその笏杖とレース文様を石炭の中に刻みつける。レンズ豆から風車の車に至るあらゆる大きさのアンモン貝が、その悠久の螺旋を至るところにしるしている。（ロジェ・カイヨワ『石が書く』岡谷公二訳、新潮社、一九七五、一一二頁）

私たちはこれに倣って、琥珀のなかで枝分かれすることをやめない生命の変身と連鎖の物語を、これからも書き続けていくだろう。それは祈りにも似た、書物というものの意志にほかならない。

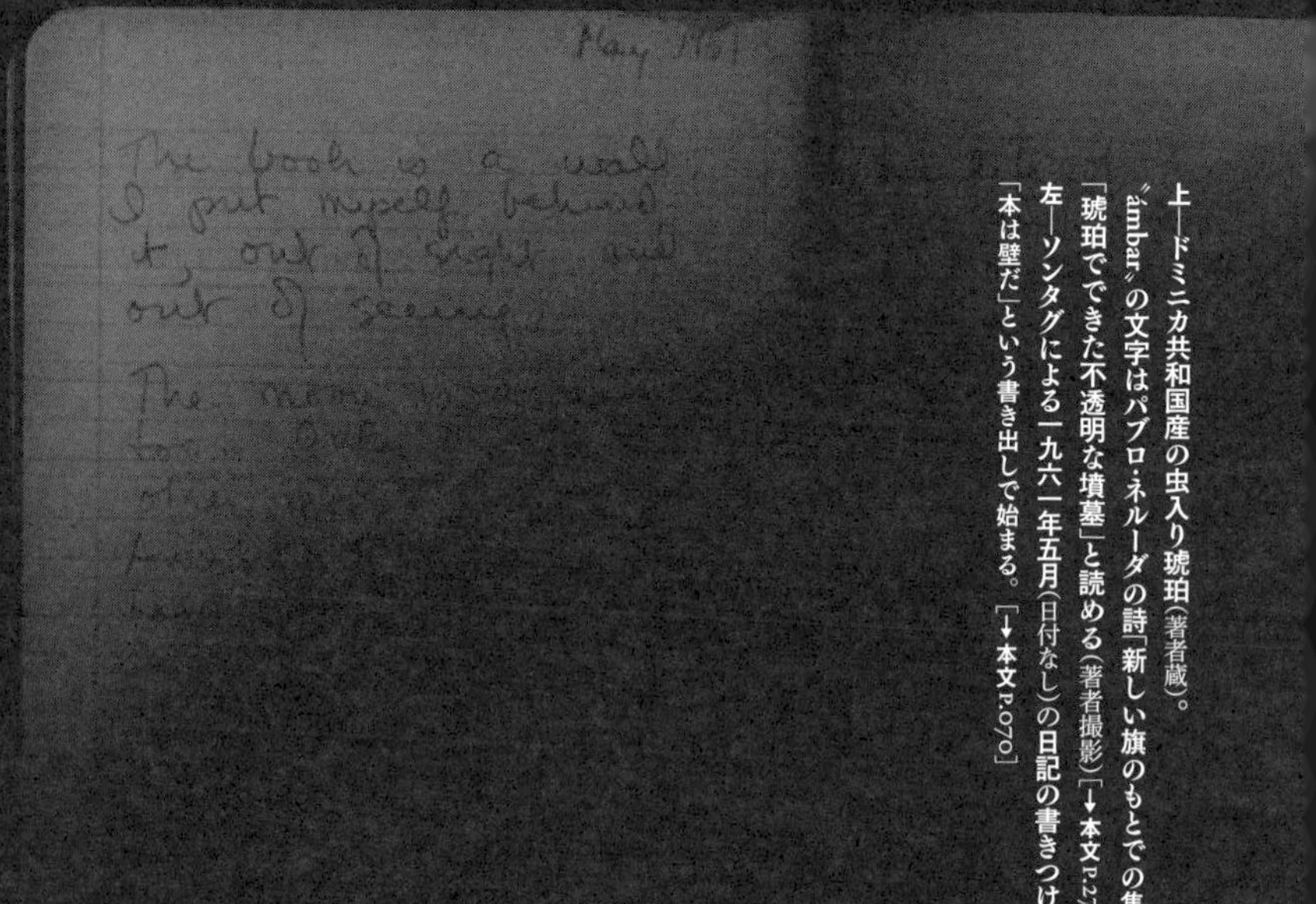

上―ドミニカ共和国産の虫入り琥珀（著者蔵）。
"ámbar"の文字はパブロ・ネルーダの詩「新しい旗のもとでの集い」より
「琥珀でできた不透明な墳墓」と読める（著者撮影）［→本文P.274］
左―ソンタグによる一九六一年五月（日付なし）の日記の書きつけ。
「本は壁だ」という書き出しで始まる。［→本文P.070］

［図版出典一覧］

►033 Anselm Kiefer, "Für Paul Celan—Runengespinst". Andrea Lauterwein, *Anselm Kiefer /Paul Celan: Myth, Mourning and Memory,* New York: Thames & Hudson, 2007.
Anselm Kiefer, "The High Priestess/Zweistrtomland". Anselm Kiefer, *The High Priestess,* New York: Harry N. Abrams, Inc, Publishers, 1989.

►034 Momme Brodersen, *Walter Benjamin: A Biography,* London: Verso, 1997.
Walter Benjamin: Eine Reflexion in Bildern, Architekturmuseums der TU München, 2011.
Ray Bradbury, *Fahrenheit 451,* New York: Simon & Shuster, 2003[orig. 1953].

►035 Gervasio Sánchez , *Sarajevo 1992-2008,* Spain: Art Blume, S.L., 2009.

►036 Paul Friedrich, *Proto-Indo-European Trees,* Chicago: The University of Chicago Press, 1970.
Henry David Thoreau, *The Natural History Essays,* Layton, Utah: Gibbs Smith, 1980.
Henry David Thoreau, *Faith in a Seed: The Dispersion of Seeds and Other Late Natural History Writings,* Washington, D.C.: Island Press, 1993.

►037 Henry David Thoreau, *The Journal 1837-1861,* New York: New York Review Books, 2009.
Roger Caillois, *L' écriture des pierres,*Genève:Albert Skira,1970

►111 *Vermeer, Rembrandt and the Golden Age of Dutch Art: Masterpieces from the Rijksmuseum,* Vancouver: Vancouver Art Gallery/ Douglas & Mcintyre, 2009.
Claude Lévi-Strauss, *Œuvres,* Paris: Gallimard, Bibliothèque de la Pléiade, 2008.
Claude Lévi-Strauss, *Mythologiques,* 4 volumes, Paris: Plon, 2009.

►112 *Vermeer, Rembrandt and the Golden Age of Dutch Art: Masterpieces from the Rijksmuseum,* Vancouver: Vancouver Art Gallery/ Douglas & Mcintyre, 2009.
Anita Albus, "Vanitas Schrank". Claude Lévi-Strauss, *Le Regard Éloigné,* Paris: Plon, 1983.
Claude Lévi-Strauss, *Regarder Écouter Lire,* Paris: Plon, 1993.

►113『磯江毅|写実考』
Gustavo ISOE's Works 1974-2007, 美術出版社 , 2009.
Lorne Campbell & Jan Van der Stock, *Rogier Van Der Weyden 1400-1464: Master of Passions,* Leuven: Davidsfonds, 2009.
港千尋『レヴィ=ストロースの庭』NTT 出版 , 2008.

►114 John Cage, *Silence:Lectures and Writings,* Middletown, Connecticut: Wesleyan University Press, 1961.
John Cage, *Silence, 50th Anniversary Edition,* Middletown, Connecticut: Wesleyan University Press, 2011.
John Cage, *4'33",* Original Version in Proportional Notation, Edition Peters, 1993.

►115 *Every Day is a Good Day: The Visual Art of John Cage,* London: Hayward Publishing, 2010.
Artwork for cover of *M: Writings '67-'72,* by John Cage. *Fungi,* Volume 1 No.4: Winter 2008.
Buzz Spector, *Found Copy of "Silence" by John Cage,* 1989. By courtesy of the artist.
Buzz Spector, *Silence: A Synopsis,* 1992. By courtesy of the artist.

►165-167 Brian Boyd & Robert Michael Pyle, eds., *Nabokov's Butterflies: Unpublished and Uncollected Writings,* Boston: Beacon Press, 2000.
Pseudolucia vera.
Luis E. Peña G. & Alfredo J. Ugarte P., *Las Mariposas de Chile/The Butterflies of Chile,* Santiago de Chile: Editorial Universitaria, 1997.
Vladimir Nabokov, *The Original of Laura,* New York: Alfred A. Knopf, 2009.

►168 Franz Kafka, *In Der Strafkolonie,* Mit Illustrationen von Karl-Georg Hirsch, Frankfurt am Main: Insel Verlag, 1999.
Franz Kafka, *Povídky,* Il. Jiří Anderle, Praha: Odeon, 1991.

►169 Franz Kafka, *Diaries 1910-1923,* Ed. By Max Brod, New York: Schocken Books, 1976.
Mark M. Anderson, *Kafka's Clothes: Ornament and Aestheticism in the Habsburg Fin de Siècle,* Oxford: Clarendon Press, 1992.

►181 Bernd Witte, *Walter Benjamin: An Intellectual Biography,* Detroit: Wayne State University, 1991.

►253 Henry David Thoreau, *Maine Woods,* Boston: Ticknor and Fields, 1864.

►282 A notebook of Susan Sontag. *The New York Times Magazine,* Sept 10, 2006,Section 6, cover.

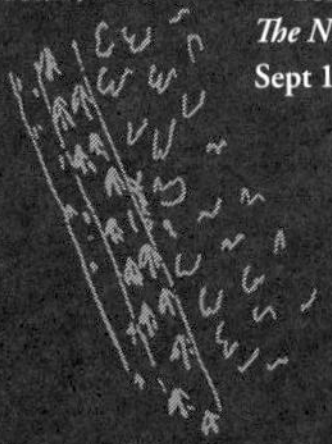

後記

書物が身体をもつのであれば、その身体はかぎりない変身能力を宿し、歴史を通じてそのことを表現しつづけてきたにちがいない——。『身体としての書物』（二〇〇九）を上梓したあとの私の前にあらわれたのは、そんな新たなヴィジョンだった。だから私は本書で、書物という実体＝観念《イデア》のさまざまな変容形態を、書物の歴史と先史とをたどりつつ考えてみようと思った。書物は書物以前においてすでにその影を孕み、書物以後において無数のかたちをとって自己を実現した。それだけではない。冊子体の本の始まりの一冊ともいえるオウィディウスの『変身物語』。ロートレアモンの『マルドロールの歌』。カフカの『変身』。ルイス・キャロルの『不思議の国のアリス』。本のテクスト空間において描き出された世界もまた、変身というモティーフにとり憑かれた精神の歴史であるともいえた。

書物の変身可能性の特徴は、それがいかなる物質あるいは観念に変容したとしても、なおもそれが「書物」でありつづけることにある。それはだから、外形の変化・媒体の変化を超えた現象である。書物こそ、変身という運動を想像するための起源の場なのである。そしていま問われるべきは、現在の電子的な

媒体に、果たして書物というイデアの深遠な歴史が憑依しうるのか、という点であろう。そのことを歴史と先史とに遡って深く考えるために、本書がなんらかの示唆を提供できればこれにまさる喜びはない。

私はしばしば、本書のテクストの草稿を鞄に潜ませて奄美群島へと赴いた。海、珊瑚の汀、森、聖樹、岩、洞窟。純粋に物質的・元素的な世界のかたわらに私は書物を置き、その影を写真におさめながら、本の真の出生地がどこにあるのかを考えようとした。私が一二年前にはじめた奄美自由大学という群島巡礼のプロジェクトもまた、もしかしたら一つの動的な書物の形態の探究なのかもしれない、という思いを抱きながら。そんなとき、海は頁《ページ》となった。私たちはざわめく文字で、その上を糸蜻蛉《いととんぼ》の栞《しおり》が舞った。

雑誌『考える人』の三七号（二〇一一年夏号）から四六号（二〇一三年秋号）まで、「書物変身譚——琥珀のアーカイヴ」と題して一〇回連載したテクストに加筆したものが本書である。連載中は河野通和さんと四角英未さんの細やかなエディターシップに支えられた。書籍化の際には北村暁子さんと黒田貴さんにお世話になった。そして「本についての本」を設計するブックデザインは、書物の精神史を一つのかたちへと造形しようとする熱意に溢れた佐藤篤司さんにお願いした。「琥珀のアーカイヴ」の変容した一つの姿が、ここに生まれ出ているだろうか？　本書の成立に関わってくださったすべての方々に、深く感謝したい。

著者識

[書物変身譚造本仕様]

判型……四六判(一八八×一二八ミリ)上製　角背

文字……本文＝一三・五Q秀英明朝pr5　英文＝Adobe Garamond Regular　一行四三字一頁一八行
見出し＝二八Q秀英初号明朝　ノンブル＝Adobe Garamond Small Caps & OldStyle Figures

用紙……本文＝北越紀州製紙・ヌエットフォルテW　四六Y　六六kg　表紙＝特種東海製紙・ローマストーン　アンバー　四六Y　一〇〇kg
見返し＝特種東海製紙・羊皮紙　茶　四六Y　一一〇kg　箔押し＝村田金箔　つや消し金no.102　別丁扉・帯＝同上・羊皮紙　黄土　四六Y　一一〇kg
カバー＝王子製紙・OKトップコートPlus　四六Y　一三五kg＋UVシルク加工　箔押し＝村田金箔　つや消し金no.102

ブックデザイン……佐藤篤司

[著者紹介]
今福龍太(いまふく・りゅうた)
一九五五年東京生まれ　文化人類学者・批評家　東京外国語大学大学院教授
二〇〇二年より遊動型の野外学舎「奄美自由大学」主宰

[主要著作]

〈単著〉『荒野のロマネスク』(一九八九、筑摩書房／二〇〇一、岩波現代文庫)『感覚の天使たちへ』(一九九〇、平凡社)
『クレオール主義』(一九九一、青土社／増補版二〇〇三、ちくま学芸文庫)『移り住む魂たち』(一九九三、中央公論社)『野性のテクノロジー』(一九九五、岩波書店)
『スポーツの汀』(一九九七、紀伊國屋書店)『フットボールの新世紀』(二〇〇一、廣済堂出版)『ここではない場所』(二〇〇一、岩波書店)
『ブラジルのホモ・ルーデンス』(二〇〇八、月曜社)『ミニマ・グラシア』(二〇〇八、岩波書店)『群島-世界論』(二〇〇八、岩波書店)
『身体としての書物』(二〇〇九、東京外国語大学出版会)『レヴィ＝ストロース　夜と音楽』(二〇一一、みすず書房)『薄墨色の文法』(二〇一一、岩波書店)

〈共著〉『知のケーススタディ』(一九九六、新書館、多木浩二と)『時の島々』(一九九八、岩波書店、東松照明と)
『アーキペラゴ』(二〇〇六、岩波書店、吉増剛造と)『サンパウロへのサウダージ』(二〇〇八、みすず書房、C・レヴィ＝ストロースと)

書物変身譚《しょもつへんしんたん》

二〇一四年六月三〇日　初版発行

著者……今福龍太《いまふくりゅうた》

発行者……佐藤隆信

発行所……株式会社　新潮社

東京都新宿区矢来町七一　郵便番号一六二―八七一一

電話〈編集部〉〇三―三二六六―五四一一　〈読者係〉〇三―三二六六―五一一一

http://www.shinchosha.co.jp

印刷所……大日本印刷株式会社

製本所……大口製本印刷株式会社

ISBN978-4-10-335791-9 C0095

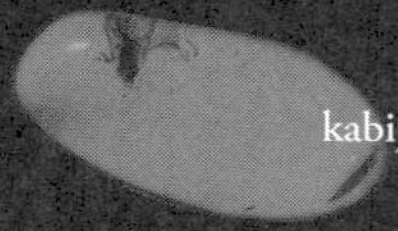

kabijir kotz'i'j kabij raparatik